JOHANNES GUTENBERG-UNIVERSITÄT MAINZ

INTERDISZIPLINÄRER ARBEITSKREIS
DRITTE WELT

VERÖFFENTLICHUNGEN BAND 8

Megastädte in der Dritten Welt

Herausgegeben von
Erdmann Gormsen und Andreas Thimm

Mainz 1994

JOHANNES GUTENBERG-UNIVERSITÄT MAINZ

Interdisziplinärer Arbeitskreis
Dritte Welt

Veröffentlichungen Band 8

Der Interdisziplinäre Arbeitskreis Dritte Welt dankt dem Studium generale der Johannes Gutenberg-Universität und dessen Leiter, Herrn Professor Dr. Otto Saame (†), für die maßgebliche Unterstützung der dieser Publikation zugrundeliegenden Ringvorlesung des Wintersemsters 1993/94. Ebenso danken wir dem Präsidium der Universität für die Bewilligung von Haushaltsmitteln, die Ringvorlesung und Veröffentlichung ermöglichten.

© bei den Autoren und Herausgebern

1994
ISBN 3-927581-06-2

Druck des Textes: Hausdruckerei der Universität Mainz
Umschlag, Innentitel, Verarbeitung:
Satz + Druck Werum GmbH, 55129 Mainz-Hechtsheim

Inhalt

ERDMANN GORMSEN und ANDREAS THIMM
Vorwort 7

DIRK BRONGER
Indiens Megastädte: Fluch oder Segen? 11

WOLFGANG TAUBMANN
Shanghai - Chinas Wirtschaftsmetropole 45

ERDMANN GORMSEN
Die Stadt México - Megalopolis ohne Grenzen? 73

KARL KOHUT
Darstellung und Kritik der lateinamerikanischen
Metropolen in der Literatur 117

JÜRGEN BÄHR
Johannesburg - Entwicklung der Stadt
von der Spät- zur Post-Apartheid 135

GÜNTER MEYER
Kairo - Entwicklungsprobleme einer orientalischen
Megastadt 167

Anschriften der Autoren und der Herausgeber 191

Vorwort

Erdmann Gormsen und Andreas Thimm

Der explosive Bevölkerungsanstieg der großen Metropolen ist vor allem das Ergebnis von Wanderungsbewegungen, auch wenn inzwischen in vielen Fällen das endogene Wachstum den Wanderungssaldo übertrifft. Insofern war es folgerichtig, daß der Interdisziplinäre Arbeitskreis Dritte Welt der Johannes Gutenberg-Universität in einer Ringvorlesung im WS 1993/94 das Thema "Megastädte in der Dritten Welt" behandelte, nachdem er sich ein Jahr zuvor in einer Tagung mit Problemen der "Migration in der Dritten Welt" auseinandergesetzt hatte. Die Referate und Diskussionen der letzteren Veranstaltung liegen inzwischen als Band 7 der Veröffentlichungen des Arbeitskreises vor.

Die zusammenhängende Lektüre der hier vorgelegten Beiträge zu der Ringvorlesung führt zu einem überraschenden Ergebnis: In der Entwicklungsländerforschung wird sonst vielfach vom "Ende der Dritten Welt" gesprochen, womit gemeint ist, daß mit dem Ende der Ost-West-Konfrontation auch die Rede von den politischen Gemeinsamkeiten der Entwicklungsländer ihren Sinn verloren hat. Die unterschiedlichen geographischen, wirtschaftlichen, sozialen, politischen und kulturellen Gegebenheiten machen jedes Land zum spezifischen Fall, dessen Eigenheiten eventuelle Ähnlichkeiten mit anderen Ländern bei weitem überwiegen, so daß die mit Begriffen wie "Entwicklungsländer", "Dritte Welt" u.ä. suggerierten Gemeinsamkeiten als Irreführung gelten müssen. Im Gegensatz dazu ergeben sich bei den Problemen der Megastädte weitgehende Übereinstimmungen, unabhängig von den sonstigen Verschiedenheiten der Länder, in denen sich die Metropolen befinden.

Diese Ähnlichkeiten der Problemsituation sind umso überraschender, als die Ausgangsbedingungen der einzelnen Metropolen sehr unterschiedlich sind. Dies wird z. B. in den Beiträgen von TAUBMANN über Shanghai, GORMSEN über Mexiko-Stadt und BÄHR über Johannesburg gezeigt, die den jeweiligen historischen Entwicklungsgang darlegen. Aber die Bedingungen konvergieren offenbar, wenn eine gewisse kritische Grenze überschritten ist, und die Dynamik des Wachstums voll in Gang gekommen ist.

BRONGER hebt in seinem Beitrag die Beziehungen zwischen Metropole und Region unter dem Konzept der "functional primacy" hervor, indem er zeigt, wie die Metropole das Umland nach allen sozioökonomischen Parametern um ein vielfaches übertrifft - im Gegensatz zu den Industrieländern, wo das Versorgungsniveau der Bevölkerung in der Metropole sich von dem im Umland nicht wesentlich unterscheidet, weil der Übergang zwischen urbanem und ländlichem Raum sich im Rahmen des Stadt-Land-Kontinuums allmählich vollzieht und die leistungsfähige Verkehrsinfrastruktur eine fast unbeschränkte Mobilität zwischen beiden Räumen ermöglicht.

Arbeitsplätze, Wohnung, Verkehr, Entsorgung sind die Probleme, die allen Metropolen gemeinsam sind. Nicht zufällig nennen wir Arbeitsplätze an erster Stelle, denn die Hoffnung, bezahlte Arbeit zu finden, setzt den Wanderungsprozeß in Gang, der am Beginn des monströsen Bevölkerungswachstums der Metropole steht.

Der auf formale Weise nicht zu deckende Bedarf an billigem Wohnraum läßt einerseits ältere Innenstadtquartiere "verslumen", d.h. sie werden durch massive Überbelegung und entsprechend erhöhte Abnutzung der Bausubstanz sozial abgewertet; andererseits entstehen großflächige irreguläre Siedlungen, die jedoch - wie GORMSEN und MEYER zeigen - nicht auf Dauer Elendsviertel im engeren Sinne bleiben müssen, wohl aber - wie BRONGER am Beispiel Bombay zeigt - sein können. Während die extreme Bevölkerungsverdichtung in den alten Wohngebieten die vorhandene Infrastruktur bis zum Zusammenbruch überfordert, muß sie in den informalen Siedlungen überhaupt erst geschaffen werden, wozu die zuständigen öffentlichen Instanzen nicht annähernd in der Lage sind, was u.a. mit der unzureichenden kommunalen Finanzierung in den typischerweise zentralistischen politischen Systemen zusammenhängt.

Nur in Mexiko-Stadt hat sich der Bevölkerungszuwachs inzwischen deutlich verringert, weil weitere regionale Metropolen sowie andere Wirtschaftsräume als Ausweichgebiete entstanden sind, wodurch sich Alternativen für die Land-Stadt-Migration anbieten. Tatsächlich ist seit längerer Zeit der Wanderungssaldo der inneren Hauptstadtregion (Distrito Federal) negativ. Der Vergleich mit anderen Megastädten führt zu der These, daß einerseits erst der überwältigende Problemdruck, der für Mexiko-Stadt kennzeichnend ist, und andererseits der gehobene ökonomische Status eines "Schwellenlandes" Initiativen zur Dezentralisierung in einer Größenordnung erlauben, die erfolgversprechend ist.

Die von BRONGER geschilderten Dezentralisierungsversuche im Großraum Bombay sind weitgehend gescheitert; wie TAUBMANN darlegt, gehen die kurz- und mittelfristigen Planungen in Shanghai eher in die Richtung einer Entzerrung durch Ausweitung der bebauten Flächen als durch echte Dezentralisierung. Ähnliches gilt für Johannesburg, wo - wie BÄHR darlegt - die Folgen der Apartheid für die Struktur der Stadt einerseits durch spontane innerstädtische Wanderung, andererseits durch die Ausweisung neuer, relativ stadtnaher Wohngebiete ausgeglichen werden.

Die Entwicklung der großen Städte ist stets auch in der Literatur kommentiert worden. KOHUT zeigt in seinem Beitrag, wie sich das Bild der Stadt in der lateinamerikanischen Literatur von der frühen Kolonialzeit bis heute gewandelt hat.

Der Beitrag von GÜNTER MEYER wurde am 27. Januar 1994 als Antrittsvorlesung vorgetragen. Die Herausgeber danken Herrn MEYER dafür, daß er seine Antrittsvorlesung inhaltlich auf die Ringvorlesung abgestimmt und für die Veröffentlichung zur Verfügung gestellt hat.

Durchführung und Publikation der Ringvorlesung wurden durch Mittel ermöglicht, die der Präsident der Johannes Gutenberg-Universität bewilligte, wofür herzlich gedankt sei. Dr. Manfred Moser hat mit Akribie und nie erlahmender Hilfsbereitschaft die Druckvorlagen erstellt und die Karten montiert. Ihm gebührt besonderer Dank.

Indiens Megastädte: Fluch oder Segen?

Dirk Bronger

Einleitung: Metropolisierung der Erde - Ambivalenzen

> Wohlauf, laßt uns eine Stadt und einen Turm bauen, dessen Spitze bis in den Himmel reiche.
> (1. Buch MOSE, 11. Kap., Vers 4)

Bei der Diskussion des Phänomens "Metropolisierung der Erde" stößt man auf eine ganze Reihe von Ambivalenzen. Hier seien nur zwei, für unsere Thematik als wichtig erachtete, herausgegriffen.

I-A: Richtig ist, daß es sich bei der "Metropolisierung" demographisch um ein geschichtlich ganz junges Phänomen handelt. Seinen Anfang nahm es zu Beginn des vergangenen Jahrhunderts, als im seinerzeit industrialisiertesten Land, England, London, zugleich Hauptstadt eines Weltreichs, im Jahr 1801 erstmalig die Millionengrenze überschritt. Als zweite folgte New York um die Mitte des gleichen Jahrhunderts nach. Bis zum Jahre 1940 kamen in den Industrieländern (Staaten des europäischen, nordamerikanischen und australischen Kontinents, dazu Japan) 26 weitere Millionenstädte hinzu. Das metropolitane Hochwachstum war damit in den meisten Industriestaaten abgeschlossen.

Die Bezeichnung "ganz junges" Phänomen wird in den vergangenen Jahrzehnten zu Recht mit dem explosiven Metropolenwachstum in den Entwicklungsländern assoziiert: Die Zahl ist von 14 im Jahre 1940 auf heute -1990- über 150 emporgeschnellt, die der Industrieländer hat demgegenüber auf bescheidene 95 zugenommen.

I-B: Richtig ist aber ebenso, daß wir es bei der Metropolisierung mit einem sehr alten Phänomen zu tun haben, das -zudem- in den Ländern der heutigen "Dritten" Welt, den damaligen Hochkulturländern, seinen Ausgang nahm! Die (seinerzeitige) Metropole **Babylon**, auf die sich obiges Bibelzitat bezieht, maß zu ihrer Blütezeit (um 600 v. Chr.) ca. 12 km^2, was der Größe des kaiserlichen Rom, fast 1000 Jahre später, entsprach. **Pataliputra**, das heutige Patna in Indien, Hauptstadt des Maurya-Großreichs (4.-3. Jh. v. Chr.) bedeckte eine Fläche von fast 26 km². Die seinerzeit größte Stadt der Erde war nicht nur mit 570 Türmen und 64 Toren bestückt (und galt mit ihrem zusätzlichen Verteidigungsgraben von 200 m Breite als uneinnehmbar), sondern auch mit einem Abwassersystem ausgestattet, was auf einen hohen hygienischen Standard schließen läßt (FISCHER et al. 1987: 145f). Last but not least zählte **Chang'an**, die Hauptstadt der Han- und Tang-Dynastie, zu ihrer Blütezeit im 6.-9. Jahrhundert n. Chr. auf einer Fläche von 84 km² annähernd 2 Millionen Einwohner (SCHINZ 1989:14) - eine Bevölkerungszahl, die erst im vorigen Jahrhundert von London um 1830 erreicht wurde.

Kulturgeschichtlich - und das gerade für die Gegenwart - bedeutsamer ist die zweite Ambivalenz des Phänomens "Metropolisierung", die vom Bielefelder Soziologen Rüdiger Korff mit der Fragestellung "Die Megastadt: Zivilisation oder Barberei?" plakatiert worden ist:

II-A: Die Großstadt als Hort der Freiheit ("Stadtluft macht frei"), als Innovationszentrum, kurz: als Ausgangspunkt oder Wiege der Zivilisation.

II-B Eine differenziertere Betrachtung, die einer Umorientierung, teilweise sogar Abkehr von dieser Auffassung gleichkommt, setzte in Europa in der ersten Hälfte des vorigen Jahrhunderts ein. Als Zeugen (unter vielen) seien Charles Dickens, einer der ersten Vertreter des sozialen Romans, mit seiner Anprangerung sozialer Mißstände gerade in der Megastadt London ("Oliver Twist" 1838) und - mit weitreichenden politischen Folgewirkungen für das 20. Jahrhundert - Karl Marx genannt.

Als negative Auswirkungen des infolge seiner Dynamik zumeist planlos verlaufenden Metropolenwachstum in den Entwicklungsländern wird heute sowohl auf die demographischen und nachfolgend ökologischen - Überbevölkerung, Wohnungsnot, Massen von Landflüchtigen und Obdachlosen, Müllberge, Wasser- und Luftverschmutzung, hervorgerufen nicht zuletzt durch endlose Verkehrsstaus - als auch auf die sozialpolitischen Folgewirkungen - Polarisierung der metropolitanen Gesellschaft - einschließlich der dramatischen Verschärfung dieser Probleme hingewiesen und in diesem Zusammenhang die Frage: "Megastädte - Zeitbombe mit globalen Folgen?" gestellt.

1 Megastädte "Erste" Welt - "Dritte" Welt
1.1 Die demographische Dimension

> Und Gott segnete sie; (Adam und Eva- d.Vf.) und sprach zu ihnen: SEID FRUCHTBAR UND MEHRET EUCH UND FÜLLET DIE ERDE
> (1. Buch MOSE, 1. Kap., Vers 28)

Erst in den vergangenen 50 Jahren (1940-1990) schien sich die Erdbevölkerung dieser göttlichen Weisung zu erinnern: sie stieg von 2.2 Mrd. auf 5.3 Mrd., d.h. um das 2,4-fache. Für eine solche (relative) Zunahme hatte man zuvor fast 200 Jahre gebraucht. An dieser sogenannten Bevölkerungsexplosion partizipierten die Länder der "Dritten" Welt weit überproportional: Ihr Bevölkerungsanstieg lag um das 3,5-fache über dem der Industrieländer.

Noch sehr viel stärker zuungunsten der "Dritte" Welt-Länder verschiebt sich dieses Bild bei der Betrachtung der **Metropolisierungsdynamik**: Während der Anteil der in den Millionenstädten lebenden Bevölkerung in den Industriestaaten "nur" um das 4,3-fache anstieg, explodierte sie in den Entwicklungsländern in diesem Zeitraum um das 23-fache. Kurz: Die eigentliche Bevölkerungsexplosion fand in den Metropolen der "Dritten" Welt statt.

Das in diesem Zusammenhang jüngste Phänomen ist das der Herausbildung von Großmetropolen oder **Megastädten**. Von ihnen mit einer Einwohnerzahl von > 5 Millionen gab es 1940 erst 4; diese lagen ausnahmslos in den Industrieländern. Heute zählt man 33 Megastädte, davon sind 23 in den Entwicklungsländern gelegen. Von den zehn größten Megastädten mit > 10 Mill. E. sind nur noch drei Industrieländern zuzurechnen (s. **Tab. 1**). 1940 waren noch acht der zehn größten Städte hier lokalisiert; Shanghai als seinerzeit Bevölkerungsreichste EL-Metropole folgte erst an 9. Stelle (s. **Tab. 2**).

Die Festlegung auf eine Mindestgröße für die Einwohnerzahl einer Megastadt ist bis heute umstritten und wird es auch für die Zukunft bleiben. Wichtiger als die statistische Festlegung - u.a.: 5 Millionen (BRONGER 1993) oder 10 Millionen (UN - zitiert bei MERTINS 1992: 7) - ist erstens das Problem der Veränderung der Größenbewertung im Zeitablauf: eine "Megastadt" mit > 5 Mill. E. für 1940 hat einen ganz anderen Stellenwert als eine von heute mit gleicher Größe (Paris 1940 : Dacca 1990 !) und erst recht einer Megastadt in weiteren 50 Jahren, wenn es statt 4 (1940) dann 400 (oder mehr) geben wird. Insbesondere für gegenwärtige demographische Aussagen und Bewertungen ist ein zweiter Aspekt wichtiger. Er betrifft die regional ganz unterschiedliche Siedlungsstruktur (auch und gerade) der Riesenstädte: Wir finden alle Übergänge von einer bis vor 10-15 Jahren weitgehend geschlossenen Stadt (Cairo; auch Seoul) bis hin zu Riesenarealen, die einen (fließenden) Übergang zur Stadtlandschaft oder zum Ballungsgebiet darstellen (Los Angeles -

Tab. 1: Die größten Megastädte der Erde (> 10 Mill. E) um 1990

	Megastadt	Bevölkerung (um 1990) Metropolitane Agglomeration (M.A.)				Bezeichnung der Bezugsfläche
		Jahr	Fläche in km²	Einw. in Tsd.	MQ (%)	
1	2	3	4	5		6
1	Tokyo-Yokohama	1990	8.266	30.311	24,5	Tokyo-to, Kanagawa-, Saitama-, Chiba-ken (tw.)
2	Sao Paulo	1991	2.893	16.692	10,7	S.P. & 15 Municipos
3	Mexico City	1990	4.606	15.048	18,5	Area Metropolitana de la Ciudad de Mexico
4	New York	1990	10.442	14.812	6,0	N.Y. & Newark & Nassau - Suffolk & Bergen - Passaic & Jersey City PMSA's
5	Bombay	1991	1.178	12.596	1,5	Greater Bombay Urban Agglomeration
6	Cairo	1986	3.274	12.506	25,9	Cairo- Gizah- Qalyubia- Governorat
7	Osaka-Kobe	1990	2.850	12.150	9,8	Osaka, Kobe & 9 Städte
8	Los Angeles	1990	12.561	11.274	4,5	Los Angeles - Long Beach & Anaheim - Sta. Ana PMSA's
9	Calcutta	1991	852	10.916	1,3	Calcutta Urban Agglomeration
10	Buenos Aires	1991	3.094	10.887	33,9	Zona Metropolitana

Quellen: Volkszählungsergebnisse (Berechnungen v.Vf.)

Tab. 2: Die größten Megastädte der Erde um 1940

	Megastadt	Bevölkerung um 1940 Metropolitane Agglomeration (M.A.)			
		Jahr	Fläche in km²	Einw. in Tsd.	MQ (%)
	1	2	3	4	5
1	New York	1940	9.969	8.763	6,4
2	London	1939	1.579	8.615	18,1
3	Tokyo-Yokohama	1938	2.702	7.236	10,0
4	Paris	1936	1.000	ca. 6.000	14,3
5	Berlin	1939	884	4.339	5,5
6	Osaka-Kobe	1938	?	4.210	5,8
7	Chicago	1940	4.880	4.204	3,1
8	Moskau	1939	879	4.137	4,5
9	Shanghai	1938	893	3.595	0,8
10	Calcutta	1941	852	3.578	1,1

Quellen: Volkszählungsergebnisse - umgerechnet (soweit als möglich - vgl. Tab 1) auf die heutige Bezugsfläche (Berechnungen v. Vf.)

s. Tab. 1 Sp. 3). Da zudem die administrativen Stadtgrenzen heute weniger denn je die (Stadtgrößen-)Wirklichkeit widerspiegeln und darüber hinaus der Suburbanisierungsprozeß einen regional ebenfalls höchst unterschiedlichen Verlauf genommen hat, ist für eine weltweit vergleichbare Größenbestimmung (auch) der Megastädte die Angabe *und* die Bezeichnung der für die Bevölkerungszahl zugrundegelegte Bezugsfläche zwingend erforderlich.

Der Nichtbeachtung dieser selbstverständlichen Anforderung "verdanken" wir eine (fast) unübersehbare Fülle von voneinander abweichenden Größenzusammenstellungen (jüngst u.a.: BÄHR 1993: 470; BRAMEIER 1994: 15). Noch problematischer sind Angaben wie im meistzitierten UN-Demographic Yearbook: In der jüngsten Ausgabe von 1991 werden - dies erstmalig seit 1990 - für zwei der zehn größten Agglomerationen Flächenangaben mitgeliefert. Bei Sao Paulo beziehen sich Flächenangabe (1.493 km^2) und Einwohnerzahl (11,129 Mill.) auf die "city proper" - heute lediglich das "Kerngebiet" der Megastadt. Die Angaben für Tokyo sind sogar irreführend: die angegebene Bevölkerungszahl (11,927 Mill.) entspricht lediglich der Präfektur Tokyo, die mitgelieferte Flächenangabe - 61.765 km^2 = ein Fünftel der Fläche ganz Japans! - ist mehr als das 50-fache zu hoch. Umgekehrt bezieht sich die in der gleichen Zusammenstellung angegebene Einwohnerzahl der nach der o.g. UN Angabe zweitgrößten Stadt überhaupt, von Los Angeles - 14,532 Mill. - auf eine (nicht angegebene) Fläche von fast 88.000 km^2 : das entspricht 90 % der Fläche von Süd-Korea!

Auch die hier angeführte Zusammenstellung (Tab. 1) entspricht nicht in allen Fällen der heutigen Wirklichkeit. Das betrifft in erster Linie Seoul - zusammen mit seinen überwiegend in den 80´er Jahren entstandenen zahlreichen Trabantenstädten zählt es bereits heute zu den größten Megastädten der Erde (näheres: BRONGER 1995).

Die wichtigsten Ergebnisse des Metropolisierungsprozesses der vergangenen 50 Jahre (1940-1990) seien in den folgenden vier Punkten zusammengefaßt:

1. Der Wachstumsprozeß der **EL**-Megastädte in diesem Zeitraum verlief durchweg sehr viel dynamischer als dies je in den Industrieländern zu beobachten war. Bei 8 der 23 Megastädte hat sich die Einwohnerzahl mehr als verzehnfacht. Die von Sao Paulo belief sich 1910 auf ein Sechstel der von Wien, 1940 waren es 80 %, heute übertrifft die Bewohnerzahl Sao Paulos die Wiens um fast das 12-fache.
2. Entwicklungspolitisch brisanter sind die Bevölkerungsverschiebungen innerhalb der Megastädte: Während in den Industrieländern etwa seit 1920 ein Suburbanisierungs-Prozeß zu beobachten ist, findet in den Megastädten der "Dritten" Welt - ein bis heute andauernder **innerstädtischer Verdichtungsprozeß** statt (BRONGER 1993: 73) - gleichzeitig vollzieht sich auch hier ein Suburbanisierungsprozeß: zuerst in den lateinamerikanischen, später in den asiatischen und jüngst auch in den afrikanischen Megastädten, wobei jedoch bis heute allenfalls europäische Ausmaße erreicht worden sind (vgl. auch Tab. 1 Sp. 3: Los Angeles & New York!).

3. Es existieren bemerkenswerte Unterschiede in der Wachstumsdynamik der EL-Megastädte - sowohl innerhalb der Subkontinentalstaaten (Indien), noch ausgeprägter aber zwischen den Kulturerdteilen. Am höchsten ist diese Dynamik im islamischen und lateinamerikanischen sowie jüngst im schwarzafrikanischen Kulturkreis. Eine Interdependenz zum jeweiligen Entwicklungsstand ist nicht zu erkennen (Seoul!)

4. Die Wachstumsdynamik hat sich im vergangenen Jahrzehnt auch in den Entwicklungsländern deutlich verlangsamt: 1950-1970 waren es im Durchschnitt noch fast 5 % / Jahr, 1980-1990 nur noch 3 % / Jahr; in diesem Jahrzehnt (1990-2000) werden es voraussichtlich nur noch 2,4 % / Jahr erreicht werden (Hauptausnahme: Schwarzafrika). Allerdings liegt dieses Wachstum immer noch deutlich über dem der IL-Megastädte (im Durchschnitt weniger als 1 % / Jahr).

1.2 Die funktionale Dimension: Der entscheidende Unterschied

Die bloße Bevölkerungszahl kann naturgemäß noch kein alleiniges Kriterium für die metropolitane Bedeutung einer Stadt sein. Im Hinblick sowohl auf die gegenwärtige Situation als auch auf die Entwicklungsplanung und regionale Entwicklungspolitik der Länder der "Dritten" Welt eindeutig gravierender ist die zweite wesentliche Komponente des Phänomens "Metropolisierung": die gegenüber der demographischen Primacy noch ungleich ausgeprägtere funktionale Dominanz der Metropolen. Mit dieser als **funktionale Primacy** (BRONGER 1984) bezeichneten hegemonialen Stellungen ist der entscheidende Unterschied zwischen den Megastädten der "Ersten" und der "Dritten" Welt formuliert.

Diese Aussage sei an Hand nachfolgender zwei Thesen erläutert und problematisiert.

These 1: Bezogen auf den Entwicklungsstand des betreffenden Landes wird die Dominanz der funktionalen Primacy der Entwicklungsländer-Megastädte von keiner der Megastädte in den Industrieländern erreicht.

Tatsächlich ist in der Mehrzahl der Fälle bei der demographischen Dominanz *bis heute* kein grundlegender Unterschied zwischen IL- und EL-Megastädten zu erkennen. Die Metropolisierungsquote von Paris und London ist ähnlich hoch wie die von Manila und Bangkok (s. Tab. 1, Sp. 5; Tab. 3, Sp. 4). Ebenso kann die Primatstellung von Paris (6:1 gegenüber Marseille) mit der Mehrzahl der Entwicklungsländer-Megastädte durchaus konkurrieren. Selbst mit dem in dieser Hinsicht an der Spitze rangierenden Bangkok kann Chicago mithalten:

Die Relation zur nächstgrößeren Stadt - Chiengmai bzw. Peoria - beträgt in beiden Fällen etwa 40:1 !

Der entscheidende Unterschied liegt in dem Ausmaß der funktionalen Primacy. Untersuchungen zur funktionalen Primacy von Karachi, Bangkok, Manila und Seoul (BRONGER 1984: 150), sowie insbesondere die vergleichende Gegenüberstellung von Bombay und Shanghai mit Paris (BRONGER 1989: 9) dokumentieren, daß die **Primacy Ratio** in den EL-Megastädten in quasi allen Lebensbereichen sehr viel ausgeprägter ist. Im Bereich der Telephonanschlüsse etwa beläuft sich die Primacy Ratio Bombays auf 6:1 (78,7 % der Anschlüsse: 13,1 % der Bevölkerung); für Paris liegt dieser Wert lediglich bei 1,1:1.

Weiterhin ist eine positive Korrelation zwischen der Primacy Ratio und der Größe der Megastadt festzustellen: die nächstgrößeren Städte fallen in ihrer funktionalen Dominanz häufig bereits deutlich ab, wie etwa Madras in Indien oder Tianjin in China - beides Städte mit > 5 Mill. Einw.. Umgekehrt läßt sich in den Subkontinentalstaaten eine Funktionsaufteilung unter den Megastädten ausmachen: Bombay, Shanghai und Sao Paulo als Wirtschafts-, Delhi und Beijing als Verwaltungsmetropolen sowie Calcutta und Rio de Janeiro als kulturelle Zentren.

Zusätzlich zu dieser funktionalen Dominanz im nationalen Bereich sind auch (und gerade) die internationalen Konzerne, Banken, Organisationen etc. fast ausschließlich in den Entwicklungsländer-Megastädten konzentriert (**internationale Primacy**). Und schließlich: Diese Aussagen gelten unabhängig vom politisch-wirtschaftlichen System: die funktionale Primacy von Beijing und Shanghai (vgl. BRONGER 1993a: Tab. 5, 6, 8, 9, 10) kann durchaus mit der von Bangkok oder Manila mithalten (s. Tab. 3).

These 2: Es besteht ein unmittelbarer Kausalzusammenhang zwischen dem Ausmaß der funktionalen Primacy der Megastadt, dem Entwicklungsstand und dem Ausmaß des regionalen Entwicklungsgefälles des betreffenden Landes.

Für den wirtschaftlichen Lebensbereich versucht nachfolgende Datenzusammenstellung (**Tab. 3**) diesen Kausalzusammenhang zu belegen. Auch wenn ein direkter Vergleich aufgrund unterschiedlicher Erhebungsmethoden bei einem gesamtwirtschaftlichen Indikator wie dem hier vorliegende Pro-Kopf-Einkommen nur unter Vorbehalt möglich ist, so zeigen die auf den jeweiligen Landesdurchschnitt (= 100) berechneten Daten (Sp. 5) für die "Dritte" Welt ein krasses metropolitan-rurales Einkommensgefälle (Sp. 7) - im Gegensatz zu den

Tab. 3: Interdependenzen zwischen dem Ausmaß der funktionalen (wirtschaftlichen) Primacy von Megastädten, dem regionalen Entwicklungsgefälle und dem Entwicklungsstand: "Erste" Welt - "Dritte" Welt

Megastadt	Bezugs-jahr	Bezugs-region	METROPOLITANE PRIMACY			REGIONALES ENTWICKLUNGSGEFÄLLE			ENTWICKLUNGS-STAND (BSP/Kopf 1990) (USA = 100)
			Indikator	Bezugsregion = 100	Raumeinheiten Anzahl	Variationsbreite mit Metropole		ohne Metropole	
1	2	3	4	5	6	7		8	9
A: Nationale (Subkontinentale) Ebene									
Bombay	1985	Indien	CMIE[1]	1.088	17	24,7:1		4,8:1	1,6
Calcutta	1985	Indien	CMIE[1]	1.036	17	23,5:1		4,8:1	1,6
Shanghai	1989	China	NIP	439	29	9,1:1		3,5:1	1,7
Beijing	1989	China	NIP	411	29	8,6:1		3,5:1	1,7
Jakarta	1988	Indonesien	BIP[3]	268	27	7,2:1		5,4:1	2,7
New York	1988	USA	P.I.[2]	124	51	1,8:1		2,1:1	100,0
Los Angeles	1988	USA	P.I.[2]	117	51	1,7:1		2,1:1	100,0
b: Nationale (regionale) Ebene									
Bombay	1985	Maharashtra	CMIE	914	26	31,1:1		4,7:1[5]	1,6
Calcutta	1985	W-Bengal	CMIE	809	16	38,4:1		4,6:1	1,6
Shanghai	1985	& Jiangsu	NIP	249	86	19,0:1		21,0:1	1,7
Beijing	18989	& Hebei	NIP	331	151	19,8:1		16,9:1	1,7
Metro Manila	1990	Philippinen	BIP	250	74	4,3:1		3,6:1[6]	3,4
Bangkok	1986	Thailand	BIP	340	73	12,8:1		7,5:1	6,5
Seoul	1984	S-Korea	BIP	123	10	1,6:1		1,4:1	24,8
Tokyo/Yokohama	1987	Japan	P.I.[4]	133	47	1,8:1		1,4:1[7]	116,7
New York	1986	N.York/N.Jersey	P.I.[2]	102	75	1,8:1		2,4:1	100,0
Los Angeles	1986	California	P.I.[2]	103	58	1,8:1		2,4:1	100,0
Chicago	1986	Illinois	P.I.[2]	108	97	2,1:1		1,9:1	100,0
London	1992	Großbritannien	BIP	123	36	2,1:1		2,0:1	73,9

Legende zu Tab. 3:
[1] aus 9 Einzelindikatoren zusammengesetzter Index, der etwa dem BIP entspricht; näheres s. BRONGER 1993a: Anm. 12; [2] P.I. = Personal Income; [3] ohne Erdölprodukte, sonst 216; [4] Prefectural Income; [5] ohne die Metropole Pune; [6] bezogen auf das Familieneinkommen (1985); [7] ohne die metropolitan bestimmten Präfekturen (Osaka, Nagoya, Koyoto etc.)
Quellen: Statistiken der Länder (Berechnungen v. Vf.)

Metropolen der "Ersten" Welt. Gegenüber Tokyo - 133, New York - 124 bzw. 102 oder London - 123 liegen die Werte für die Megastädte der "Dritten" Welt ungleich höher. Die V.R. China bildet hierzu keine Ausnahme (s. Tab. 3; für Taipei, bezogen auf Taiwan, berechnet sich für 1987 ein Indexwert von 149). Zusammengefaßt lassen sich aus den Daten folgende Theoreme ableiten (BRONGER 1991: 4 f.):

1. Je höher der ökonomische Entwicklungsstand, desto geringer ist das Ausmaß der funktionalen (hier: wirtschaftlichen) Primacy der Megastadt - Sp. 9: 5.

2. Je höher die ökonomische Leistungskraft des Landes desto geringer ist das Ausmaß (Variationsbreite) des regionalen Entwicklungsgefälles - Sp. 9: 7/8.

3. Dementsprechend besteht eine positive Korrelation zwischen dem Ausmaß der funktionalen Primacy der Megastadt und dem des regionalen Entwicklungsgefälles - Sp. 5: 7/8.

Auf einen kurzen Nenner gebracht: Das Ausmaß der funktionalen metropolitanen Primacy und das mit ihr kausal verbundene regionale Entwicklungsgefälle des betreffenden Staates / Region ist zu einem ganz wesentlichen raumstrukturellen Merkmal der Länder der "Dritten" Welt geworden.

Darüber hinaus zeigt nachfolgende Datenzusammenstellung **(Tab. 4)** für den gleichen Indikator (Pro-Kopf-Einkommen), daß die **Dynamik** der funktionalen - hier: wirtschaftlichen - Primacy der Entwicklungsländer-Megastädte ungebrochen zu sein scheint. Demgegenüber offenbaren die Daten für Seoul, daß, Hand in Hand mit der stürmischen Entwicklung des Landes (BSP / Kopf 1960: 80 US$; 1993: 7.306 US$!), nicht nur die regionalen Disparitäten (näheres: BRONGER 1991: 19 ff.), sondern ebenso die Primacy der Riesenmetropole Seoul sogar auch real (Primacy Ratio - Sp. 5-10) abgebaut werden konnte. Der internationale Vergleich zeigt, daß Seoul hierzu sogar den Stand von Megastädten westlicher Industrieländer erreicht hat (vgl. Tab. 3, Sp. 5).

Auf die Ursachen des unterschiedlichen Bevölkerungswachstums der Megastädte kann hier aus Raumgründen nicht näher eingegangen werden. Jedenfalls stand ihr Wachstum in den Industrieländern im unmittelbaren Kausalzusammenhang mit der Arbeitsplätze schaffenden Industrialisierung einschließlich des - später erfolgten - Ausbaus der industriellen und öffentlichen Verwaltung (PFEIL 1972: 114 ff.; SCHÄFERS 1977: 257 ff.). "Demgegenüber verlief die Metropolisierung in den Entwicklungsländern unter nahezu umgekehrten Vorzeichen: Erst in den letzten 30-40 Jahren, im *Vorlauf der wirtschaftlichen*

Tab. 4: Dynamik der Wirtschaftlichen Primacy von Megastädten "Erste" Welt - "Dritte" Welt

Megastadt	Bezugsregion	Anteil (%)		Primacy Ratio (BIP : MQ) Bezugsregion = 100					
		Fläche	Bevölkerung	1965	1970	1975	1980	1985	1990
1	2	3	4	5	6	7	8	9	10
Bangkok	Thailand	0,31	10,1	260^1	292^2	266^3	286^4	340^5	294^6
Metro Manila	Philippinen	0,21	13,1	248^1	246	264	238	233	250
Seoul	S-Korea	0,63	24,4	189^1	154	140	120	123^{10}	
London	GB	0,65	11,1				128^4	125^5	123^6
Chicago	USA	3,39	53,1	112^7	109	106	107	108^5	
Tokyo - Yokohama	Japan	0,71^8	13,1^8	122^8	143	136	134^4	133^9	

^{1}1966; ^{2}1971; ^{3}1976; ^{4}1981; ^{5}1986; ^{6}1992; ^{7}1959; ^{8}bezogen auf Tokyo-to & Kanagawa-ken; ^{9}1987; ^{10}1984.

Quellen:
BANGKOK -   Hatz / Husa / Wohlschlägl 1993: 163 (bis1986); Bank of Thailand (Ed.): Annual Economic Report 1992, Bangkok 1993.
METRO-MANILA -   National Statistical Coordination Board (Ed.): 1992 Philippine Statistical Yearbook 1992: 3-68/69 und frühere Jahrgänge.
SEOUL -   Seoul Metropolitan Government (Ed.): Seoul Statistical Yearbook 1986, Seoul und frühere Jahrgänge.
LONDON -   Central Statistical Office (Ed.): Social trends 24- 1994 Edition, London 1994: 79.
CHICAGO -   Bureau of the Census (Ed.): County and City Data Book 1988, Washington 1990, und frühere Jahrgänge.
TOKYO-YOKOHAMA - Bureau of Statistics (Ed.): 1990 Population Census of Japan, Tokyo 1991.
(Berechnungen v. Vf.)

Entwicklung einsetzend, wurden diese Länder von ihrer Dynamik gleichsam überrollt. Denn die damit verbundenen Probleme, denen sich die Entwicklungsländer plötzlich gegenübergestellt sahen, traten noch zusätzlich zu denjenigen hinzu, die die Industrieländer größtenteils vor Einsetzen der Metropolisierung bewältigt hatten: politische Stabilität, Unabhängigkeit, relative wirtschaftliche Stabilität, befriedigender Lebensstandard sowie eine geordnete und zugleich flexible Sozialstruktur" (BRONGER 1984: 147).

Auf die **Folgewirkungen**, vor allem die unvorstellbare **Polarisierung der Gesellschaft** gerade und vor allem innerhalb der Metropolen, soll am Beispiel der Megastädte Indiens nachfolgend näher eingegangen werden.

2 Indiens Megastädte: Fluch oder Segen?

2.1 Zwei Wirklichkeiten

Wenn man über Indiens Megastädte spricht, genauer: ihre **Rolle im Entwicklungsprozeß des Landes** behandelt, so ist zur Vermeidung von Mißverständnissen eine Vorbemerkung notwendig:

Bis heute ist **Indien ein Land der Dörfer** : den - 1991 - fast 640.000 Gemeinden stehen nicht einmal 1.600 Städte (= Siedlungen mit > 20.000 E.) gegenüber, in denen 22.9 % der Bevölkerung leben.

So unbestreitbar diese Feststellung von Indien als Land der Dörfer auch ist - sie macht nur einen Teil der Wirklichkeit aus. An den drei Antipoden des dörflichen Indien, den drei Megastädten **Bombay**, **Calcutta** und **Delhi** sei diese zweite Wirklichkeit festgemacht: Gegenüber ihrer im Vergleich zu London oder Paris bis heute nicht besonders ausgeprägten demographischen Hegemonialstellung ist der **funktionale Konzentrationsprozeß** aller wichtigen Einrichtungen des sekundären und tertiären Lebensbereichs, wie in vielen EL-Megastädten (s.o.), auch bei ihnen weit fortgeschritten - man stelle sich nachfolgende Daten für Paris und London bezogen auf die gesamte EU (nur 40 % der Einwohner Indiens!) vor: Auf 3,3 % (1981) bzw. 3,9 % (1991) der Bevölkerung (London und Paris weisen die gleiche Metropolisierungsquote - 3,9 % der EU - auf) entfielen:

12,7 %	der Universitätsstudenten
15,5 %	der Krankenhausbetten
18,3 %	des Produktionswertes der Industrie
30,6 %	(mit Madras: 45 %) des über die Häfen abgewickelten Im- und Exports
34,3 %	der Telephonanschlüsse
39,9 %	der PKW´s und sogar
90,3 %	des internationalen Flugverkehrs (ohne Sri Lanka & Nepal)

Was aber insgesamt das wichtigste ist:
43,5 % der Einkommensteuer ganz Indiens wurden (1984) in den drei Großmetropolen erwirtschaftet.

Naturgemäß noch erdrückender wird die funktionale Dominanz, wenn man die **regionale Maßstabsebene** mit in die Betrachtung einbezieht. Der Entwicklungsvorsprung der Riesenmetropole Bombay wird kaum noch faßbar, wenn man die Variationsbreite, sprich: die *auf die Einwohner umgerechneten* Indikatorendaten der Megastadt mit dem jeweils rückständigsten Distrikt des Bundesstaates Maharashtra (insgesamt 30 Distrikte; zusammen: Fläche und Bevölkerungszahl von Frankreich) in Beziehung setzt (**Tab. 5**):

Tab. 5: Regionale funktionale Primacy:
Variationsbreite von Einzelindikatoren - Bombay : Maharashtra

Nr.	Indikator	Bezugsjahr	Variationsbreite
1	Krankenhausbetten	1987	6:1
2	Industriearbeiterbesatz	1987	76:1
3	Investiertes Industriekapital	1985	80:1
4	Produktionswert der Industrie	1985	253:1
5	Elektrizitätsverbauch - private Haushalte	1988	16:1
6	- Industrie	1987	41:1
7	- insgesamt	1987	29:1
8	Motorfahrzeuge insges.	1987	29:1
9	Telephonanschlüsse	1988	64:1
10	Zeitungen	1988	299:1
11	Bankeinlagen / Mitglied[1]	1988	29.843:1

[1] "agricultural & non-agricultural credit apex and central institutions"
Quellen: GOM 1991 und frühere Jahrgänge (Berechnungen v. Vf.)

2.2 Metropolisierung und Entwicklung I: Metropolitan - interne Faktoren

Es sind die **Folgewirkungen** dieser erdrückenden funktionalen Dominanz, konkret: die Sogwirkung der metropolitanen Ballungsgebiete mit ihren anscheinend unbegrenzten Arbeitsplatzmöglichkeiten insbesondere im informellen Sektor, die diese zu den **Hauptimmigrationszentren** der Land - Stadt gerichteten Wanderungsbewegungen werden ließen.

In erster Linie waren (und sind) es die metropolitan gerichteten Migrationsströme, die für die EL-Metropolen typische Wachstumsdynamik nach 1940 verantwortlich zu machen sind. Eine solche Vehemenz ist auch in den Perioden des raschesten Großstadtwachstums (England: 1840-1900; Deutschland: 1880-1930) von keiner IL-Megastadt je erreicht worden. Eine Gegenüberstellung von Bombay und Delhi mit ihrer ehemaligen "Muttermetropole" London verdeutlicht diese Dynamik (**Tab. 6**):

Tab. 6: Megapolitane Wachstumsmuster im 20. Jahrhundert "Erste" Welt - "Dritte" Welt

Metropole	Fläche in km^2	1901	1941	1991	1941 - 1991 (absolut)
London	1.579	6.510	8.615[1]	6.379	- 2.236
Bombay	1.178	928	1.815	12.596	+ 10.745
Delhi	1.483	406	918	9.370	+ 8.452

[1] 1939

Quelle: Census - Ergebnisse (Berechnung v. Vf.)

Um die Jahrhundertwende wies London noch die 7-fache (Bombay) und sogar die 16-fache Bewohnerzahl von Delhi auf - dabei war Bombay seinerzeit immerhin die drittgrößte Stadt ganz Asiens. 1940 übertraf London Bombay noch um fast das 5-fache, Delhi um mehr als das 9-fache. Heute, nur fünf Jahrzehnte später, übertrifft die Einwohnerzahl Bombays die von London bereits um das Doppelte, Delhi die Londons um 3 Millionen. In wenigen Jahren, an der Wende zum 21. Jahrhundert, wird Bombay voraussichtlich fast dreimal, Delhi zumindest doppelt so viel Einwohner zählen wie London.

Die Folgen: Die Metropolen können mit der Bewältigung der durch diesen Massenansturm ausgelösten **metropolitan-internen** Folgewirkungen - Wohnungsbau, Arbeitsplatzbeschaffung, sanitäre Verhältnisse, Bildungs- und Gesundheitseinrichtungen sowie Energieversorgung, von der Luftverschmutzung gar nicht zu reden - nicht annähernd Schritt halten. Denn diesen Problemen von für uns kaum faßbaren Dimensionen steht eine völlig unzureichende Finanzausstattung der Kommunen gegenüber. Das *Budget von Greater Bombay*, mit Abstand das höchste aller Millionenstädte Indiens, belief sich im Jahr 1980 auf umgerechnet ca. 90 DM pro Kopf und Jahr - Hamburg mit seiner vergleichsweise bereits hochentwickelten Infrastruktur stand etwa das 85-fache zur Verfügung.

Die Folge: Gemessen an dem tatsächlichen Bedarf gerade der unteren Einkommensschichten fand ein staatlich geförderter Wohnungsbau im urbanen Sektor in Indien nur in sehr begrenztem Umfang statt: Nach Untersuchungen des

INDIAN INSTITUTE OF MANAGEMENT, Ahmedabad, belief sich der Fehlbedarf an städtischen Wohnungen im Jahre 1981 auf 15,3 Millionen. Das ebenso renommierte BIRLA INSTITUTE OF SCIENTIFIC RESEARCH, New Delhi, ermittelte diesen Fehlbedarf sogar mit 22,1 Mill. Wohnungen (YADAV / GARG 1987: 217); bei einer zugrunde gelegten durchschnittlichen Größe von 5 Personen wären davon 110,5 Millionen Städter, das sind über 70 % aller Haushalte betroffen.

Die Folge ist ein **beängstigender Polarisierungsprozeß der metropolitanen Bevölkerung**, der insbesondere in der *überproportional ansteigenden Slumbevölkerung* seinen Niederschlag findet. Für Hyderabad wird für den Zeitraum von 1962 bis 1981 diese Zunahme von 9 % auf 22,3 % an der Gesamtbevölkerung angegeben (ALAM et al. 1987: 123) , für Madras von 25 % (1962) auf 40 % im Jahre 1983 (NITZ / BOHLE 1985: 16).

Für 1990 hat die indische Regierung eine Slumbevölkerung von 52,2 Mill. prognostiziert (ALAM et al. 1987: 121 f.), das würde hochgerechnet einem Anteil an der städtischen Bevölkerung von ca. 25 % entsprechen. Dabei wird von einer positiven Korrelation zwischen Stadtgröße und Anteil der Slumbevölkerung ausgegangen: Während in den Klein- und Mittelstädten (< 50.000 E.) dieser mit 10-20 % veranschlagt wird, steigt er in den vier Großmetropolen - Calcutta, Bombay, Delhi, Madras - sogar auf ca. 50 % an (ibid: 122).

Diese Zahlen können nur eine ungefähre quantitative Vorstellung des Problems geben, da der Slumbegriff weder klar definiert noch quantitativ exakt erfaßbar ist.

"Unter Slum versteht man (Wohn-) Gebiete (in Städten), die eine Reihe von Merkmalen der Bewohner und der Behausungen aufweisen, die unter den Standards des betreffenden Landes liegen. Der Begriff Slum ist also ein relativer Begriff; Merkmale, die in den Industrieländern zur Bezeichnung Slum führen, unterscheiden sich von Merkmalen, die in den Entwicklungsländern die Verwendung des Begriffs Slum gerechtfertigt erscheinen lassen" (STEWIG 1983: 201).

Aber auch innerhalb der Gruppe der Entwicklungsländer existieren große Unterschiede: Nimmt man die Mehrzahl der "favelas" von Rio de Janeiro oder Sao Paulo mit ihrem hohen Anteil an (Stein-) Häusern, mit - vielfach - Elektrizitätsanschluß, TV und Kühlschrank als Maßstab, so läge der Anteil der "Slumbewohner" in Indien mit Sicherheit noch wesentlich höher. Mit solchen interkulturellen Vergleichen - in der Literatur häufig verwendet - sollte man sehr sorgsam umgehen.

Da das Arbeitsplatzangebot selbst im informellen Sektor mit einer derartigen überproportionalen Zunahme in den Elendsquatieren nicht annähernd Schritt halten kann, ist eine bedrohlich anwachsende **Marginalisierung immer breiterer Bevölkerungsschichten** die zwangsläufige Folge. "Marginalität" bedeutet dabei nicht nur räumliche (s.o.) und wirtschaftliche, sondern auch soziale Unterprivilegierung, ein Elendsdasein am Rande des Überlebens und damit am

Rande der städtischen Gesellschaft. Die Marginalität der Slumbewohner zeigt sich damit auf allen Ebenen. - Einige Angaben zur Wohnsituation, zu den sozialen und wirtschaftlichen Verhältnissen, sowie zur politisch-rechtlichen Situation, mit denen diese Menschen gerade in den Megastädten in ihrem täglichen Überlebenskampf konfrontiert sind, mögen dies verdeutlichen.

Wohnsituation: Der Kausalzusammenhang zwischen der Verdichtung der metropolitanen Kerngebiete - in Bombay City z.B. lag die durchschnittliche Bevölkerungsdichte 1981 bei 46.500 E. / km^2 - und dem daraus resultierenden Emporschnellen der Bodenpreise bewirkt, daß die Bewohner dieser heutzutage auf wertvollem Land gelegenen Slumgebiete zunehmend in minderwertige (unmittelbar an Straßenränder, Eisenbahnlinien, stark reliefiertes Gelände), überschwemmungsgefährdete und damit zugleich gesundheitsschädigende "Wohn"-Gebiete abgedrängt werden. Immer wieder greifen indische Stadtverwaltungen zu dem Mittel der "Flächensanierung" innerstädtischer Slumgebiete. In nicht selten nächtlich durchgeführten "Blitz"-Aktionen werden die Hütten von Bulldozern niedergewalzt und die Bewohner mit LKW´s am Stadtrand abgeladen. Die Folge: Da die große Mehrheit von ihnen darauf angewiesen ist, ihren innerstädtischen Arbeitsplatz wegen der (zu) hohen Transportkosten zu Fuß zu erreichen, es an den Außenrändern kaum Verdienstmöglichkeiten gibt, wandern sie zurück in die Innenbereiche und tragen zur Belastung anderer innerstädtischer Slums noch zusätzlich bei. Dieser - entschädigungslose - Verdrängungsprozeß der Slumbewohner von wertvoll gewordenem Boden ist in vielen EL-Metropolen zu beobachten.

Ein Beispiel für die *Wohnverhältnisse* der Slumbewohner: Nach einem Bericht der Planungsbehörde Bombay (bereits) aus dem Jahr 1969 mußten 632.000 Hüttenbewohner mit 1.353 Toiletten und 432 Wasseranschlüssen auskommen (NISSEL 1977: 133), d.h. es entfiel eine Toilette auf 473 und ein Wasseranschluß auf 1.463 Menschen. Dazu kommt häufig eine erschreckend hohe Wohndichte: Im größten Slum Asiens, in Dharavi im Norden von Bombay City lebt eine halbe Million Menschen auf nur 2 km^2 (NISSEL 1989: 73), d.h. 250.000 E./km^2 - in Anbetracht der hier vorherrschenden ein-, maximal zweigeschossigen Bauweise ein kaum noch vorstellbarer Wert (zum Vergleich: Hamburg: 2.100 E/km^2 ; Ruhrgebiet: 1.350 E./km^2 - 1990).

Neben dieser bedrückenden Enge charakterisiert der tägliche Kampf gegen Unrat, Gestank, Ungeziefer, Ratten, Hitze und Überschwemmung, vor allem aber die Unsicherheit der Wohnverhältnisse (s.u.) die Wohnsituation in indischen Slums. Die Folge dieser mangelhaften hygienischen Zustände bezeichnet NISSEL für Bombay: "10.000 Tuberkulosetote im Jahr, Ausbreitung der Malaria, Tausende Leprafälle. Die Säuglingssterblichkeit liegt bei 200 bis 250 Promille, d.h. jedes vierte Kind überlebt das erste Lebensjahr nicht" (ibid.: 73).

Dies alles ist aber noch nicht die unterste Stufe der Verelendung. Diese bilden die sog. **pavement dwellers**, Obdachlose, Menschen, die ohne ein Dach über dem Kopf an den Straßenrändern und Bürgersteigen hausen. Ihre Zahl wird für Mitte der 80´er Jahre allein für Bombay auf 400.000, d.h. über 4% der Bevölkerung geschätzt.

Es gibt kaum eine Stelle wo diese Menschen nicht ins Blickfeld kommen, sei es in Hauseingängen, Bahnhöfen, auf Gehsteigen, in den rostenden Rohren der ewig im Bau befindlichen zweiten Wasserleitung, unter den Arkaden der Citystraßen, unter Brücken, am Strand, auf privaten Gärten oder öffentlichen Parks, in Friedhöfen, in Warenschuppen oder im Brunnen Flora Fontain, dem Wahrzeichen der Stadt. Unter ihnen befinden sich Tausende Familien, welche im Freien kochen, waschen, essen, schlafen, lieben - und schließlich sterben. Da wird eine Decke zwischen einer Feuermauer und zwei Bambusrohren gespannt und damit der "Einflußbereich" einer Familie abgegrenzt. Da bilden ein paar im Dreieck aufgeschichtete Ziegel die Herdstelle, von der aus auch häufig andere Obdachlose gespeist werden, quasi ein Restaurant auf niedrigster Stufe. Die Reaktion der Behörden schwankt zwischen sinnlosen Razzien, völliger Apathie oder stillschweigender Duldung (meist mit Schweigegeld), letzteres besonders in der Regenzeit, die für die Ärmsten eine Art Schonzeit bedeutet. Keine Rücksicht kennen die Ratten, deren Zahl zumindest auf das Zehnfache der Obdachlosen geschätzt wird. Rattenbisse gehören so zum täglichen Brot und werden am häufigsten als schlimmste Plage von den "pavement dwellers" genannt (NISSEL 1977: 135).

Soziale Situation: Untersuchungen zur Kastenzugehörigkeit der Slumbewohner offenbaren, daß in erster Linie die Paria-Kasten in die Slums abgedrängt werden. In den von ALAM untersuchten Slums von Hyderabad waren es ca. 67% (ALAM et al. 1987: 130). BLENCK kommt zu einem differenzierteren Urteil: In den Hüttensiedlungen 66% der Bewohner; in den sanierten Wohnblöcken reduziert sich der Anteil dagegen auf 43% (BLENCK 1977: 382).

Infolge des Fehlens sozialer und wirtschaftlicher Infrastruktur aber auch der Kastenzusammensetzung der Slumbewohner, ist die Analphabetenquote weit überdurchschnittlich hoch: BLENCK (1974: 326) gibt diese für 1971/72 in Madras mit 85% (Madras City 1971 insgesamt: 17,95%!); ALAM (1987:131) für 1983 in Hyderabad mit 69% an.

Wirtschaftliche Verhältnisse: Die wirtschaftliche Situation der Slumbewohner ist gekennzeichnet durch Unterbeschäftigung und Arbeitslosigkeit, also Mangel an regelmäßigem und ausreichendem Einkommen. Nach einer Untersuchung des "Slum Clearance Board", Madras aus dem Jahre 1977 waren 53%

der potentiellen Arbeitskräfte ganz ohne Arbeit, die große Mehrheit der übrigen 47% verdiente sich ihren Lebensunterhalt mit Gelegenheitsarbeiten (angeführt bei BOHLE 1984: 466). In den untersuchten Slums von Hyderabad waren 1983 70,3% der Slumbewohner arbeitslos - 52,9% der Männer und 87,7% der Frauen. Von den verbleibenden 29,7% waren über 70% im informellen Sektor tätig, 71% von ihnen als "unskilled" ausgewiesen (ALAM 1987: 132-33).

Am unteren Ende der Skala rangieren auch hier die **pavement dwellers**. Nach einer großangelegten Untersuchung der CALCUTTA METROPOLITAN DEVELOPMENT AUTHORITY (CMDA) von 10.000 pavement dweller-Haushalten waren über zwei Drittel (68,5%) ganz ohne Arbeit; von den restlichen 31,5% waren über 90% im tertiären Sektor beschäftigt, wovon wiederum die große Mehrheit ihren Unterhalt als Gelegenheitsarbeiter verdiente (**Tab. 7**):

Tab. 7: Erwerbstätigen-Berufe von 10.000 pavement dweller-Haushalten in Calcutta - 1973

Beruf	Anteil an den Erwerbstätigen insgesamt (%)	Anteil an den pavement dweller insgesamt (%)
Bettler	22,1	7,0
Gelegenheitsarbeiter (Tagelöhner)	23,1	7,3
Thelawala	6,5	2,0
Rikshafahrer	7,3	2,3
Straßenhändler	3,2	1,0
Papiersammler	4,8	1,5
Arbeiter mit festem Tagelohn	8,6	2,7
Gemüseverkäufer	3,6	1,1
Hausangestellte	4,2	1,3
übrige	16,6	5,3
Erwerbstätige insgesamt	15.750 = 100,0	31,5
ohne Beschäftigung	34.250	68,5

Quelle: CDMA 1973; angeführt in CHOWDHURY 1987: 100-101.

Entsprechend schlecht war die Einkommenssituation, insbesondere, wenn man sie mit der offiziellen Armutsgrenze von seinerzeit ca. 300 Rs. im Monat korreliert: Bei 50% der Haushalte lag das monatliche Einkommen bei weniger als 80 Rs., bei 32% zwischen 80 und 140 Rs. und nur 12 % erzielten ein Monatseinkommen von über 140 Rs. (zitiert bei CHOWDHURY 1987: 101).

Politisch-rechtliche Situation: Die Marginalität der Slumbevölkerung zeigt sich auch in rechtlicher und politischer Hinsicht. Das größte (zusätzliche) Problem für die Hüttenbewohner ist dabei die **Rechtsunsicherheit**, die ungeklärten Eigentumsverhältnisse des Grund und Bodens, auf dem ihre Behausungen stehen. Die Folge: Sie können jederzeit vertrieben werden. Und das geschieht ständig. Aber selbst in dem ihnen zugewiesenen Siedlungsgebiet werden sie zwar von der Stadtverwaltung registriert und ihnen werden "Hausbesetzerkarten" ("Hut Occupation Cards") ausgegeben. Doch in diesem "Ausweis" steht der - entscheidende - Satz: "... gibt dem Besetzenden keinerlei Rechte an dem Besitz, den er besetzt hat". Ohne einen offiziellen Rechtstitel können sie jederzeit wieder ausgewiesen werden. Eine solche Sicherheit aber wird ihnen, jedenfalls gilt das für die Großstädte, keine Stadtverwaltung zusprechen. Denn Bauland ist besonders in den Riesenagglomerationen knapp und demzufolge profitabel.

Diese Zwangslage wird von den politischen Parteien in doppelter Weise ausgenutzt. Viele Slumbewohner lassen sich von denjenigen, die ihnen Sicherheit versprechen, für ein paar Rupees kaufen, wenn es darum geht, die "richtige" Partei zu wählen. Nach der Wahl sind dann alle Zusagen vergessen. Umgekehrt konnte die "Shiv Sena" (übersetzt: "Armee Shivas"), eine hindunationalistische Partei, mit Anti-Slumparolen politische Geschäfte machen: Mit dem Slogan "Clean Bombay - Green Bombay" trat sie offen für die Vertreibung der Obdachlosen und Hüttenbewohner ein - und wurde damit 1985 stärkste Kraft im Rat der Großmetropole Bombay; im Jahre 1990 konnte sie diesen Erfolg wiederholen.

Die Schlußfolgerung aus diesem viel sozialökonomischen Zündstoff beinhaltenden Polarisierungsprozeß kann nur lauten: Es muß eine wesentliche Aufgabe der Regionalplanung und -politik sein, der fortschreitenden Zusammenballung von Menschen *und* Funktionen in wenigen räumlichen Schwerpunkten (Metropolen) entgegenzuwirken mit dem Ziel, die infolge der infrastrukturellen Standortvorteile ausgeprägte funktionale Hegemonialstellung gerade der Megastädte einzudämmen, um so die Stadt (=Megastadt) - Land - Entwicklungsunterschiede abzubauen.

Eine wesentliche *Voraussetzung* für eine erfolgreiche Umsetzung dieser Strategie bildet die Frage: **Welche Rolle spielt die Metropole und die Metropolisierung im Entwicklungsprozeß eines Staates? Fördert sie die Entwicklung der übrigen Landesteile oder wirkt sie eher entwicklungshemmend?**

Damit sind die **metropolitan-externen** Folgewirkungen angesprochen.

2.3 Metropolisierung und Entwicklung II:
Metropolitan-externe Folgewirkungen - Die Rolle der Metropole im Entwicklungsprozeß

2.3.1 Theoretische Kontroversen

Obige zentrale Fragestellung wird in der Forschung bis heute sehr kontrovers diskutiert. Man findet das gesamte Spektrum aller möglichen Auffassungen vertreten (zum folgenden vgl. BRONGER 1991: 11 ff; 1993a: 113 ff).

1. Die Stadt als "Motor des wirtschaftlichen Fortschritts" und des gesellschaftlichen Wandels:

Urbanisierung wird nach dieser Auffassung zur Voraussetzung von "Entwicklung" schlechthin apostrophiert. Die Metropole "has the advantage of a large and concentrated labour and consumer market; it is the focus of transportation routes; it has the economics of scale and juxtaposition of industries and specialists; it is a fertile ground for social and cultural change necessary for development; it is a centre from which these innovations or new adoptions, artifacts and technologies ... diffuse into the country side, and it is an area that receives migrants from the country side thus relieving the farming areas of the burden of excess population" (METHA 1969: 299; zitiert nach MISRA 1982: 1).

In ähnlichem Sinn - Metropolen als Innovationszentren - äußert sich eine Reihe von Sozialwissenschaftlern (näheres s. EVERS 1983: 63) und Geographen (allgemein: u.a. KLÖPPER 1956/57: 453; EL-spezifisch: NISSEL 1977 oder NUHN 1981 - für Zentralamerika). - Mit dieser Auffassung wird im Grundsatz die Rolle der Urbanisierung in Industrie- und Entwicklungsländern als miteinander vergleichbar eingestuft.

2. "Generative versus parasitäre Urbanisierung":

Noch bevor MYRDAL (1957) Entstehen und Wachstum regionaler Disparitäten durch die von den Zentren ausgehenden Ausbreitungs- und Entzugseffekte auch räumlich zu erklären versuchte, hat HOSELITZ die Frage der Interdependenz von Metropolisierung und Entwicklung mit dem Begriffspaar "generative" und "parasitic cities" konkretisiert (1954/55: 279). Erstmalig wird bei dem Verlauf der Urbanisierung zwischen den Ländern der "Ersten" und der

"Dritten" Welt unterschieden, indem der Autor den Städten der IL einen entwicklungsfördernden, letzteren einen eher hemmenden Einfluß zuschreibt (vgl. auch bereits: MURPHEY 1954: 35 ff.).

Am unmißverständlichsten bezog hierzu HAUSER Stellung, weil er diese parasitäre Rolle ausdrücklich auf die "primate cities" der "Dritten" Welt bezogen wissen will (HOSELITZ sprach in diesem Zusammenhang noch allgemein von "urbanization" bzw. "cities"): Die EL-Metropolen "blockieren ("obstruct") die sozioökonomische Entwicklung in ihrem Land, indem sie die Entwicklung der übrigen Städte des Landes bremsen und insgesamt wenig zur Entwicklung ihres Hinterlandes beitragen, da ihre Funktion primär in der Verteilung von Dienstleistungen für die koloniale und einheimische Elite der Metropole besteht. Die großen Städte, welche das Produkt der Kolonialherrschaft waren oder primär als Verbindungsglied der lokalen Eliten mit dem Ausland fungierten, sind nicht als Ergebnis der Industrialisierung und wirtschaftlichen Entwicklung anzusehen, wie dies für die Städte der westlichen Welt zutrifft" (1957: 87 - vgl. dazu auch BERRY 1973: 99).

Es verdient festgehalten zu werden, daß diese von den Dependenztheoretikern ab Ende der 60er Jahre wiederholten Gedankengänge (dazu: SCHOLZ 1979: 343) schon 15 (und mehr) Jahre früher geäußert wurden.

3. "Metropole als Spiegelbild der Gesellschaft":

"Armut, Arbeitslosigkeit, gewaltsame Klassen- und Rassenkonflikte, 'Entfremdungen' und 'Abnormitäten' sind sicherlich Probleme, die innerhalb von Städten existieren. Sie sind aber nicht Probleme der Städte. Sie sind Probleme, die von der sozialen, ökonomischen und politischen Struktur der jeweiligen Gesellschaft produziert wurden. Ihre Existenz gilt unabhängig von der jeweiligen Siedlungsstruktur, von den Metropolen bis hinunter zu den Kleinstädten, ja bis zu den Weilern. Sie sind jedoch dort am sichtbarsten, wo sie am konzentriertesten auftreten, aber das ist nur gut so, da die Erkennung eines Problems der erste Schritt zu seiner Lösung ist" (BLUMENFELD 1972: 79).

Bei derartig kontrastierenden Auffassungen könnte man, dem indischen Geographen und Regionalplaner R.P. MISRA folgend, resignierend zu dem Schluß kommen, dieses "Ergebnis" sei "symptomatisch für die Unfähigkeit der Menschen, die Wirklichkeit in all ihren Erscheinungen synoptisch zu sehen." Und man mag ihm nicht widersprechen, wenn er fortfährt: "Ob eine Metropole entwicklungshemmend oder -fördernd agiert, ist in besonderem Maße davon abhängig, wer es sieht und von welcher Perspektive aus er es sieht" (MISRA 1982: 4).

Mit diesem durchaus treffenden Resümee sollte sich die Forschung allerdings nicht aus ihrer Verantwortung stehlen. - Am Beispiel der Großmetropole Bombay sei die Komplexität nicht nur der Fragestellung, sondern vor allem ihrer Beantwortung zumindest angedeutet.

2.3.2 Fragen und Antworten - Der Fall Bombay

Auf der einen Seite lösen im Zusammenhang mit der ungebremsten Bevölkerungsdynamik die mangelnden Arbeitsplatzmöglichkeiten auf dem Land sowie die Sogwirkung der Großmetropole eine Binnenwanderung nach Bombay aus, die wegen ihrer enormen Dimension (s.o.) von der Stadt infrastrukturell kaum noch zu verkraften ist und die durch den damit verbundenen "Brain drain" den Abwanderungsregionen - auch den Regionalzentren! - eine wichtige Entwicklungsressource entzieht (s.a. ALAM 1983; NISSEL 1982: 223).

Auf der anderen Seite lieferte Bombay im Jahre 1984 über ein Viertel der gesamt-indischen Einkommenssteuer. Das heißt: Die Staats- und Landeshaushalte und damit auch die staatlichen Entwicklungsinstrumente werden zum wesentlichen Teil aus Mitteln finanziert, die die Metropolen erbringen. Legt man diesen Gesichtspunkt zugrunde, erscheinen also nicht die Metropolen, sondern die sie umgebenden, rückständigen Regionen als parasitär (vgl. auch: NISSEL 1977: 2).

Dagegen sind gerade von indischer Seite wiederum eine Reihe von Argumenten vorgebracht worden, die die parasitäre Rolle von Bombay dokumentieren sollen. Die ausgeprägte industrielle Primacy Bombay's (1989 noch immer 42% der Beschäftigten im "Large & Medium Scale"-Sektor s.u. Tab. 8) werde noch unterstrichen durch die Tatsache, daß gerade die innovativen und kapitalintensiven Branchen wie Elektronik, Pharmaindustrie, Erdölchemie, Automobilbau, zugleich *die* Wachstumsindustrien, hier konzentriert seien. Mit Ausnahme der (zum erweiterten Umland der Großmetropole Bombay zu rechnenden) Metropole Pune blieben dem gesamten übrigen Land (Maharashtra) nur die "kranken" Industrien wie Textil- und Nahrungsmittelerzeugung übrig. Ausdruck dieser Situation sei das Faktum, daß Bombay (seinerzeit) nicht nur 69% der Energie konsumiere, sondern auch 85% der vergebenen Bankkredite abschöpfe (BRAHME 1977: 321).

Auf einen weiteren negativen Effekt der erdrückenden funktionalen Primacy machen DESHPANDE ET AL. (1980) aufmerksam. Danach wirken die negativen "Kontereffekte" Bombay's auf sein Hinterland in mehrfacher Weise entwicklungsehmmend: So haben u.a. die kleinen Häfen an der Konkanküste ihre Handelsfunktionen weitgehend verloren. Die Folge war eine massive Abwanderung der Arbeitsfähigen in die Großmetropole, was wiederum einerseits die Wirtschaft der betroffenen Region massiv beeinträchtigte, andererseits deren Arbeits- und damit Überlebenschancen in der Metrople, so die Autoren, dramatisch verschlechterte - abgesehen davon, daß es die metropolitane Lebensqualität fortlaufend unterminiert.

In der Tat kamen von den bis 1981 1,76 Mill. Zugewanderten aus Maharashtra, das entspricht gut zwei Fünfteln aller Migranten, 44,2% allein aus den beiden Konkandistrikten Raigarh und Ratnagiri. Bei letzterem, auf den allein 630.000 der Bombay-Einwanderer entfielen, wird die Interdependenz zum Entwicklungsstand besonders deutlich: Das Index-Verhältnis des Pro-Kopf-Einkommens zu Bombay belief sich nach Berechnungen des CENTRE FOR MONITORING INDIAN ECONOMY (Bombay) auf 31:1 (1985)!

Andererseits wird man im Hinblick auf eine Gesamtbeurteilung dieses Ergebnis genauer hinterfragen müssen, denn gewisse positive "Kontereffekte" auf das unmittelbare Umland sind (auch) für Bombay nachweisbar. Hierzu gehören eine rasch um sich greifende Industrialisierung (s.u.), die sich u.a. in einer größeren Anzahl weit überproportional wachsender Städte im 50 km-Radius von Bombay niederschlägt, von denen 1990 bereits sechs die (statistische) Großstadtgrenze überschritten hatten (1971: 2 - näheres: s.u.).

Immerhin liegt das Pro-Kopf-Einkommen hier - Distrikt Thane - 65% über dem gesamt-indischen Durchschnitt (zum Vergleich: das von Ratnagiri beträgt gerade ein Drittel). Kurz, bei solchen Aussagen zu metropolitanen "spread" oder "backwash effects" wird man regional differenzieren müssen. Jedenfalls erlaubt die Berücksichtigung lediglich einer Einzelregion wie in der o.g. Studie von DESHPANDE noch keine generellen Aussagen zur Bedeutung der Metropole im Hinblick auf die Entwicklung ihres Hinterlandes.

Das Resümee: Mit Sicherheit ist die Fragestellung zu komplex, als daß, jedenfalls bei dem heutigen Forschungsstand, eine allgemeingültige Antwort möglich wäre. Es gilt, den spezifischen Situationen in diesen Ländern, mehr noch: jedes einzelnen Landes, Rechnung zu tragen. Diese - keineswegs neue - Feststellung beinhaltet aber auch, daß nicht nur die koloniale Vergangenheit, sondern auch die **Rolle des Staates** nach Erlangung der politischen Eigenständigkeit der betreffenden Länder untersucht werden muß. M.a.W. es ist zu fragen: Welche Maßnahmen sind staatlicherseits in der Planung und in der praktischen Politik ergriffen worden, um diese überkommenen Raumstrukturen, insbesondere die erdrückende funktionale Primacy der Metropolen abzubauen? Am Beispiel Bombays sei nachfolgend eine Antwort versucht (zum folgenden: BRONGER 1993: 116 ff.)

3 Abbau der metropolitanen Primacy - aber wie?

Bombay/Maharashtra - Das mehrfache Dilemma

Der indische Bundesstaat Maharashtra sah sich bei seiner Gründung (1960) mit einem schwierigen historischen Erbe, aber auch der nachkolonialen Dynamik der erdrückenden Primacy von Bombay konfrontiert. Am Beispiel des industriellen Sektors läßt sich die Problematik eindeutig belegen: Das ausgeprägte West-Ost-Entwicklungsgefälle hatte sich nach Erlangung der gesamtstaatlichen Unabhängigkeit (1947) noch weiter verschärft: Der Anteil der Industriebeschäftigten im Westteil des Landes (Bombay/Pune Division) hatte sich von 1931 - 84% (Bombay allein: 63%) bis 1961 auf 89% (Bombay: 64%) erhöht. Mit Ausnahme des Einzelstandortes Nagpur war die gesamte Osthälfte des Bundesstaates (52,7% der Fläche mit 38,3% der Bevölkerung) weitgehend industriefrei.

Dieser Herausforderung begegnete die Regierung von Maharashtra mit einem ganzen Bündel von Maßnahmen, die man im Gesamtkonzept als Dezentralisierungsstrategie, von der Planungskonzeption her als Growth-Pole-Strategie, in der Praxis als Industrieförderungsprogramm bezeichnen könnte, *wenn* die Einzelmaßnahmen zeitlich und inhaltlich aufeinander abgestimmt gewesen wären:

1) Aufbau eines metropolitanen Gegenpols - New Bombay - auf der Bombay gegenüberliegenden Seite des Thane Creek, die im Endstadium auf 2 Mill. Einwohner mit 7-800.000 neugeschaffenen Arbeitsplätzen ausgelegt ist (CIDCO 1988: 7).

2) Entwicklung eines weiteren Gegenpols im NO der BOMBAY METROPOLITAN REGION, in ca. 60 km Entfernung von der CBD (Kalyan Complex), sowie

3) einem "Außenring" von sog. "Industrial Growth Centres" im Bundesstaat selbst.

Eine Gesamtbeurteilung der vielfältigen Bemühungen fällt zum gegenwärtigen Zeitpunkt schon deshalb schwer, weil wichtige CENSUS-Daten (1991) bis heute nicht in der nötigen Differenzierung vorliegen. Gemessen an den erklärten Hauptzielsetzungen: Reduzierung der demographischen und funktionalen Primacy der Großmetropole und damit Abbau der Dichotomie Metropolitanregion - übrige Landesteile, wird man, trotz bemerkenswerter Einzelergebnisse, die Gesamtbilanz eher bescheiden nennen müssen:

zu 1) Von den 20 ausgewiesenen "nodal points" New Bombay's sind 20 Jahre nach Projektbeginn gegenwärtig (1992) 7 überhaupt erst in Angriff genommen worden. Im fortgeschrittenen Entwicklungsstadium befindet sich allein das der Metropole nächsgelegene Vashi (z.Z. ca. 150.000 Einw.). Zwar wurden bis heute (März 1992) bei einem Gesamtinvestitionsvolumen von 7,7 Mrd. Rupees seit Planungsbeginn u.a. fast 65.000 Wohnungen fertiggestellt (weitere 28.000 sind im Bau), dazu 17 Colleges sowie technische Ausbildungsstätten, 17 Krankenhäuser und Kliniken errichtet, 19.633 Telephonanschlüsse verlegt (alle Angaben nach CIDCO 1992) - aber: Die Gesamtzahl der in New Bombay lebenden Menschen - nach dem Census 1991 307.297 - entspricht gerade 2,4% der der Großmetropole; der beabsichtigte Entlastungseffekt (u.a. Auffangen eines Teils des Migrantenstroms) dürfte bislang allenfalls marginal sein.

Die **Ursachen** dieser nicht befriedigenden, schon weil zu langsamen Entwicklung sind im wesentlichen auf die mangelhafte Zusammenarbeit, geschweige Integration der Maßnahmen seitens der involvierten Behörden zu suchen (im einzelnen bereits: RICHARDSON 1984: 117f.; NISSEL 1986: 59ff.). So ist, um ein Beispiel hierfür zu nennen, die einzige Straßenverbindung von Bombay nach New Bombay über den Thane Creek bis heute großenteils nur einspurig befahrbar. Ihre Erweiterung auf 6 Spuren ist allerdings im Bau. Ähnliches gilt für die Eisenbahnverbindung, sie ist nach über 10-jähriger Bauzeit erst im Mai 1992 fertiggestellt worden (Streckenabschnitt Mankhurd-Belapur - CIDCO 1992: 32). Von der antizipierten Funktion einer "Entlastungsmetropole" ist New Bombay jedenfalls noch weit entfernt.

zu 2) Schon besser sieht es um den zweiten Gegenpol, den Kalyan Complex (mit den 4 Großstädten Ulhasnagar, Kalyan, Dombivhi und Ambernath) aus. Äußeres Anzeichen ist die Bevölkerungsentwicklung, die sich in den vergangenen drei Jahrzehnten (seit 1961) auf fast 1,4 Mill., d.h. immerhin fast verfünffacht hat. Allein im mittel- und großindustriellen Bereich wurden hier von 1961-1987 über 100.000 neue Arbeitsplätze geschaffen. Allerdings hat diese positive Entwicklung auch ihre Kehrseite, erfolgte doch dieser Boom großenteils zu Lasten der Entwicklung der übrigen Landesteile. Daran war die staatliche Investitionspolitik nicht unbeteiligt: Die regionale Analyse der staatlichen Mittelzuweisungen ergibt, nach amtlichen Unterlagen, für den groß- und kleinindustriellen Sektor eine eindeutige Bevorzugung der metropolitanen Regionen und hier in besonderem Maße des Umlandes von Bombay. Auf die Bombay Metropolitan Region (BMR - 18,4% der Bevölkerung - 1991) entfielen im Zeitraum 1961-1985 allein 41,2%, zusammen mit der Metropolitanregion Pune, sogar ca. 65% der Kapitalinvestitionen. Pro Kopf beliefen sich die im Umland der Großmetropole getätigten Investitionen auf annähernd das 10-fache des Landesdurchschnitts und sogar fast das 30-fache (!) der unterentwickelten östlichen Landesteile Marathwada & Vidarbha (BRONGER 1986: Tab. 14). Bei dieser inkonsequenten regionalen Industrialisierungspolitik konnte man der Zielsetzung eines räumlichen Ausgleichs kaum näherkommen: Auf die Großmetropole und ihr Umland entfielen in diesem Zeitraum fast 50% der Neugründungen (Mittel- und Großindustrie), zusammen mit Pune waren es sogar über 70% (ibid.: Tab. 9).

zu 3) Diese lange Zeit einseitige Bevorzugung der Metropolitanregion (BMR) mußte sich für die Entwicklung der übrigen Landesteile negativ auswirken. Nachdem es sich herausgestellt hatte, daß die zunächst (1961 ff.) eingeschlagene Industrialisierungsstrategie - Abbau der regionalen Disparitäten durch eine flächendeckende Industrieansiedlung in den unterentwickelten ländlichen Gebieten abseits der Metropolen - finanziell nicht durchzuhalten war und sich sogar eine Verschärfung des industriellen Entwicklungsgefälles herauskristallisiert hatte, beschloß man nunmehr, ab 1976, eine Konzentration der Mittel in einer begrenzten Anzahl von - zunächst 7, später 18 - "Industrial Growth Poles" vorzunehmen. Aber selbst von diesen wenigen Industriepolen zeigen lediglich zwei - Nasik und Aurangabad, bedingt noch Kolhapur und Raigad - das antizipierte rasche Wachstum. In diesen vier Zentren hat ein dynamischer Entwicklungsprozeß stattgefunden, der nicht allein auf den industriellen Bereich beschränkt blieb, mit der Folge, daß sich diese Standorte als selbsttragende Wachstumszentren etabliert haben. Aber: von den vier genannten Polen sind Raigad im Umland und Nasik im weiteren Einzugsgebiet der Megastadt Bombay gelegen. Demgegenüber weisen selbst die nach Bombay und Pune ursprünglich größten und infrastrukturell die besten Voraussetzungen bietenden Standorte Nagpur und Sholapur inzwischen deutliche Anzeichen einer industriellen Stagnation auf.

In diesem Zusammenahng ist ein im Hinblick auf die Gesamtentwicklung des Landes im allgemeinen und den Abbau der demographischen und funktionalen Primacy der Großmetropolen im besonderen wesentlicher Gesichtspunkt in der "Growth Pole"-Literatur kaum untersucht worden: Es ist dies der "spread effect" solcher Zentren auf das Umland. Diesbezügliche empirische Untersuchungen des "Growth Pole" Aurangabad (FINGER 1991; BRONGER / FINGER 1993) haben ergeben, daß die vom Wachstumszentrum zu erwartenden Entwicklungsimpulse auf das Umland zumindest hinsichtlich einer Partizipation der umliegenden ländlichen Gemeinden an den neugeschaffenen Arbeitsplätzen weitgehend ausgeblieben sind. Vielmehr ist eine eindeutige Tendenz erkennbar, daß sich die ländliche Bevölkerung in den neuen Industriezentren ansiedelt und somit die urbanen Folgewirkungen verschärft, anstatt, wie beabsichtigt, aus den ländlichen Umlandgemeinden zwecks Arbeitsausübung täglich in die Industriegebiete zu pendeln. Hier kommt der immer noch niedrige Gesamtentwicklungsstand der außermetropolitanen Regionen zum Tragen: Ein Pendlerverkehr wie in den IL ist aufgrund der unzureichenden Verkehrsausstattung sowie der in Relation zu den Löhnen hohen Fahrtkosten auf Indien nicht übertragbar. Als Ergebnis stellen die sich schnell entwicklenden Wachstumszentren neue Ziele der Migrantenströme dar, was zwar zu einer Entlastung Bombays führt, aber Städte wie Aurangabad mit einem Bevölkerungszuwachs von 92% bzw. 87% in den beiden letzten Dekaden (1971-1991) vor erhebliche stadtplanerische, soziale (Slumbildung) und infrastrukturelle Probleme stellt.

Trotz insgesamt unbestreitbarer Erfolge in der Hebung des Entwicklungsstandes der metropolitan-fernen Gebiete insbesondere auf den Gebieten der Kleinindustrie - auf sie entfielen immerhin 40% der 1973 bis 1987 neugeschaffenen Arbeitsplätze - und der Energieversorgung - 1989 waren 98,2% der ländlichen Siedlungen (Indien: 77,1%) an das Elektrizitätsnetz angeschlossen, 1960 waren es noch nicht einmal 2% gewesen - konnte ein nennenswerter Abbau der o.g. Dichotomie nicht erreicht werden. Nach dem vom CENTRE FOR MONITORING INDIAN ECONOMY auf Distriktbasis berechneten gesamtwirtschaftlichen Entwicklungsstand, lagen im Jahre 1985 24 der 30

Distrikte noch immer unter dem gesamtindischen Durchschnitt. Berechnet auf den Bundesstaat (Maharashtra = 100) wird die exponierte Stellung Bombays noch offenkundiger: bei 25 der 30 Distrikte beträgt das Indexverhältnis gegenüber der Großmetropole mehr als 10:1, bei 13 sogar mehr als 15:1. M.a.W.: Mit Ausnahme der beiden angrenzenden Distrikte Thane und Pune, sowie von Nagpur liegt der gesamte übrige Bundesstaat noch immer im tiefen Entwicklungsschatten der - heute - 12,6-Millionen-Metropole Bombay.

Fragt man bei der Ursachenforschung nach der **Rolle des Staates**, so muß für dieses unbefriedigende Ergebnis die **einseitige Industrialisierungspolitik** mitverantwortlich gemacht werden. Es zeigt sich (wieder einmal), daß bei einem niedrigen Gesamtentwicklungsstand eines Landes die Einbeziehung des volkswirtschaftlich wichtigsten, des **agraren** Sektors in das Gesamtentwicklungsprogramm unabdingbar ist. Und da rangiert die Landwirtschaft Maharashtras hinsichtlich wichtiger Produktionsvoraussetzungen, Produktion pro Kopf und Produktivität weit unter dem gesamtindischen Durchschnitt. Hier kann und hier muß noch viel - auch und gerade von Seiten des Staates - getan werden.

Diese Negativbilanz allein einer fehlerhaften staatlichen Wirtschaftspolitik zuzuschreiben, wäre jedoch zu einseitig. Eine tiefere Ursachenforschung offenbart eine Reihe von mehrfachen Dilemmata, denen sich gerade dieser spezifische Regionaltyp wie Maharashtra mit der erdrückenden funktionalen Primacy einer einzigen Großmetropole gegenübersieht. Noch immer sind in der metropolitanen Region Bombay die infrastrukturellen Voraussetzungen gerade auch für die privaten Investoren trotz bestehender Agglomerationsnachteile (Landpreise, Luftverschmutzung, Verkehrsbelastung) unvergleichlich günstiger, während umgekehrt fast alle übrigen Regionen nach wie vor von bislang nicht behobenen (und auf absehbare Zeit nicht leicht zu behebenden) Strukturschwächen behaftet sind. Zu diesen **Schwachpunkten**, typisch für eine industrielle Aufbauphase, zählt insbesondere der Personalbereich. Sie liegen in erster Linie in den Unzulänglichkeiten der bestehenden Berufsausbildung mit ihrem qualitativ nach wie vor unzureichenden Ausbildungsstand, besonders für Facharbeiter und leitende Positionen praktisch aller Betriebssparten. Weitere Hemnisse sind in der Verfügbarkeit von Produktionsmitteln, der Kenntniss zweckmäßiger Produktionsverfahren, ferner in der Produktqualität und im Marketing, schließlich auch im mangelhaften Zustand der Telefonverbindungen erkennbar. Alle diese Schwachstellen konnten in sämtlichen, d.h. auch in den

Tab. 8: Großmetropole BOMBAY: Dynamik der Primacy

LEBENSBEREICH		Anteil von Maharashtra (%)			Anteil von Indien (%)		
Indikator	Jahr	GB²	GBU.A.³	BMR⁴	GB²	GBU.A.³	BMR⁴
I BEVÖLKERUNG	1951	5	5	5	0,8	0,9	0,9
	1961	10,5	11,6	14,0	0,9	1,0	1,0
	1971	11,8	13,3	15,5	1,1	1,2	1,2
	1981	13,1	15,4	17,1	1,2	1,4	1,4
	1991	12,6	16,0	18,6	1,1	1,5	1,6
II INDUSTRIE	1961	71,4		76,1			
- Kleinindustrie:	1971	39,7		42,6			
Anzahl der Betriebe:	1980	22,8		31,9			
	1990	14,5		6			
- Mittel- u. Großindustrie:	1962	66,9		71,9			
Anzahl der Beschäftigten	1974	56,6	68,4				
	1980	52,3		63,8			
	1989	41,8		52,2⁷			
- Mittel- u. Großindustrie:	1961	657		537⁷			
Investiertes Kapital/Kopf¹	1985	350		317⁷			
- Mittel- u. Großindustrie:	1961	694		548⁷			
Produktionswert/Kopf¹	1985	410		360⁷			
III ENERGIEVERSORGUNG	1958	667		615⁷			
- Stromverbrauch/Kopf¹	1987	290		291⁷			
- Stromverbrauch/Kopf der Industrie¹	1960	646		620⁷			
	1987	264		288⁷			
IV VERKEHR	1961			46,7			
- Hafenumschlag: Übersee	1971			25,1			
	1981			21,0			
	1987			21,0			
V KOMMUNIKATION	1961	81,0					
- Telephonanschlüsse	1971	76,3					
	1980	76,9					
	1988	73,5					
VI BILDUNG	1973	30,4					
- Universitätsstudenten	1982	40,3					
	1984	46,3					
VII GESUNDHEIT	1965	366		321⁷			
- Krankenhausbetten/Kopf	1987	199		172⁷			

[1] Maharashtra = 100; [2] Greater Bombay (603 km²); [3] Greater Bombay Urban Agglomeration (1.178 km²); [4] Bombay Metropolitan Region (4.350 km²); [5] der Bundesstaat Maharashtra wurde erst 1960 gegründet; [6] liegen bislang keine Daten vor; [7] Bombay & Thane

Quellen: CENSUS OF INDIA 1951, 1961, 1971, 1981, 1991; und Regionalstatistiken (Berechnungen v. Vf.)

größeren Entwicklungszentren wie Nagpur, Sholapur, Nasik und Aurangabad festgestellt werden.

Diese Schwierigkeiten bestehen im Raum Bombay mit seinen gewachsenen Strukturen und somit Standortvorteilen in nur geringem Maße. Zwar ist, wie nachfolgende Zusammenstellung (**Tab.8**) zeigt, relativ gesehen ein Abbau der funktionalen Primacy in fast allen Bereichen erfolgt. Dies ist zweifellos als Erfolg zu werten. Dennoch verdeckt eine solche statistische Zusammenstellung einen erheblichen Teil der Wirklichkeit. So sollte der Abbau der Primacy im kleinindustriellen Sektor nicht überbewertet werden, umfaßt er doch nur die registrierten Betriebe. Da die Lizenzerteilung zur Errichtung eines Industriebetriebes nach den Förderungsrichtlinien hier sehr erschwert ist, hat sich seit 1980 zusätzlich eine große Anzahl "illegaler" Kleinbetriebe in Bombay angesiedelt. Ein Anteil von 30-40% dürfte der Wirklichkeit in etwa entsprechen. Insgesamt ist die Dominanz der Großmetropole gerade bei den Wachstumsbranchen im mittel- und großindustriellen Sektor erdrückend. Diese Realität betrifft nicht zuletzt auch die **qualitative** Seite vieler Einrichtungen; dazu gehört die Ausstattung der Krankenhäuser und Bildungseinrichtungen ebenso wie die Handhabung(smöglichkeit) des Telephonnetzes - überall hat die Megastadt noch einen überdeutlichen Entwicklungsvorsprung. Darüber hinaus geben die Daten kaum eine Vorstellung von den umfangreichen strukturellen Defiziten mit denen sämtliche außermetropolitanen, und das heißt 26 der 30 Distrikte, noch immer belastet sind. Während in puncto Energieversorgung große Fortschritte erzielt wurden - hierin ist Maharashtra nach dem Punjab am weitesten entwickelt - sind bis heute Mängel in der Wasserversorgung, der Verkehrsanbindung, der Verfügbarkeit qualifizierter Arbeitskräfte und bei der Kommunikation in nahezu allen Landesteilen in mehr oder minder starkem Ausmaß vorhanden (vgl. dazu auch: Tab. 5). Zieht man den Indikator 'Telefonanschlüsse' als wichtiges Barometer für die Leistungsfähigkeit des Handels- und Dienstleistungssektors heran, so läßt sein unvermindert hoher, von 1971 bis 1984 sogar noch kontinuierlich angestiegener Anteil, zusammen mit dem fast ungebremsten Bevölkerungswachstum nur den Schluß zu, daß ein "polarization reversal"

(RICHARDSON 1980) selbst mittelfristig nicht in Sicht ist. Für die bis heute ungebrochene Stellung Bombays als der überragenden Wirtschaftsmetropole des gesamten Subkontinentalstaates spricht, daß sich ihr Indexwert nach den Berechnungen des o.g. Instituts auf das 11-fache des indischen und das 9-fache des Wertes von Maharashtra (1985) beläuft.

Zusammengefaßt befindet sich die Industrieförderung aber auch der Aufbau eines leistungsfähigen Dienstleistungssektors einschließlich der dafür erforderlichen Infrastruktur in den metropolitan-**fernen** Gebieten im Hinblick auf den Abbau der regionalen Disparitäten somit in einem grundsätzlichen Dilemma (BRONGER 1986: 84): Kurzfristig rasche Erfolge sind nur in den infrastrukturell gut ausgestatteten Regionen, in erster Linie in Bombay sowie im benachbarten Pune zu erreichen. In Anbetracht der begrenzten Finanzmittel erscheint damit volkswirtschaftlich ihre Weiterentwicklung sinnvoll und geboten. Dem für die Gesamtentwicklung des Bundesstaates notwendigen Abbau des regionalen Entwicklungsgefälles, zumal bei der peripheren Lage Bombays und der Größe des Bundesstaates, kommt man dadurch nicht näher.

Bei den begrenzten finanziellen Mitteln auch eines vergleichsweise wohlhabenden indischen Bundesstaates wie Maharashtra, erscheint eine umfassende, dazu räumlich gleichgewichtige Entwicklung aller Landesteile mittelfristig nicht möglich. Die Mittelkonzentration in einer begrenzten Anzahl von "Growth Poles" erscheint somit als einzig möglicher Kompromiß zwischen dem sozialen Anspruch einer flächendeckenden Förderung aller rückständigen Landesteile und der wirtschaftlichen Notwendigkeit, mit den Finanzen hauszuhalten. Nur durch die Beschränkung auf wenige Zentren und eine gezielte Mittelallokation ist es möglich, daß die Standorte eine eigenständige Dynamik entwickeln können, durch die dann auch die Ansiedlung von Nachfolge- und Zulieferbetrieben, aber auch solchen des Handels- und Dienstleistungsbereichs lohnend wird. Das aber bedeutet: Selbst im Falle von Maharashtra hat sich gezeigt, daß bereits die Zahl von 18 Wachstumszentren, verteilt auf eine Fläche, die der Größe Italiens (mit zudem einer um fast 40% höheren Bevölkerung) entspricht, hinsichtlich der Förderungsmöglichkeiten als zu hoch erscheint. In der Praxis werden auch seitens der staatlichen Förderung die genannten vier Zentren vorrangig behandelt: Erst nach Erreichen eines sich selbst tragenden Wachstums können hier die staatlichen Subventionen zurückgefahren werden, um die frei werdenden Mittel auf andere Wachstumszentren umzuverteilen.

Das Fazit kann nur lauten: Die Anstrengungen zur **koordinierten Entwicklung** - und das bedeutet die Einbeziehung des agraren Sektors in das Gesamtentwicklungsprogramm - der außermetropolitanen Landesteile müssen intensiviert werden. Deutlicher: Allein ein multisektoraler und - funktionaler, die ländlichen Regionen integrierender Planungsansatz kann im Hinblick auf eine umfassende Entwicklung Erfolgsaussichten haben. Nur so erscheint es möglich, den Abbau der demographischen und vor allem der funktionalen Primacy der Großmetropole zu erreichen, aber auch das - durch die Anwendung des "Growth Pole"-Konzeptes - z.T. neu entstandene Entwicklungsgefälle innerhalb der Distrikte nicht noch zu verschärfen und damit die überkommenen, für die Mehrzahl der Entwicklungsländer typischen Raumkonflikte zu überwinden.

Literaturverzeichnis
Allgemeine Literatur

BÄHR, J. 1993: Verstädterung der Erde. In: *Geographische Rundschau,* Jg. 45, H. 7-8, S.468-472.

BERRY, B. J. L. 1973: *The Human Consequences of Urbanization.* New York.

BLUMENFELD, H. 1972: Metropolitan Area Planning. In: SPEIREGEN, P.D. (Ed.), *The Modern Metropolis: Its Origin, Growth, Characteristics and Planning* (Selected Essays by Hans Blumenfeld), London.

BRAMEIER, U. 1994: Das Städtewachstum in den armen Ländern. In: *Praxis Geographie,* Jg. 24, H. 1, S. 11-18

BRONGER, D. 1984: Metropolisierung als Entwicklungsproblem in der Dritten Welt. Ein Beitrag zur Begriffsbestimmung. In: *Geographische Zeitschrift.* Jg. 72, S. 138-158:

BRONGER, D. 1989: Die Metropolisierung der Erde. Ausmaß - Dynamik - Ursachen. In: *Geographie und Schule.* H.61, S. 2-13.

BRONGER, D. 1993a: Urban Systems in China and India - A Comparison. In: TAUBMANN, W (Ed.): *Urban Problems and Urban Development in China,* Hamburg, S. 33-76 (Mitteilungen des Instituts für Asienkunde Hamburg, No. 218)

BRONGER, D. 1993b: Megastädte: "Erste" Welt - "Dritte" Welt. In: FELDBAUER, P. et al.: *Megastädte. Zur Rolle von Metropolen in der Weltgesellschaft.* Wien, Köln, Weimar, S. 63-106

BRONGER, D. 1995: Welches ist die größte Stadt der Erde? In: *Geographische Rundschau* 47 (1995), H.3 (im Druck)

EVERS, H.-D. 1983: Zur Theorie der urbanen Unterentwicklung. In: IFA (Hrsg.), *Stadtprobleme in der dritten Welt - Möglichkeiten zur Verbesserung der Lebensbedingungen,* Stuttgart, S. 63-72.

FISCHER, K. / Jansen, M. / Pieper, J. 1987: *Architektur des indischen Subkontinents*. Darmstadt.

HATZ, G. / HUSA, K. / WOHLSCHLÄGL, H. 1993: Bangkok Metropolis - eine Megastadt in Südostasien zwischen Boom und Krise. In: FELDBAUER et al.: *Megastädte*, Wien, S. 149-189.

HAUSER, P.M. (Hrsg.) 1957: *Urbanization in Asia and the Far East*, Calcutta.

HOSELITZ, B. F. 1954/55: Generative and Parasitic Cities. In: *Economic Development and Cultural Change*, Vol. 3, pp. 278-294.

KLÖPPER, R. 1956/57: Der geographische Stadtbegriff. In: *Geographisches Taschenbuch*, S. 453-461

KORFF, R. 1993: Die Megastadt: Zivilisation oder Barbarei ? In: FELDBAUER, P. et al. (Hrsg.): *Megastädte. Zur Rolle von Metropolen in der Weltgesellschaft*, Wien, Köln, Weimar, S. 19-39

MERTINS, G. 1992: Urbanisierung, Metropolisierung und Megastädte. Ursachen der Stadt "explosion" in der Dritten Welt. Sozialökonomische und ökologische Problematik. In: Deutsche Gesellschaft für die Vereinten Nationen (Hrsg.): *Mega-Städte - Zeitbombe mit globalen Folgen?*, Bonn, S. 7-21.

MERTINS, G. 1994: Verstädterungsprobleme in der Dritten Welt. In: *Praxis Geographie*, Jg. 24, H. 1, S. 4-9.

MISRA, R. P. 1982: Economic and Social Roles of Metropolitan Regions - Problems and Prospects. In: SAZANAMI, H. (Ed.), *Metropolitan Planning and Management*, Tokyo, pp. 3-21.

MURPHEY, R. 1954: The City as a Center of Change: Western Europe and China. In: *Annals of the Association of American Geographers*, 44, pp. 349-362.

MYRDAL, G. 1957: *Economic Theory and Underdeveloped Regions*, London. (Deutsche Übersetzung: *Ökonomische Theorie und unterentwickelte Regionen*, Frankfurt, 1974).

NUHN, H. 1981: Struktur und Entwicklung des Städtesystems in den Kleinstaaten Zentralamerikas und ihre Bedeutung für den regionalen Entwicklungsprozeß. In: *Erdkunde*, Bd. 35, S. 303-320.

PFEIL, E. 1972: *Großstadtforschung. Entwicklung und gegenwärtiger Stand*, Hannover (Original: 1950)

RICHARDSON, H. W. 1980: Polarization Reversal and the Spatial Development Process. In: *The Regional Science Association Papers*, Vol. 45, pp. 67-85

SCHÄFERS, B. 1977: Phasen der Stadtbildung und Verstädterung. Ein sozialgeschichtlicher und sozialstaatlicher Überblick unter besonderer Berücksichtigung Mitteleuropas. In: *Zeitschrift für Stadtgeschichte, Stadtsoziologie und Denkmalspflege*, Jg. 4, H. 2, S. 243-268.

SCHINZ, A. 1989: *Cities in China*. Berlin, Stuttgart. (Urbanization of the Earth, Vol. 7)

SCHOLZ, F, 1979: Verstädterung in der Dritten Welt. Der Fall Pakistan. In: KREISEL, W. / SICK, W. D. / STADELBAUER, J. (Eds.), *Siedlungsgeographische Studien*. Festschrift f. G. Schwarz, Berlin, S. 341-385.

STEWIG, R. 1983: *Die Stadt in Industrie- und Entwicklungsländern*. Paderborn, (UTB 1247).

Regionale Literatur

ALAM, M. S. et al. 1983: *Patterns and Characteristics of In-Migrants in Metropolitan Settlements of Maharashtra and Andhra Pradesh*. Paper presented to the National Seminar on the Problems of the Low Income Groups in the Metropolitan Cities of India and the Indian Ocean Region. Hyderabad (mimeogr.).

ALAM, S. M. / ALIKHAN, F. (Eds.) 1987: *Poverty in Metropolitan Cities*, New Delhi.

ALAM, S. M. / ALIKHAN, F. / BHATTACHARJI, M. 1987: Slums in Metropolitan Hyderabad. A Profile. In: ALAM / ALIKHAN (Eds.): *Poverty in Metropolitan Cities*, New Delhi, pp. 121-138.

BLENCK, J. 1974: Slums und Slumsanierung in Indien. Erläutert am Beispiel von Jamshedpur, Jaipur und Madras. In: *Tagungsbericht und wiss. Abh. Deutscher Geographentag Kassel 1973*, Wiesbaden, S.310-337.

BLENCK, J. 1977: Die Städte Indiens. In: BLENCK / BRONGER / UHLIG: *Südasien*, Frankfurt, S. 145-162.

BOHLE, H. G. 1984: Probleme der Verstädterung in Indien. Elendssiedlungen und Sanierungspolitik in der südindischen Metropole Madras. In: *Geographische Rundschau*, Jg. 36, H. 9, S. 461-469.

BRAHME, S. 1977: The Role of Bombay in the Economic Development of Maharashtra. In: NOBLE, A. G. / DUTT, A. K. (Eds.), *Indians Urbanization and Planning: Vehicles of Modernization*, New Delhi, pp. 313-325.

BRONGER, D. 1986: Die "metropolitane Revolution" als Entwicklungsproblem in den Ländern Süd-, Südost- und Ostasiens. Entstehung - Dynamik - Planung - Ergebnisse. Das Beispiel Bombay. In: IFA (Hrsg.): *Umwelt, Kultur und Entwicklung in der Dritten Welt. Zum Problem des Umwelterhalts und der Umweltzerstörung in Afrika, Asien und Lateinamerika*. 7. Tübinger Gespräche zu Entwicklungsfragen, Stuttgart, S. 48-95 (Materialien zum Internationalen Kulturaustausch, Nr. 27)

BRONGER, D. 1991: Dynamik der Metropolisierung als Problem der räumlichen Entwicklung in Asien. In: *Internationales Asienforum*, Vol. 22, No.1-2, S. 5-41.

BRONGER, D. 1993: Die Rolle der Metropole im Entwicklunsprozeß: Das Beispiel Bombay. In: FELDBAUER, P. et al. (Hrsg.): *Megastädte. Zur Rolle von Metropolen in der Weltgesellschaft*, Wien, S. 107-128.

BRONGER, D. / FINGER, A. 1993: Indien: Ländliche Entwicklung durch Industrialisierung? Das Beispiel Aurangabad (Maharashtra). In: *Geographische Rundschau*, 45, S. 632-642.

CHOWDHURY, G. K. 1987: A Glimpse at the Problems of Pavement Dwellers in Calcutta. In: ALAM / ALIKHAN (Eds.): *Poverty in Metropolitan Cities*, New Delhi, pp. 99-113.

CITY & INDUSTRIAL DEVELOPMENT CORPORATION OF MAHARASHTRA LTD (CIDCO), 1988: *New Bombay - An Outline of Progress*, Bombay, (zitiert als: CIDCO 1988).

CITY & INDUSTRIAL DEVELOPMENT CORPORATION OF MAHARASHTRA LTD (CIDCO), 1992: *Two Decades of Planning and Development*, Bombay (zitiert als: CIDCO 1992)

DESHPANDE, C. D. / ARUNACHALAM; B. / BHAT, L. S. 1980: *Impact of a Metropolitan City on the Surrounding Region: A Study of South Colaba.* Maharashtra. New Delhi.

FINGER, A. 1991: *Reduzierung regionaler Disparitäten durch die Entwicklung industrieller Wachstumszentren? Das Beispiel Aurangabad / Maharashtra,* Bochum (unveröffentlichte Diplomarbeit)

NISSEL, H. 1977: *Bombay Untersuchungen zur Struktur und Dynamik einer indischen Metropole,* Berlin, (Berliner Geographische Studien, Bd. 1).

NISSEL, H. 1982: Jüngste Tendenzen der Zuwanderung nach Bombay. In: KULKE, H. et al. (Hrsg.): *Städte in Südasien. Geschichte, Gesellschaft, Gestalt.* Wiesbaden, S. 213-231.

NISSEL, H. 1986: Eine neue indische Metropole. Planung und Entwicklungsstand von New Bombay. In: *Aktuelle Beiträge zur Humangeographie - Festschrift zum 80. Geburtstag von Hans Bobek,* Wien, S. 56-68.

NISSEL, H. 1989: Die Metropole Bombay. Ein Opfer ihres eigenen Erfolges? In: *Geographische Rundschau,* Jg. 41, H. 2, S. 66-74.

NITZ, H.-J. / BOHLE, H. G. 1985: *Südindien. Berichte von einer Großen Exkursion,* Göttingen (Das wirtschaftsgeographische Praktikum, Heft 7 - vervielf. Manuskript)

RICHARDSON, H. W. 1984: Spatial Strategies and Infrastructure Planning in the Metropolitan Areas of Bombay and Calcutta. In: *Spatial, Environmental and Resource Policy in the Developing Countries,* Aldershot, pp. 113-139

YADAV, H. K. / GARG, Y. K. 1987: Affordable Housing for the Urban Poor in Metropolitan Cities of India. In ALAM / ALIKHAN (Eds.): *Poverty in Metropolitan Cities,* New Delhi, pp. 207-222.

Shanghai - Chinas Wirtschaftsmetropole

Wolfgang Taubmann

Einleitung und Fragestellung

Megastädte gelten in der Regel als Steuerungszentralen und bedeutende politische Machtzentren, die in internationale wirtschaftliche, soziale und politische Vorgänge eingreifen können, weil sie nationenübergreifende Informations- und Kontaktvorteile besitzen oder politische und ökonomische Steuerungsfunktionen auf sich vereinigen. Solche Steuerungszentren werden als Weltstädte bezeichnet, die Sitz internationaler Behörden, berufsständischer Organisationen oder Zentralen bedeutender multinationaler Industriekonzerne sind, häufig ausgestattet mit großen Häfen und Umschlagplätzen, internationalen Flughäfen, mit führenden Banken und internationalen Finanzeinrichtungen.[1]

Internationale Beziehungen und Verflechtungen als Kennzeichen chinesischer Metropolen anzusehen, fällt gegenwärtig noch schwer. Die Wirtschafts- und Sozialordnung der Volksrepublik China hat sich ja gerade über Jahrzehnte hinweg durch ihre Abschottung vom Weltmarkt und durch ihre Isolation nach außen ausgezeichnet.

Seit gut einem Jahrzehnt und verstärkt seit Mitte der 80er Jahre öffnet sich China der Außenwelt, allerdings ohne offiziell den sozialistischen Entwicklungsweg preisgeben zu wollen. Unbestreitbar ist die zunehmende Internationalisierung der großen Stadtagglomerationen im Küstenbereich, so etwa Beijing-Tianjin, Shanghai mit der Städteachse von Suzhou nach Nanjing am Unterlauf des Changjiang oder Guangzhou (Canton) die Metropole im Perlflußdelta. Den Küstenmetropolen ist eine zentrale Rolle im Modernisierungsprozeß des Landes zugedacht. Damit wird die Frage, ob Shanghai "global city" werden kann, erneut aktuell.

Mit Sicherheit hatte Shanghai zwischen Mitte des 19. und Mitte des 20. Jahrhunderts diese Rolle inne, dann wurden zwischen 1949 und 1980 die Außenbeziehungen von Shanghai wie von allen anderen Küstenstädten für mehr als drei Jahrzehnte weitgehend gekappt. Nunmehr versucht die "Stadt über dem Meer" wieder eine Rolle im internationalen Städtesystem aufzubauen bzw. sich stärker in die Weltwirtschaft zu integrieren, in Konkurrenz zu Beijing, Tianjin

---

1 Siehe Definitionen bei BRONGER 1993, S. 66/67.

und Guangzhou, den anderen chinesischen Kandidaten für eine solche Tranformation. Fernziel ist auch, die dominierende Position von Hong Kong zu mindern.[2]

Shanghai steigt zur Weltstadt auf

Shanghai hat seit der Mitte des 19. Jahrhunderts auf Europäer und Nordamerikaner eine faszinierende Wirkung ausgeübt, es galt über 100 Jahre als die reichste und korrupteste Stadt östlich von Suez, in den Augen der Chinesen war Shanghai eine kosmopolitische, eine fremde Stadt, so ganz anders als das steife traditionsbewußte Beijing. Nach 1949 galt Shanghai der kommunistischen Partei als Zeugnis des ausländischen Kapitalismus, als Anomalie unter den chinesischen Städten - ähnlich den unter kolonialem Einfluß entstandenen Metropolen Bangkok, Bombay, Jakarta oder Manila.[3]

Tatsächlich war Shanghai die Geburtsstätte des modernen China und in der ersten Hälfte des 20. Jahrhunderts das Industriezentrum des Landes.[4]

Als China in der Mitte des 19. Jahrhunderts in eine halbkoloniale Phase eintrat, hatten die vier größten Städte des Landes, Beijing, Suzhou, Wuhan und Canton, zwischen knapp 600.000 und 850.000 Einwohner und waren nicht größer als die Metropolen des chinesischen Mittelalters (Changan, Kaifeng oder Hangzhou). Die Stadt war vornehmlich Heimat der Beamtenhierarchie, der Intelligenz, der grand tradition, des konsumorientierten Handels und Handwerks und der Dienstleistungen. Die Städte im alten China waren von der kaiserlichen Bürokratie abhängige Stützen der feudalen Gesellschaftsordnung. Die städtische Passivität als Folge dieser Erstarrung ließ die Städte im 19. Jahrhundert kaum zu Zentren des gesellschaftlichen und sozialen Wandels werden.

Am Südufer des Yangtse-Mündungsbereichs gelegen, hatte Shanghai schon früh Bedeutung als regionaler Handelsplatz in einem der fruchtbarsten und am dichtesten besiedelten Deltagebiete Chinas. Über den Yangtse war die Stadt flußaufwärts an ein ausgedehntes Binnenwassernetz angeschlossen, über das etwa 45 % der chinesischen Bevölkerung zu erreichen war. Außerdem hatte

---

2 Siehe zur Übertragung der Weltstadthypothese auf Shanghai insbesondere PILZ 1993, S. 129/130; siehe auch WON BAE KIM 1991, S. 163.
3 MURPHEY 1988, S. 158.
4 Vgl. STAIGER 1986, S. 7ff.

Shanghai den Vorteil, auf halber Strecke der Küstenlinie Chinas zu liegen und so natürliches Bindeglied im Küstenhandel zwischen Nord und Süd zu sein.

Zu Beginn des 17. Jahrhunderts lebten in der im Jahre 1554 ummauerten Altstadt vermutlich rd. 100.000 Menschen, in der Umgebung vielleicht nochmals 200.000 Einwohner.[5] Als die fremden Mächte in China eindrangen, war allerdings Shanghai durchaus schon mehr als ein *"anchorage for junks, with a few villages scattered along the low, muddy banks of the river"*.[6] Im Vergleich zu Suzhou (15km²), Xian (12 km²) oder Chengdu (11,5 km²) war allerdings die ummauerte Altstadt von Shanghai mit 2 km² eher bescheiden.[7] (Vgl. Karte 1).

Das moderne Shanghai ist eine Schöpfung der ausländischen Mächte[8]: 1842, also fast zur gleichen Zeit wie Tianjin, wird Shanghai durch die sog. ungleichen Verträge (Vertrag von Nanjing 29. 8. 1842) gezwungen, seinen Hafen dem Außenhandel zu öffnen und Ausländern das Recht zur Niederlassung zu gewähren. Die chinesische Souveränität wird für mehr als ein Jahrhundert eingeschränkt; die Verträge gelten zunächst für England, aber in den Anschlußverträgen von 1844 sichern sich die Vereinigten Staaten und Frankreich die gleichen Privilegien wie Großbritannien (Handelsprivileg, Niederlassungsrecht, Recht der Exterritorialität und Konsulargerichtsbarkeit, Meistbegünstigungsklausel).

Seit 1843 errichteten Engländer, Amerikaner und Franzosen nördlich der Altstadt, die seither Südstadt (nanshi) hieß, eigene Niederlassungen. Letzlich entwickelten sich - anders als etwa in Tianjin, wo acht verschiedene Nationen um Konzessionsgebiete wetteiferten - nur zwei Konzessionen. 1863 verschmolzen das englische und amerikanische Settlement zum sog. International Settlement, während die Franzosen eine Vereinigung ablehnten und eine eigene Verwaltung errichteten. 1899 bzw. 1900 und 1914 wurden die beiden Gebiete erheblich nach W ausgeweitet und erhielten ihre endgültige Fläche von rd. 2000 bzw. 1000 ha (Karte 2).

Somit bestand Shanghai aus drei politischen bzw. Siedlungseinheiten:
- im Süden die bis 1911 ummauerte Chinesenstadt mit ihren engen Gassen und unglaublich beengten bzw. unerträglichen Wohnverhältnissen;

---

5   REICHERT 1985, S. 42.
6   In: *All About Shanghai*, 1934/5, Nachdruck 1987, S. 1.
7   TAUBMANN 1992, S. 117. Immerhin 3/4 der heutigen Wiener Innenstadt; vgl. PILZ 1993, S. 131.
8   Siehe auch MENZEL 1990, S. 26.

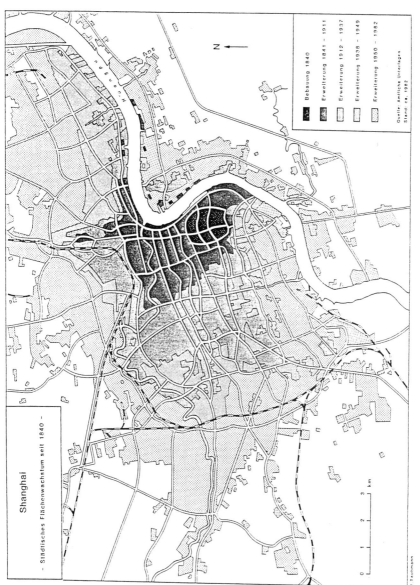

Karte 1

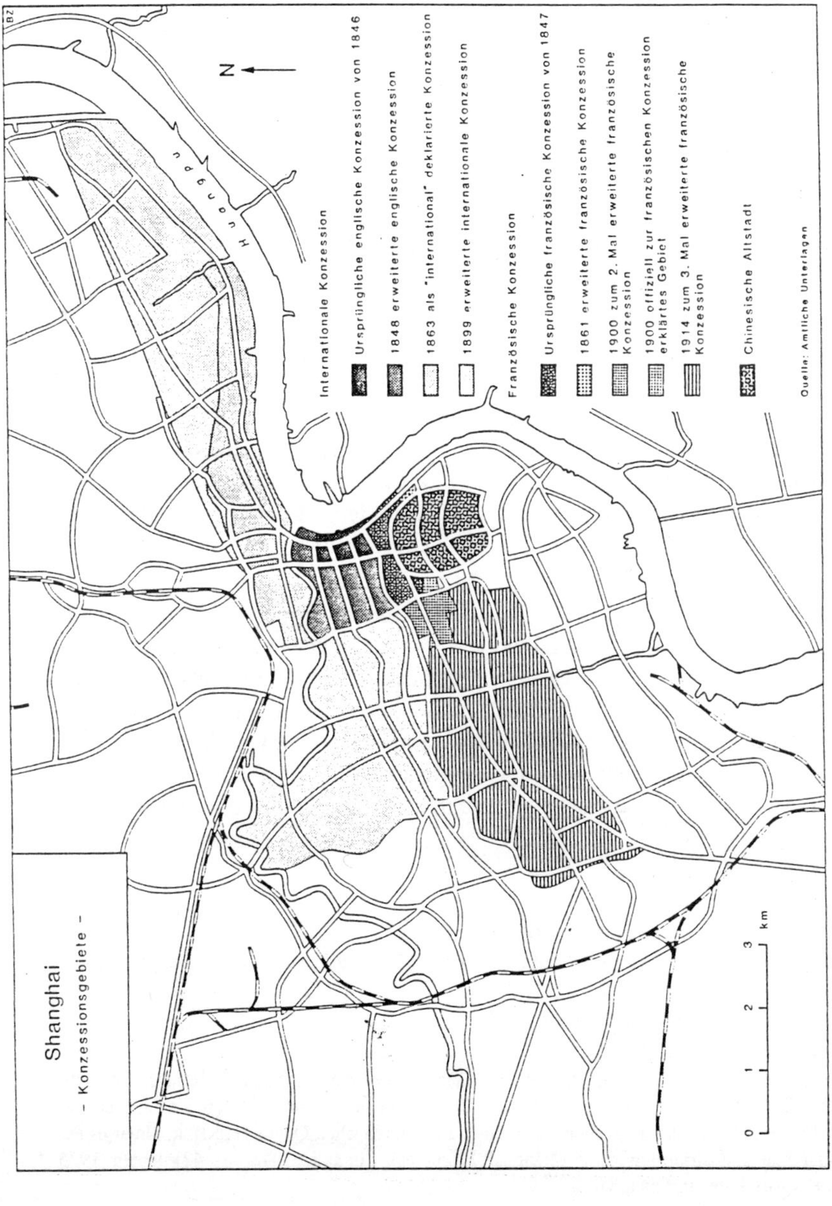

Shanghai
— Konzessionsgebiete —

Internationale Konzession
- Ursprüngliche englische Konzession von 1846
- 1848 erweiterte englische Konzession
- 1863 als "international" deklarierte Konzession
- 1899 erweiterte internationale Konzession

Französische Konzession
- Ursprüngliche französische Konzession von 1847
- 1861 erweiterte französische Konzession
- 1900 zum 2. Mal erweiterte französische Konzession
- 1900 offiziell zur französischen Konzession erklärtes Gebiet
- 1914 zum 3. Mal erweiterte französische Konzession

- Chinesische Altstadt

Quelle: Amtliche Unterlagen

Karte 2

W. Taubmann

Geographisches Institut
der Universität Kiel

- die französische Konzession, vornehmlich ein Wohngebiet mit besseren Wohnbedingungen, das sich weit nach Westen erstreckte und bis in die 20er Jahre noch teilweise unbesiedelt war;[9]
- die internationale Konzession zu beiden Seiten des Suzhou Creek bzw. im Westen zwischen Suzhou Creek und Nanjing Road; hier lag das eigentliche Geschäftsviertel.[10]

Grund und Boden der Konzessionen waren zunächst Eigentum des chinesischen Kaisers, aber von den Ausländern auf "ewig" gepachtet. Später erhielten die Ausländer das Recht zum Kauf, außerdem siedelten sie auch ohne offizielle Erlaubnis außerhalb des Konzessionsgebiets, vor allem im Westen in den besseren Vierteln, die sich bis zur Höhe des heutigen Flughafens Hongqiao erstreckten.

Anders als die Kronkolonie Hong Kong wurde Shanghai nicht regiert von einer offiziellen britischen Verwaltungskaste, sondern von einem "plutokratischen Gemeinderat"[11], einer *"Taipan Oligarchy"* von ausländischen Geschäftleuten.[12] Erst seit 1927 konnten sich auf Drängen der chinesischen Nationalisten auch chinesische Steuerzahler an den Wahlen beteiligen und seit 1928 eigene Mitglieder in den Gemeinderat entsenden.

Diese Machtverteilung war genau umgekehrt proportional zur Bevölkerungszusammensetzung. 1850 lebten erst 175 Ausländer in der Stadt.[13] Zwar trafen in den Jahrzehnten nach der formellen Öffnung Shanghais für den Außenhandel Engländer, Franzosen, Amerikaner, Deutsche, Weißrussen, Japaner, Portugiesen, Spanier, Polen usw. ein; ausländische "Shanghailänder" kamen schließlich aus mehr als 50 verschiedenen Nationen, doch scheint die Zahl der Ausländer niemals mehr als maximal 70.000 betragen zu haben.[14]

---

9   MENZEL 1990, S. 27.
10 Siehe dazu ausführlicher STAIGER 1986, S. 8ff.
11 ibid., die entsprechende Gemeindeordnung existierte seit 1898; siehe auch LETHBRIDGE 1987, vif.
12 LETHBRIDGE 1934/5, Nachdruck 1987.
13 POTT 1928, S. 21.
14 Die Zahlen in den verschiedenen Arbeiten differieren durchaus. Nach WAKEMAN, JR./YEH 1992, S. 1ff. soll die höchste Zahl bei 150.000 gelegen haben. 60.000 finden sich bei MURPHEY 1953 für das Jahr 1936; nach einer zeitgenössischen Quelle (HINDER, Chief of the Social and Industrial Division, Shanghai Municipal Council, 1942, S. 42) lebten 1935 38.915 Ausländer in Shanghai.

Der Anstieg der einheimischen Bevölkerung wurde vornehmlich von den Wanderungswellen aus dem ländlichen Hinterland von Shanghai getragen. Mit sozialen Unruhen, im Gefolge von Aufständen - etwa dem Taiping Aufstand (1850-1864), nach Mißernten und Naturkatastrophen kamen in den Jahrzehnten nach 1845 immer neue Zuwanderer in die Stadt, die in den Konzessionsgebieten unter der englischen oder französischen Flagge Sicherheit suchten. Bis zur Jahrhundertwende war der Bevölkerungszuwachs allerdings noch weniger dramatisch als in den ersten Jahrzehnten des 20. Jahrhunderts, wenn auch die Einwohnerzahl periodisch auf über eine halbe Million anschwoll wie am Ende des Taiping Aufstandes. Um 1880 lebten vermutlich knapp 200.000 chinesische Einwohner und ca. 2.500 Ausländer dauerhaft in der Stadt.[15]

Zwischen 1870 und 1880 war Shanghai zur führenden Stadt im unteren Yangtsetal aufgestiegen, die einst führenden Jiangnan-Städte wie Suzhou oder Wuxi fielen hinter Shanghai zurück, das nicht nur verarmte Landflüchtige, sondern auch wohlhabende Bürger anzog.[16]

Im letzten Viertel des 19. Jahrhunderts entwickelte sich insbesondere der Außenhandel und erste Industriebetriebe entstanden.[17]

Seit der Mitte des 19. Jahrhunderts lag der Außenhandelsanteil von Shanghai immer bei rd. 55 % des gesamten chinesischen Außenhandels. Vornehmlich wurden agrarische und gewerbliche Erzeugnisse wie Tee und Seide aus dem Hinterland gesammelt und exportiert, während bei den Importen anfänglich noch Opium dominierte. Die neuen Konzessionsgebiete räumten den ausländischen Kaufleuten günstigere Bedingungen ein als sie für das alte Canton-System galten. Jetzt mußten nicht mehr die halboffiziellen chinesischen Kaufleute eingeschaltet werden, sondern die ausländischen Händler konnten sich ihre chinesischen Partner selbst suchen.

---

15 Nicht nur die Zahlenangaben über die ausländischen Bewohner von Shanghai differieren erheblich, sondern auch die Angaben über die chinesischen Bewohner der Stadt. SINCLAIR (1973, S. 103) gibt für 1880 eine Zahl von 180.000 chinesischen Einwohnern und für 1900 von 345.000, während HINDER (1942, S. 43) letztere Angaben nur für das International Settlement macht. Das Problem scheint zu sein, daß die drei verschiedenen administrativen Einheiten (International Settlement, French Concession und später Greater Shanghai) jeweils eigene Zählungen für ihre Verwaltungsgebiete durchführten und dann auch noch zu unterschiedlichen Zeitpunkten.

16 WAKEMAN, JR./YEH 1992, S. 2.

17 Vgl. im folgenden REICHERT 1985, S. 54f.

Seit etwa 1900 fiel der Anteil der traditionellen Exportgüter, und auch die Opiumimporte spielten kaum noch eine Rolle. Parallel dazu wandelte sich die Struktur der Shanghaier Wirtschaft tiefgreifend: der Transithandel ging zurück, während die Stadt zum industriellen und gewerblichen Zentrum Chinas aufstieg und zunehmend Fertigprodukte exportierte bzw. Investitionsgüter - insbesonder Maschinen - und Rohstoffe importierte.[18] Nach dem Frieden von Shimonoseki (1895) hatten die Japaner das Privileg zur Errichtung von Produktionsstätten durchgesetzt, die anderen ausländischen Vertragspartner zogen nach der sog. Meistbegünstigungsklausel sofort nach.

Führend war zunächst die Konsumgüter- und Textilindustrie: Baumwolle, Flachs, Hanf oder Seide wurden in Hunderten von Betrieben verarbeitet; Lebensmittelindustrie, Tabakverarbeitung, Bekleidungsindustrie, Leder- und Gummiverarbeitung, Papiererzeugung waren wichtige Produktionszweige, daneben Zündholzherstellung oder Produktion von Kosmetika und Medikamenten. Entscheidend für den industriellen Aufstieg der Stadt war der Zufluß von britischem, japanischem und später auch chinesischem Kapital. Nach Angaben der Industrial Division des Shanghai Municipal Council aus dem Jahre 1942 waren 1939 60,5% aller Baumwollspindeln in China allein in Shanghai konzentriert, davon 67% in japanischen Händen oder durch Japaner kontrolliert, 9% in britischen und 24% in einheimischen Händen.[19]

Die massive Finanzkonzentration zog zahlreiche Banken nach Shanghai: 1865 wurde die "Hong Kong and Shanghai Banking Corporation Limited" gegründet, die mit Ausnahme einer dreijährigen Periode während der Japanischen Besetzung ohne Unterbrechung bis heute ein Büro in Shanghai unterhalten hat.[20] In den dreißiger Jahren fanden sich in Shanghai 36 große einheimische und 14 große ausländische Banken, daneben über 200 Geldstuben.[21] In den ersten drei Jahrzehnten des 20. Jahrhunderts war Shanghai in der Tat zum führenden Wirtschafts- und Finanzzentrums Chinas aufgestiegen. Rd. 40 % des gesamten industriellen Kapitals im Lande war in Shanghaier Unternehmen angelegt, rd. 50 % der chinesischen Industrieproduktion waren hier konzentriert

---

18 Ibid., S. 57.
19 HINDER 1942, S. 13.
20 The Hongkong and Shanghai Banking Corporation: Trade and Investment Guide to Shanghai, Hong Kong 1991.
21 PILZ 1993, S. 133.

und rd. 43% aller Arbeiter in den modernen Fabriken des Landes hatten ihren Arbeitsplatz in Shanghai.[22]

Der industriell-gewerbliche Aufschwung der "Stadt über dem Meer" schlug sich auch in der Einwohnerentwicklung nieder: Lebten um 1900 knapp 7.000 Ausländer (6.774) und rd. 600.000 chinesische Einwohner[23] in Shanghai, so stieg die Einwohnerzahl bis 1910 auf 832.500, darunter nur 1,8% Ausländer (15.000)[24]. In den nächsten beiden Jahrzenten vervierfachte sich die Einwohnerzahl: 1932 lebten rd. 3,13 Mio Einwohner in Shanghai, darunter rd. 2,2% (70.000) Ausländer.[25] Für die folgenden Jahre gibt es keine genauen Zahlen, allerdings stieg während des chinesisch-japanischen Krieges und der japanischen Besatzungszeit die Zahl der chinesischen Bewohner gewaltig an, die in den Konzessionsgebieten Schutz suchten, allein im International Settlement sollen sich in diesen Jahren zwischen 2 und 2,5 Mio. Menschen aufgehalten haben, d. h. mehr als doppelt so viele wie zu Beginn der 30er Jahre.[26]

Die chinesischen Zuwanderer, die mit dem wirtschaftlichen Aufstieg nach Shanghai kamen, rekrutierten sich vor allem aus mobilen jungen Dorfbewohnern in Jiangnan, Subei, Anhui und Zhejiang. Während sich die sog. Arbeiter- und Angestelltenelite vor allem aus den Zuzüglern aus Jiangnan (Ningbo-Shoxing in Zhejiang, Wuxi-Changzhou in Jiangsu) und aus Guangdong zusamensetze, rekrutierte sich die schlechtbezahlte Klasse der Kulis, Ricksha-Fahrer, ungelernten Vertragsarbeiter, Tagelöhner, Sammler von night soil oder der Hausangestellten vornehmlich aus Subei, d. h. dem nördlichen Jiangsu.[27] Ähnlich wie die Ausländer nach Nationen, so siedelten die Einheimischen nach ihren Herkunftsdörfern, -kreisen oder -städten in bestimmten Shanghaier Quartieren, die Subei-Leute vornehmlich in den Elends- und Strohhütten um die

---

22 REICHERT 1985, S. 59.
23 XU/ZHANG 1985, S. 317.
24 Für 1919 sind zum ersten Mal genauere Angaben möglich: International Settlement 488.000 Chinesen und 13.536 Ausländer; Französische Konzession 114.470 Chinesen und 1.476 Ausländer; Chinesenstadt (Nanshi) 215.00 Chinesen. Vgl. SINCLAIR 1973, S. 103.
25 *All About Shanghai* 1934/5, S.34: In der Internationalen Konzession 1,03 Mio. Chinesen und 44.240 Ausländer; in der Französischen Konzession 462.342 Chinesen und 16.210 Ausländer und im Bereich des sog. Greater Shanghai 1,57 Mio. Chinesen und 9.347 Ausländer.
26 HINDER 1942, S. 42.
27 Vgl. dazu insbesondere HONIG 1992, S. 12ff; WAKEMAN JR./YEH 1992, S. 2ff.

Industrieanlagen.[28] Zentrales Band war die *"native-place identity"* (jiguan)[29]: ob bei politischen Bewegungen, als Berufsgruppen, als Beschäftigte in bestimmten Fabriken oder als Verbrecherbanden, die *"native-place groups"* (bang) spielten überall eine bestimmende Rolle.[30]

Industrialisierung und die Zuwanderungswellen vom Land ließen auch ein rasch wachsendes Proletariat entstehen. Insbesondere die Subei-Leute hausten in den engen Altstadtgassen oder in rasch errichteten Strohhütten um die neuen Fabrikanlagen entlang des Suzhou Creek oder südlich der Altstadt (Karte 3). Die Zuwanderer aus Nordjiangsu, die oft auf kleinen Hausbooten kamen, gingen nach einiger Zeit an Land und bauten Hütten aus Bambus, Stroh oder Altmaterial (Schilf, alten Holzplanken, eisernen Anzeigetafeln usw.), Löcher in den Wänden dienten als Fenster, Ölpapier oder meistens Stroh wurden als Dacheindeckung genutzt, Stroh auf Backsteinen wurde als Bett benutzt. In solchen Hütten lebten in der Regel zwei, oft auch vier Familien. Die meisten Familien konnten nur Wasser aus den Feuerhydranten nutzen, die der Municipal Council jeden Morgen für eine Stunde öffnete.[31] Noch 1949 hauste fast eine Million Menschen in diesen Hütten - insgesamt gab es zur Zeit der Gründung der VR China 322 sog. Settlements mit jeweils mindestens 200 Hütten. Nach zeitgenössischen Berichten war die Überbelegung auch der besseren Behausungen in den Settlements eines der gravierendsten Probleme in Shanghai. Nach meinen Berechnungen betrug in den meisten Fällen die Wohnfläche pro Kopf rd. 2-3 m².

Neben unglaublicher Armut fand sich ebenso unglaublicher Reichtum. Der Bund (aus dem Hindustanischen stammend und vermutlich das Wort Kai bedeutend) - bis zur 1907 in charakteristischer Eisenkonstruktion gebauten Waibaidu-Brücke im Norden reichend - wurde zum Inbegriff von Reichtum und westlichem Einfluß. David Sassoon, ein jüdischer Kaufmann aus Bagdad, der zu den Super-Reichen in Shanghai gehörte, baute das Sassoon-Haus (Peace Hotel); daneben wurde das Gebäude der Bank of China im nationalen Stil 1930 errichtet. Weiter südlich standen das Custom House mit Glockenturm, einst Sitz

---

28 HONIG 1992, S. 12: Einwanderer aus Ningbo in der Französischen Konzession oder in der Altstadt; Leute aus Canton entlang der Guandong Lu oder in Hongkou; die Subei-Leute in der Regel in den Strohhütten außerhalb der Konzessionsgebiete.
29 HONIG 1992, S. 45.
30 WAKEMAN JR./YEH 1992, S. 10.
31 HONIG 1992,

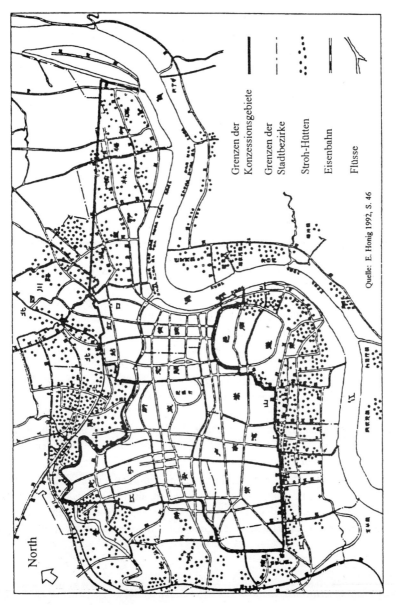

Karte 3: Verteilung der Stroh-Hütten in Shanghai vor 1949

Quelle: E. Honig 1992, S. 46

der englischen Seezollverwaltung, oder die Hongkong und Shanghai Bank mit der großen Kuppel, heute Sitz der Stadtverwaltung. Auch die Arbeitsbedingungen waren zu jener Zeit sehr unterschiedlich. Zwar gab es die Gruppe der Aufsteiger und der Arbeiter-/Angestelltenelite, meist in großen Unternehmen, die gute Löhne bezahlten, Sozialleistungen boten und für Weiterbildung sorgten; vermutlich aber dominierten die Ausbeuterunternehmen, wie sie gerade unter den Textilfabriken beschrieben worden sind, nicht nur von dem Schriftsteller XIA YAN in seinen klassischen Reportagen über das Dasein der kindlichen Vertragsarbeiterinnen in den Textilfabriken, sondern zu Beginn der 30er Jahre auch von dem "rasenden Reporter" EGON ERWIN KISCH, der 1932 Ausbeutung und Kinderarbeit eindringlich geschildert hat:

"Schreiten wir die Spinnereisäle der großen Fabriken ab. Kleine Mädchen hantieren an den Spinnmaschinen, an den Verzwirnungsmaschinen, an den Vorspinnspindeln. Keines der Kinder sieht älter aus als 6 Jahre, aber wir wissen ..., daß der Schein täuscht. ... die 20jährigen (sehen) wie Dreizehnjährige aus, also sind die, die hier in Gestalt von kaum Sechsjährigen arbeiten, allenfalls schon elf oder dreizehn Jahre alt.... Vierzig Prozent der Textilarbeiter von Shanghai und Wuhan sind kleine Mädchen, vierzig Prozent Frauen und nur zwanzig Prozent Männer. ... Zwölf bis vierzehn Stunden täglich arbeiten die Kinder ohne Mittagspause, keinen Augenblick lang stoppt die Rotation der Spindeln, auch wenn eine Partie der Kinder eilig zum Heizraum trippelt, um für sich und die Kameradinnen die Körbchen mit dem mitgebrachten Reis zu holen. Gegessen wird, während man darauf achten muß, wie sich die Kurbel weiterdreht und die Ringbank weiter hebt und der Faden weiterstreckt. Faserflug und Staub schwingen sich auf die Eßstäbchen und setzen sich zwischen den Reiskörnern fest.... In den Seidenspinnereien Shanghais gehen die Aufseher mit Stöcken in der Hand durch den Saal, um auf der Stelle jeden Fehler durch Züchtigung zu bestrafen."[32]

Ein besonderes Problem stellten auch die Tausende von kleinen chinesischen Familienfabriken oder -werkstätten dar, die aus Mangel an geeignete Räumlichkeiten in den Wohnungen der Inhaber betrieben wurden, ganz überwiegend mit absolut unzureichender technischer oder Sicherheitsaus-

---

32 KISCH 1989, S. 463ff.

stattung und oft genug gefährlich für Gesundheit und Leben der Eigentümer und Arbeiter.[33]

Gleichwohl galt Shanghai als die technisch fortgeschrittenste Großstadt Chinas. Christliche Missionare fanden, wenn Gott dulde, was hier geschehe, dann schulde er Sodom und Gomorrha nachträglich eine Entschuldigung. Nicht nur Abenteurer, Finanzbarone oder immer noch Opiumhändler ließen sich in Shanghai nieder, die Stadt galt auch als das größte Hurenhaus Asiens, denn die Prostitution beschäftigte mehr weibliche Arbeitskraft als jeder andere Gewerbezweig in der Stadt.[34] Die Stadt war, wie der chinesische Autor XIA YAN schrieb, *"eine Stadt von 48-stöckigen Wolkenkratzern, erbaut auf 24 Schichten der Hölle."*[35]

Die Leichen, die jeden Morgen auf den Straßen der Stadt eingesammelt wurden, dienten ja oft als Standardbeispiel, um die Situation Shanghais in den zwanziger und dreißiger Jahren zu beschreiben. 1938 waren es allein im International Settlement über 100.000 Leichname, die auf den Straßen und Gassen aufgelesen wurden. Es waren allerdings nicht nur Verhungerte, sondern in vielen Fällen auch Verstorbene, die von ihren Familien auf die Straße gelegt wurden, weil das Geld für einen Sarg oder ein Begräbnis mangelte.[36]

Kein Wunder, daß in Shanghai wie auch in anderen Küstenstädten der chinesische Nationalismus erwachte, gestützt auf neue gesellschaftliche Klassen, etwa auf die junge oft im Westen ausgebildete nationale Bourgeoisie oder das moderne Industrieproletariat. Nicht zuletzt fand die 1921 auf dem Gebiet der französischen Konzession gegründete kommunistische Partei unter den rd. 300.000 bis 400.000 Industriearbeitern ein erhebliches Potential.

Ähnlich wie Tianjin wurde Shanghai 1927 direkt der Nationalregierung in Nanjing unterstellt, d. h. die chinesische Altstadt und alle Stadtteile außerhalb der Konzessionsgebiete. Shanghai wurde zur Verwaltungseinheit Groß-Shanghai zusammengefaßt, auch um die Kontrolle über die ausländischen Niederlassungen zu verstärken. Wie Beijing oder Tianjin wurde Shanghai 1937 von den Japanern angegriffen und besetzt. Handel und Industrie wurden weitgehend lahmgelegt. 1945 zogen die Japaner ab, Amerikaner, Engländer und nationalistische Truppenverbände zogen ein. Doch konnte sich die Guomintang-Regierung nicht

---

33 HINDER 1942, S. 14.
34 WAKEMAN JR./YEH 1992, S. 7.
35 Zitiert nach WAKEMAN JR./YEH 1992, S. 5.
36 HINDER 1942, S. 68.

lange halten und floh 1948 nach Taiwan. Viele Shanghaier Industrielle setzten sich nach Taiwan und Hong Kong ab und legten dort den Grundstein für den späteren wirtschaftlichen Aufstieg der beiden kleinen Tiger.[37] Am 25. Mai 1949 marschierten schließlich die Verbände der kommunistischen Volksbefreiungsarmee in Shanghai ein.

Shanghai nach 1949

Keine Frage, mit dem Machtwechsel geht zunächst auch die Rolle Shanghais als internationale Handels-, Finanz- und Wirtschaftsmetropole zu Ende.[38] Oder wie es im *China Digest* vom 10. August 1949 hieß: *"Shanghai muß seine Abhängigkeit von der imperialistischen Wirtschaft brechen und muß ... zu einer Stadt werden, die für den heimischen Markt produziert und dem Volke dient... "*[39]

Zum einen war die Stadtpolitik der Mao-Ära grundsätzlich städtefeindlich, weil die urbanen Zentren als parasitäre Stützen einer feudalen Gesellschaft galten, zum anderen sollten neue industrielle Zentren im Landesinneren aufgebaut werden. Da vor allen Küstenstädten Shanghai - Brückenkopf der ausländischen Penetration - als Zeugnis der semikolonialen Vergangenheit galt, wurde die Stadt in besonderem Maße zu den Aufbauleistungen für andere Landesteile herangezogen.

Relativ leicht war es natürlich, die Spuren des kolonialen Erbes dadurch zu beseitigen, daß die englischen und französischen Straßennamen durch chinesische ersetzt wurden oder die Gebäude neue Funktionen bekamen. Daneben mußten selbstverständlich die unmittelbar drängenden Aufgaben gelöst werden: Wiederherstellung der Verkehrsinfrastruktur, Beseitigung der Kriminalität und Prostitution, Linderung der ärgsten Wohnungsnot, Wiederankurbelung der darniederliegenden Produktion.

Längerfristig wurde z. B. ernsthaft erwogen, große Teile der Industrie und die entsprechenden Fachkräfte aus Shanghai und anderen Küstenstädten in das Landesinnere umzusiedeln.

Auch wenn diese Politik nicht durchgängig verwirklich worden ist, läßt sich gerade am Beispiel von Shanghai die Stadt- und Migrationspolitik der chinesischen Regierung gut dokumentieren:

---

37 MENZEL 1991, S. 40.
38 Siehe auch PILZ 1993, S. 133.
39 Zitiert nach MURPHEY 1953, S. 27.

Anfang der 50er Jahre kehrten zunächst die in den Kriegswirren geflohenen Stadtbewohner zurück; die Bevölkerungszuwanderung verursachte ernsthafte Versorgungsprobleme; deshalb wurden 1957 die Meldebestimmungen verschärft und die ersten *"sending down"* Kampagnen eingeleitet.[40]

Nach dem Scheitern des "Großen Sprungs nach vorne" und während der drei bitteren Jahre setzten die großen Um- und Rücksiedlungskampagnen ein. In Shanghai umfaßten die Netto-Wanderungsverluste zwischen zwischen 1958 und 1962 rd. 617.000 Personen, meist Facharbeiter, die im Rahmen der Politik "Unterstützt das Binnenland, die Grenzregionen und die Bauern" die Stadt mehr oder minder freiwillig verließen.[41]

In den Jahren 1969 bis 1971 mußten erneut knapp 900.000 Schulabgänger und Jugendliche die Stadt verlassen, um "hinunter aufs Land und hinauf auf die Berge" zu gehen. Erst seit Beginn der Reformpolitik Ende der 70er Jahre verzeichnet Shanghai einen kontinuierlichen Wanderungsüberschuß.[42]

Nicht nur technische Fachleute, sondern auch Maschinen und Kapital wurden systematisch aus Shanghai abgezogen, um den Aufbau anderer Regionen zu unterstützen.[43]

Wenn der Nordosten Facharbeiter für die Elektro-, Chemie- oder Maschinenindustrie brauchte, wurden die Facharbeiter aus Shanghai geholt, wenn in der Mandschurei eine neue Automobilfabrik errichtet wurde, wurden mehr als 10.000 Facharbeiter und Ingenieure dorthin beordert, um den Aufbau zu unterstützen. Allein 1956 wurden fast 200 Fabriken in andere Landesteile verlagert. Zwischen 1949 und 1984 mußte Shanghai 87 % seiner Einnahmen an die Zentralregierung in Beijing abführen bzw. konnte nur 13 % für eigene Ausgaben behalten.[44] Die Investitionsquoten waren damit in der Regel weit geringer als in anderen Städten und wurden vornehmlich für die sog. produktiven Investitionen verwendet. Außerdem war der Spielraum der Industriebetriebe in der Stadt geringer als in anderen Regionen oder Städten, d.h. sie war strikter in die Planwirtschaft eingebunden. Zudem wird die

---

40 TAUBMANN 1987, S. 10.
41 *Die Wirtschaft Shanghais 1949 bis 1982*, Interne Ausgabe, 1984, S. 59f.
42 Es ist hier nur die Rede von den offiziellen Wanderungsströmen, nicht von den sog. temporären Wanderern bzw. der floating population.
43 Siehe hierzu und im folgenden die Beispiele von WHITE III 1989, S. 23f.
44 WEI 1993, S. 54; WHITE III 1989, S. 9.

Industrie der Stadt nach wie vor weitgehend durch Staatsbetriebe dominiert.[45] Daß Shanghai noch Mitte der 80er Jahre als morsche Metropole galt, lag also an der jahrzehntelange Ausbeutung der Stadt durch die Zentrale in Peking, die Shanghai als *"golden milk-cow of the planned economy"* betrachtete.[46]

Diese langjährige Stagnation hatte mehrere Konsequenzen: Einmal sank der Anteil der Shanghaier Wirtschaftsleistung an der des ganzen Landes kontinuierlich ab. Betrug etwa der Anteil der Stadt am Bruttoproduktionswert der chinesischen Industrie 1952 noch 19%, so waren es im Jahre 1992 nur noch 6,6%.[47] Zum anderen veralteten die Produktionsanlagen; ein erheblicher Teil der Ausrüstungen stammt immer noch aus den dreißiger, vierziger und fünfziger Jahren. Zum dritten wurden die begrenzten Investitionen ganz überwiegend nur für produktive Zwecke ausgegeben; Straßenbau, Kanalisation und Kläranlagen, Wasserversorgung, Elektrizitäts- und Heizungsanlagen, der öffentliche Nahverkehr oder Sanierung und Neubau von Wohnungen wurden über Jahrzehnte vernachlässigt.Die Kanalisation beispielsweise stammt immer noch aus der Konzessionszeit, als in jedem Gebiet ohne Rücksicht auf Nachbarbereiche geplant wurde. Allerdings ist Shanghai nach wie vor die größte und vermutlich auch effektivste Industriestadt Chinas, gekennzeichnet durch Branchen wie Schiffbau, Elektrotechnik, Textil, chemische und pharmazeutische Industrie, Petrochemie, Eisen und Stahl, Maschinenbau, Präzisionsinstrumente oder Feinmechanik und Optik.

Die gedrosselte Wettbewerbsfähigkeit des Industriegiganten schlug sich allerdings in stagnierenden Ausfuhrwerten nieder. Während die Städte im Süden oder auch die Region Beijing-Tianjin immer neue Wachstumsrekorde erzielten, wuchsen in Shanghai die Exporte nur langsam - nahmen beispielsweise die Gesamtexporte zwischen 1981 und 1990 um 182% zu, so in Shanghai nur um 40%.[48] Auch die Ausländer investierten noch Mitte der 80er Jahre relativ wenig in der Stadt.

Die Kapazitäten des Shanghaier Hafens genügen den Anforderungen schon lange nicht mehr. Auf einen Warenumschlag von 70 bis 80 Mio. t ausgelegt, sind seine Reserven inzwischen erschöpft. Bereits 1984 wurde ein Warenum-

---

45 Während in Shanghai 1991 noch 76 % aller Beschäftigten in staatlichen Unternehmen arbeiteten, waren es im Landesdurchschnitt nur 68%. *China Statistical Yearbook* 1992, S. 367.
46 So der Shanghaier *World Economic Herald*; zitiert nach WHITE III 1989, S. 23.
47 WHITE III 1989, S. 6; *Zhongguo Tongji Nianjin* 1993, S. 414.
48 *Statistical Yearbook of China* 1992, S. 575; *Shanghai Statistical Yearbook* 1992, S. 121.

schlag von über 100 Mio. t überschritten; gegenwärtig liegt der Umschlag bei knapp 150 Mio. t. Oft liegen mehr als 100 Schiffe auf dem Huangpu vor der Stadt auf Reede und warten auf das Löschen ihrer Ladung. Es fehlen z. T. Containerverladeeinrichtungen und Kaianlagen; alte Lastenkähne oder - wenn auch äußerst selten - schwerfällige Sampansegler genügen den Bedürfnissen einer modernen Industriemetropole schon lange nicht mehr.

Es sind vor allem drei Bereiche, die trotz aller jüngsten Anstrengungen als Schwachpunkte und gleichzeitig als Indikatoren für die Belastungsgrenzen der gegenwärtigen Stadtentwicklung gelten - im übrigen nicht nur in Shanghai, sondern in vielen Metropolen des Landes: Wohnen, Umwelt und Verkehr.

Zwar gibt es erhebliche innerstädtische Disparitäten in der Wohnungsversorgung in Shanghai, je nach Position und Zugehörigkeit zu einer Arbeitseinheit. Generell ist die durchschnittliche Versorgung mit Wohnfläche nach wie vor außerordentlich begrenzt, wenn sich auch die Netto-Wohnfläche pro Kopf zwischen 1957 (3,1 m²) und 1991 (6,7 m²) mehr als verdoppelt hat.[49] In Shanghai sind es gerade die älteren Wohnviertel am Suzhou Creek und südlich der Altstadt, die zudem nach wie vor stark von Industriebetrieben durchsetzt sind, in denen besonders drangvolle Wohnverhältnisse herrschen: dort haben mehr als 40 % der Bewohner 3 m² und weniger Wohnfläche zur Verfügung. Die gegenwärtige Verteilung von sog. *shanty and old terrace houses* zeigt ein ähnliches Muster wie das der alten Strohhütten bis zu Beginn der 50er Jahre (Karte 4). Wer heute durch die Altstadtgebiete von Shanghai wandert, kann unschwer die drängendsten Wohnungsprobleme erkennen: Überbelegung und unzureichende Wohnfläche (in der Altstadt nur 4,5 m²), Mangel an Küchen und Toiletten, bauliche Mängel und Mangel an öffentlichen Einrichtungen bzw. offenen Flächen.[50] Häufig werden Küchenarbeiten im Freien verrichtet; Hausfrauen putzen auf der Straße Gemüse, bereiten die Speisen vor und kochen auf einem Miniofen mit geringwertiger Preßkohle.

Im ehemaligen International Settlement ist der Typ des Chinesenhauses zu finden: etwa 7 bis 9 m hohe Häuser, die sehr schmal und tief sind; d. h. drei bis dreieinhalb m breit und acht bis dreizehn m tief. Diese Häuser von geringer Qualität sind nicht selten durch Zwischendecken und -wände zusätzlich unterteilt worden. Zwar hat sich dort die Überfüllung etwas verringert: nicht mehr bis zu

---

49 *Shanghai Statistical Yearbook* 1992, S. 171; TAUBMANN 1993, S. 425f.
50 Shanghai Municipal Government, *Shanghai Urban Studies Project*, Vol. 3, *Housing Renewal Report* 1986, S. 43.

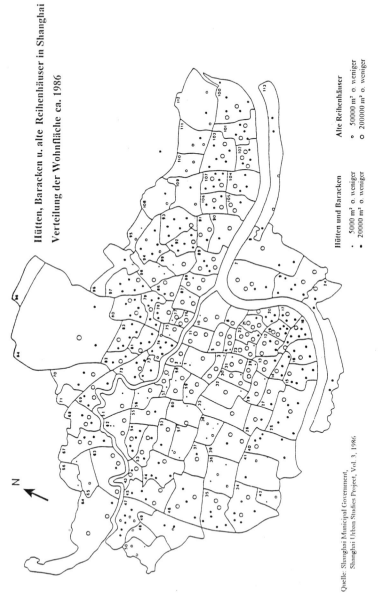

sieben Familien, sondern nur noch durchschnittlich vier Haushalte wohnen hier; gleichwohl liegt dier Durchschnittswohnfläche manchmal bei 2 m² pro Kopf. Neben diesen sog. Chinesenhäusern gibt es immer noch die erdgeschossigen Häuser vor allem im Norden des Suzhou Creek in der Nähe der alten Fabrikanlagen, die oft eine miserable Qualität aufweisen; teilweise sind die Wände immer noch aus lehmverschmiertem Stroh. Ein Dachfenster (wegen der Form Tigerauge genannt) wurde oft eingebaut, um zusätzlichen Schlafraum zu schaffen. Folge dieser äußerst beengten Wohnverhältnisse ist eine enorme Bevölkerungsdichte in der Innenstadt, die über 100.000 bis 200.000 Einwohner pro km² liegen kann (Karte 5).

Selbstverständlich gibt es schon seit Jahrzehnten den Versuch, die Bevölkerungsdichte in der Kernstadt zu reduzieren. Anfangs wurden sog. Arbeiterdörfer am Stadtrand auf ehemaligem Agrarland errichtet, später wurden jenseits des Ringes agrarischer Intensivflächen sog. Satellitenstädte errichtet. Beispielsweise Jading im Nord-Westen der Kernstadt, das schon 1959 geplant wurde und heute rd. 60.000 Menschen beherbergt, oder Jinshanwei im Süden, über 70 km von der Kernstadt entfernt, eine Satellitenstadt, die das führende petrochemische Werk Shanghais beherbergt. Die knapp 80.000 Einwohner sind alle abhängig von diesem Betrieb. Im Norden ist Baoshan, inzwischen zum Stadtgebiet gehörig, der Standort des riesigen Eisen- und Stahlkombinats (Karte 6).

Auch wenn diese Dezentralisierungsbestrebungen kaum zu einer Entlastung der Kernstadt geführt haben, so ist doch bemerkenswert, daß die Einwohnerzahl der sog. Kernstadt nur relativ langsam angestiegen ist: von 6,1 Mio. im Jahre 1981 auf 7,9 Mio. im Jahre 1992. Auch die Gesamtbevölkerung von Shanghai ist seit der Eingemeindung von 10 Kreisen im Jahre 1958 relativ langsam gewachsen: 1962: 10,6 Mio.; 1992: 12,9 Mio. Einwohner in Gesamt-Shanghai.[51]

Da sich die Arbeiter nicht selten wehren, aus der Kernstadt in die neuen Satellitenstädte umzusiedeln - rund die Hälfte der rd. 430.000 Industriearbeiter in den Satellitenstädten ist noch in der Kernstadt registriert[52] -, entsteht dort oft ein erhebliches Ungleichgewicht zwischen Wohn- und Arbeitsbevölkerung. Von allen Metropolen hat Shanghai den Ausbau der Satellitenstädte am weitesten vorangetrieben. Gegenwärtig gibt es sieben an der Zahl, in denen vermutlich rd. eine halbe Million Menschen leben. Fernziel ist es, die Einwohnerzahl in den Satellitenstädten auf 1,3 Mio. zu erhöhen.

---

51 *Shanghai Statistical Yearbook* 1992, S. 53, *Shanghai Tongji Nianjian* 1993, S. 64.
52 FUNG/YAN/NING 1992, S. 139.

SHANGHAI- Einwohnerdichte der Kernstadt (shiqu)

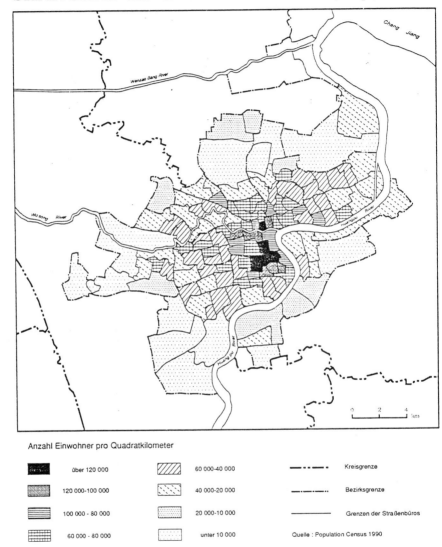

Anzahl Einwohner pro Quadratkilometer

■	über 120 000	▨	60 000-40 000	—··—	Kreisgrenze
▦	120 000-100 000	▧	40 000-20 000	—·—·—	Bezirksgrenze
▤	100 000 - 80 000	▦	20 000-10 000	———	Grenzen der Straßenbüros
▦	60 000 - 80 000	□	unter 10 000		Quelle : Population Census 1990

Karte 5

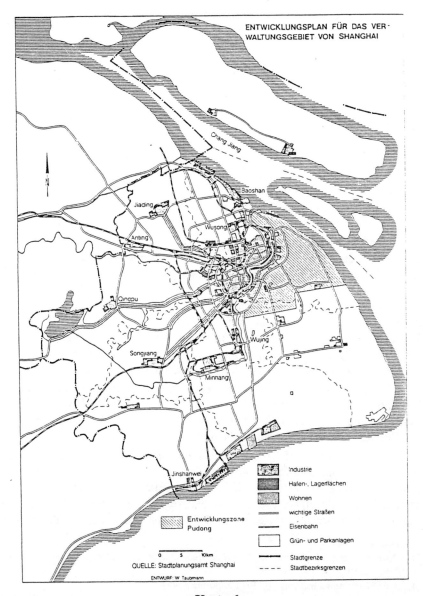

Karte 6

Eine weitere Folge der hohen Verdichtung sind die angespannten Verkehrsverhältnisse in Shanghai. Täglich müssen rd. 14 Mio. Menschen in öffentlichen Verkehrsmitteln transportiert werden. Nach den Zählungen des Stadtplanungsamtes drängen sich während der Spitzenzeiten in den Bussen 24 Füße auf einem Quadratmeter. Die Wohnungsbauprogramme am Stadtrand und der Bau der Satellitenstädte hat die Länge der durchschnittlichen Omnibustransporte und die Zahl der Passagiere erheblich erhöht. Die Shanghai Bus Company ist mit rd. 4.500 Bussen eine der größten der Erde. Die Busse müssen sich extrem langsam durch den nie abreißenden Strom von Fahrradfahrern und Fußgängern manövrieren; in der Innenstadt beträgt die Durchschnittsgeschwindigkeit 8 km/h.[53] Unter den vielen Versuchen, die Verkehrs- und Transportkapazität zu verbesser, soll hier wenigsten der U-Bahn-Bau erwähnt werden. Eine erste Stammlinie, die unter Federführung von AEG gebaut worden ist, soll in Kürze eröffnet werden.

In den letzten vier bis fünf Jahren werden die *crowding* Probleme noch verstärkt durch den starken Zustrom temporärer Zuwanderer. Nach letzten Schätzungen beträgt die Zahl der *"floating people"* in Shanghai derzeit 2,5 Mio.[54] Meist handelt es sich um Menschen, die als Bauarbeiter, Händler oder Zeitarbeiter aus benachbarten Provinzen, aber auch aus den westlichen Landesteilen in der Hoffnung auf Arbeit und Aufstieg nach Shanghai kommen. Sie belasten auch den Wohnungsmarkt und die Infrastruktur. Slumähnliche Behausungen und Substandard-Quartiere - eine Charakteristikum in anderen Megastädten der Dritten Welt - sind seit einigen Jahren auch in Shanghai zu entdecken.

Die Folge von *overcrowding*, ungenügender Infrastruktur und veralteten Produktions- und Heizanlagen ist die Belastung von Boden, Wasser und Luft, zumal in Chinas größtem Industriezentrum auch der Anteil der Schwerindustrie seit Gründung der Volksrepublik erheblich angestiegen ist.[55]

In Shanghai gibt es rd. 10.600 Industriebetriebe, jedes Jahr werden über 20 Mio. t - häufig minderwertige - Kohle verbrannt und täglich 800 t Kohlenstaub emittiert - von den ungereinigten Industrie- und Haushalts-Abwässern und Abgasen ganz zu schweigen. Pro km^2 werden vermutlich jährlich 1.600 t Asche und 1.500 t Schwefeldioxid emittiert. In Shanghai kann in Extremfällen der

---

53 Shanghai Municipal Government, *Shanghai Urban Studies Project*, Vol. 4, *Public Transport Report* 1986, S. 9.
54 Nach einer Fernsehmeldung von Ende September 1993.
55 Zum folgenden siehe MURPHEY 1988, S. 172f.

Staubanfall pro km² und Monat mehrere 100 t überschreiten. Auch die NOx-Werte liegen bis zu 80% über den offiziellen Richtlinien. Eine Abwasserbehandlung ist bislang so gut wie unbekannt, gegenwärtig fallen täglich vermutlich rd. 4 Mio m³ Abwasser an, von denen nur ein Bruchteil von 5 bis 8% gereinigt wird. Es ist zwar geplant, das Abwasser durch große Kanäle direkt ins Meer zu leiten, gegenwärtig sind aber Huangpu und insbesondere der Suzhou Creek extrem verschmutzt. Letzterer stinkt an mehr als der Hälfte aller Tage im Jahr so stark, daß die Gerüche eine ernsthafte Belastung für die Anwohner darstellen.

Chemische Abwässer der Industriebetriebe und die Fäkalien der Haushalte fließen also fast ohne Kontrolle oder Behandlung in das Flußnetz. Damit gelangen die Abwässer auch in die landwirtschaftlichen Bewässerungssysteme, chemikalienverseuchte Wässer berieseln die Felder. Auch die Weiterverwendung des städtischen Abfalls und des *nightsoils* führt zur Anreichungerung von Schwermetallen im Boden (insbes. Cadmium und Chrom). In Shanghai müßten erhebliche Teile der kontaminierten Gemüseanbauflächen sofort aus der Produktion genommen werden.

Aufstieg aus dem tiefen Tal

Das Problem der Umweltverschmutzung in Shanghai ist Planern und Politikern wohlbekannt; aber gegenwärtig haben ökonomisches Wachstum und wirtschaftliche Umstrukturierung erste Priorität. Nach fast drei Jahrzehnten der Vernachlässigung will Shanghai aus der Talsohle aufsteigen, Anschluß an die führenden Regionen gewinnen und seine traditionelle industrieorientierte Wirtschaft restrukturieren. Die Stadt blickt nach Süden und versucht sich an der Stadt Guangzhou (Canton) und der Provinz Guangdong zu orientieren, die immer unabhängiger waren und - verglichen mit Shanghai - seit Jahren einen weit größeren Teil ihrer Einnahmen für sich verwenden konnten.[56]

1986 nahm der Staatsrat den Generalentwicklungsplan für Shanghai an, dessen Ziel es ist, die Stadt in ein multifunktionales Zentrum und in eines der größten Handels- und Wirtschaftszentren in der westlichen Pazifikregion zu entwickeln. Offenkundig ist die Stadt in der jüngsten Zeit relativ erfolgreich, auch zunehmend ausländisches Kapital anzuziehen. Im ersten Halbjahr 1993 haben ausländische Investoren immerhin 440 Mio. US$ in die Stadt fließen las-

---

56 Ho 1993, S. 12.14, 12.15.

sen, mehr als das Doppelte des Betrags, der im gleichen Zeitraum des Vorjahres in die Stadt geflossen ist.[57]

Der Aufschwung dokumentiert sich unverkennbar in vielen Neubauten im Stadtkern, in Hotelbauten, im Ausstellungszentrum oder in zahlreichen Verwaltungsgebäuden. Den Willen zur Neugestaltung belegen aber am deutlichsten die sog. *Economic and Technological Development Zones* wie etwa Hongqiao in der Nähe des Flughafens, Minhang im Süden oder Caohejing im SW. Vor allen Projekten ist der gigantische Plan zu nennen, mit Pudong einen neuen Stadtteil auf der Ostseite des Huangpu zu entwickeln.

Die 1985 gegründete Economic and Technological Development Zone Hongqiao umfaßt ca. 65 ha. Oberstes Ziel ist die Anziehung von ausländischem Kapital. Deshalb sollen funktionale Mischung und städtebaulich-funktionale Gestaltung internationalen Ansprüchen genügen. Hongqiao ist bzw. wird Standort von Hotels, Büros, Dienstleistungseinrichtungen, eines internationalen Handelszentrums und einer internationalen Ausstellungshalle sein; Wohnblocks, Einkaufszentren und Erholungseinrichtungen sollen das Angebot ergänzen; auch die ausländischen Konsulate sollen hier angesiedelt werden.[58]

In das Ende der 80er Jahre erstmals der Öffentlichkeit vorgestellte Multi-Milliarden-Dollar Projekt Pudong, eine Zone von 350 km² (!), *sind inzwischen Hunderte von Millionen an Erschließungskosten gepumpt worden.* Ziel ist es, das Gebiet - noch teilweise Ackerland - in ein sozialistisches Hong Kong umzuwandeln, in ein brodelndes Finanz-, Handels- und Industriezentrum (Karte 6). Dies scheint auch die - unausgesprochene - Leitidee der so plötzlichen offiziellen Entwicklungsimpulse für Shanghai zu sein. Die Bedeutung von Hong Kong als dem bislang zentralen Einfallstor nach China soll auf lange Sicht geschwächt werden bzw. auf mehrere Küstenstädte gelenkt werden.

Zunächst sind neue Brücken gebaut worden, die Nanpu- und Ningpu-Brücke; dann werden Kommunikationsnetze, Schulen, Krankenhäuser, Einkaufszentren, Kraftwerke, Entsorgungsanlagen usw. entstehen. Drei Schlüsselzonen werden innerhalb von Pudong verschiedene Funktionen wahrnehmen: im Norden wird die Waigaoqiao Freihandelszone entstehen, daran schließt sich südlich die Jinqiao Export Processing Zone an. In der Verlängerung der Nanjing Lu ent-

---

57 *South China Morning Post* v. 11.10.1993; Deutschland war mit 120 Mio. US$ der größte Investor.

58 TAUBMANN 1993, S. 427; FUNG/YAN/NING 1992, S. 139; Shanghai Hongqiao United Development Co. Ltd 1989.

steht schließlich östlich des Flusses das Finanz- und Handelszentrum Lujiazui als ein multifunktionales Symbol des modernen Shanghai.[59] Der Fernsehturm, gedacht als visuelles Zentrum des neuen CBD Lujiazui, mit einer Höhe von 400 m, steht bereits.[60] Allein während des 8. Fünfjahresplans (1991-1996) sollen rd. 5 Mrd. RMB nur für die Infrastruktur ausgegeben werden.[61]

Pudong soll Shanghai revitalisieren und die Trickle-Down-Effekte dieses neuen Aufschwungs sollen in der gesamten Wirtschaftsregion des unteren Jangtse zu spüren sein. Auch wenn noch keine neuen Daten vorhanden sind, so wurde uns im Sommer und Herbst des Jahres 1993 berichtet, daß die *"spill over"*-Effekte bereits in Süd Jiangsu zu spüren seien, etwa in Kunshan oder in Suzhou.

Auch in den Jahren, als Shanghai noch im wesentlichen die Mittel zur Umverteilung an andere Provinzen bereitstellen mußte, wurden die Wirkungen der Metropole auf den Wirtschaftsraum des unteren Jangtse schon positiv bewertet. So wäre das Aufblühen der ländlichen Industrie in Jiangsu oder Zhejiang in vielen Fällen ohne die Mitwirkung von Fachleuten aus Shanghai, ohne die Überlassung von Maschinen, ohne den Transfer von Know How, ohne Abnahmeverträge für Produkte von ländlichen Zulieferindustrien oder ohne die Gründung von ländlichen Filialbetrieben durch Shanghaier Staatsbetriebe nicht in diesem Tempo und Ausmaß möglich gewesen.

Wenn auch heute die Kernstadt selbst an ihre Belastungsgrenzen stößt - die interne Heterogenität nimmt zu: ultramoderne Hotel- und Bankgebäude finden sich neben baufälligen Häusern der Altstadt oder neben total überalterten Gewerbebetrieben der Vorkriegszeit -, so wird für die Region die Ausstrahlung von Shanghai sehr positiv bewertet. MCGEE und GINSBURG haben für asiatische Metropolen den Ausdruck der *"extended metropolitan area"* oder der *"metropolitan interlocking region"* geprägt, die ein relativ stabiles System von Marktorten, Klein- und Mittelstädten in einer metropolitanen Großregion abbilde, das auf engen Austausch- und Pendlerbeziehungen beruhe.[62] Für den prosperierenden Wirtschaftsraum am unteren Changjiang trifft diese Wertung m. E. zu.

---

59 Shanghai Ecomomic Information Centre: *The Development Prospect and Investment Policy of Shanghai Pudong New Area* 1990, S. 22f.
60 Shanghai Design Institute of City Planning 1987.
61 YAN/GU 1992, S. 24.
62 GINSBURG/KOPPEL/MCGEE (Eds.) 1991.

Literaturverzeichnis

All About Shanghai. A Standard Guidebook. Shanghai 1934/5. (Nachdruck Hong Kong, Oxford, New York 1987).

FUNG, KAI-IU, ZHONG-MIN YAN, YUE-MIN NING: Shanghai. China's World City. In: YEUNG, YUE-MAN, XU-WEI HU (Eds.): *China's Coastal Cities. Catalysts for Modernization.* Honululu 1992, S. 124-152.

GINSBURG, N., B. KOPPEL, T. G. MCGEE (Eds.): *The Extended Metropolis. Settlement Transition in Asia.* Honululu 1991.

HANDKE, W.: *Schanghai. Eine Weltstadt öffnet sich.* Hamburg 1986 (= Mitt. des Instituts für Asienkunde, 154).

HINDER, E. M.: *Social and Industrial Problems of Shanghai.* International Secretariat, Institute of Pacific Relations. New York 1942.

HO, LOK SANG: Central-provincial Fiscal Relations. In: CHENG, J. YU-SHEK, M. BROSSEAU (Eds.): *China Review 1993.* Hong Kong 1993, S. 12.1-12.23.

HONIG, E.: *Creating Chinese Ethnicity. Subei People in Shanghai, 1850-1980.* New Haven and London 1992.

KALTENBRUNNER, R.: *Minhang, Shanghai: Die Satellitenstadt als intermediäre Planung.* Berlin 1993 (= Berliner Beiträge zu Umwelt und Entwicklung, 2).

KISCH, E. E.: *Zaren, Popen, Boschewiken. Asien gründlich verändert. China geheim.* Berlin und Weimar 1989 (Gesammelte Werke, Bd. 3).

LETHBRIDGE, H. J.: Introduction. In : *All About Shanghai. A Standard Guidebook. Shanghai 1934/5.* (Nachdruck Hong Kong, Oxford, New York 1987), S. v-xviii.

MENZEL, U.: Spurensuche in Shanghai. Das historische Erbe der Stadt über dem Meer. Teile 1 u. 2. In: *Das neue China,* Nr. 6/1991, S. 24-27 und Nr. 1/1992, S. 39-41.

MURPHEY, R.: *Shanghai - Key to Modern China.* Cambridge, Mass. 1953.

MURPHEY, R.: Shanghai. In: M. DOGAN, J. D. KASARDA (Eds.): *The Metropolis Era.* Vol. 2: *Mega-Cities.* Newbury Park u. a. 1988, S. 157-185.

PILZ, E.: Shanghai: Metropole über dem Meer. In: FELDBAUER, P., E. PILZ, D. RÜNZLER, I. STACHER (Hrsg.): *Megastädte. Zur Rolle von Metropolen in der Weltgesellschaft.* Wien, Köln, Weimar 1993, S. 129-147 (= Beiträge zur Historischen Sozialkunde, Beiheft 2/1993).

POTT, F. L. H.: *A Short History of Shanghai.* Hong Kong and Singapore 1928.

REHN, D.: *Shanghais Wirtschaft im Wandel: Mit Spitzentechnologie ins 21. Jahrhundert.* Hamburg 1990 (= Mitt. des Instituts für Asienkunde, 185).

REICHERT, F.: "Heimat der Ballen und Fässer". Grundzüge einer Stadtgeschichte. In: ENGLERT, S., F. REICHERT (Hrsg.): *Shanghai. Stadt über dem Meer.* Heidelberg 1985, S. 41-89 (= Heidelberger Bibliotheksschriften, 17).

Shanghai Municipal Government: *Shanghai Urban Studies Project,* Vol. 3/3A: *Housing Renewal Report.* 1983-1985.

Shanghai Municipal Government: *Shanghai Urban Studies Project,* Vol. 4/4A: *Public Transport Report.* 1983-1985.

Shanghai Statistical Yearbook 1992. Shanghai 1992.

Shanghai Tongji Nianjin 1993. Shanghai 1993.

STAIGER, B.: Shanghais politische, wirtschaftliche und kulturelle Entwicklung in historischer Perspektive. In: Institut für Asienkunde: Shanghai. *Chinas Tor zur Welt.* Hamburg 1986, S. 7-49.

Statistical Yearbook of China 1992. Beijing 1992.

TAUBMANN, W.: Die Volksrepublik China. Ein wirtschafts- und sozialgeographischer Überblick. In: *Der Bürger im Staat,* 1987, H. 1, S. 3-12.

TAUBMANN, W.: The Chinese City. In: EHLERS, E. (Hrsg.): *Modelling the City. Cross-cultural Perspectives. Colloquium Geographicum* Bd. 22, Bonn 1992, S. 108-128.

TAUBMANN, W.: Die chinesische Stadt. In: *Geographische Rundschau,* Jg.45, H.7/8, 1993, S. 420-428.

The Hongkong and Shanghai Banking Corporation Ltd.: *Trade and Investment Guide to Shanghai.* Hong Kong 1991.

WAKEMAN, F. JR., WEN-HSIN YEH (Eds.): *Shanghai Sojourners.* Berkeley 1992 (= China Research Monograph, 40).

WEI, B. PEH-T'I: *Old Shanghai.* Hong Kong, Oxford, New York 1993 (Images of Asia).

WHITE III, L. T.: *Shanghai Shanghaied? Uneven Taxes in Reform China.* Centre of Asian Studies, University of Hong Kong. Hong Kong 1989 (= Occasional Papers and Monographs No. 84).

WON BAE KIM: The Role and Structure of Metropolises in China's Urban Economy. In: *Third World Planning Review,* Vol. 13, (2), S. 155-177.

XU XUE-JUN, ZHANG CHONG-LI: *Überblick über die soziale und wirtschaftliche Situation in der neueren Geschichte von Shanghai* (chines.). Shanghai 1985.

YAN JIA LIN, WEI JIN GU: Neuorientierung der chinesischen Wirtschaft und Wirtschaftspolitik - am Beispiel Shanghais und seiner Entwicklungszone Pudong. In: *IFO Schnelldienst* 23/1993, S. 23-26.

YEH, A. GAR-ON, HUA-QI YUAN: *Satellite Town Development in China: Problems and Prospects.* Centre of Urban Studies & Urban Planning, University of Hong Kong. Hong Kong 1986 (= Working Paper 18).

Zhongguo Tongji Nianjin 1993. Beijing 1993.

Die Stadt México - Megalopolis ohne Grenzen?

Erdmann Gormsen

Nachrichten über die Stadt México erscheinen bei uns fast immer reduziert auf sensationelle Horror-Meldungen, die sich zu einem negativen Image zusammenfügen, z.B.
- die Großstadt mit der schlimmsten Luftverschmutzung,
- die "Hölle von Nezahualcóyotl", dem "größten Slum der Welt",
- die Explosion eines Gaslagers mit tagelangen Bränden,
- Straßenraub, Kriminalität, Korruption usw. usw.;
- nicht zu vergessen die häufigen Erdbeben, vor allem das verheerende Beben 1985 mit 4.500 Toten und mehr als 5.000 zerstörten Gebäuden, wobei die Wechselwirkungen zwischen allen Problemen in potenzierter Weise ans Licht kamen.
- Dies alles in einem uferlosen Ballungsraum mit (angeblich) über 20 Millionen Einwohnern, der das zweifelhafte Privileg beansprucht, nicht nur die größte Metropole der Dritten Welt zu sein, sondern sogar New York und Tokio zu überrunden.

Auch ohne den Wahrheitsgehalt solcher Meldungen im einzelnen zu überprüfen, gewinnt man beim Besuch Méxicos sehr schnell den Eindruck einer überfüllten "Monstruopolis". Und dies wird bestätigt durch mexikanische Autoren, von denen ich nur einige in freier Übersetzung nach einer Anthologie von ARIDJIS/CÉSARMAN (1989) zitieren möchte, z.B.

GUILLERMO TOVAR: *"Die Stadt hat nach und nach ihre Basis verloren, wie ein Baum, der ohne Wurzeln im Leeren schwebt. ... Gehetzt von stinkenden Automobilen und Lastwagen, ... überschwemmt von Händlern billiger Importwaren und kontaminierter Lebensmittel, durchlebt das bedeutendste historische Stadtzentrum Amerikas die schlimmsten Momente seiner Geschichte"* (S.33).

ALVARO MUTIS: *"Es ist uns gelungen, México in eine Danteske Anhäufung von Horror-Architektur zu verwandeln und in ein beklemmendes Gemisch tödlicher Gase, die uns in einem selbstmörderischen Taumel umbringen"* (S.41).

HÉCTOR VASCONCELOS: *"Die Stadt México... ist ein ideales Laboratorium, um die Wirkungen der Überbevölkerung, der irrationalen Verteilung von Ressourcen, der fehlenden oder mangelhaften Planung, der unberechenbaren Politik und der ungenügenden ökonomischen Grundlagen zu studieren"* (S.119).

VICENTE LEÑERO: *"Für mich ist die Stadt eine Bombe im Augenblick der Explosion"* (S.47).

Naturräumliche Grundlagen der Stadtentwicklung

Tatsächlich drängt sich beim Anflug auf México der Begriff "Megastadt" geradezu auf, denn die Stadt erscheint mit ihren Wucherungen als unendlich-konturloses Häusermeer, das erst bei näherem Hinsehen gewisse Strukturen erkennen läßt (vgl. SANCHEZ DE CARMONA 1986). Doch die damit verbundenen Schwierigkeiten, einschließlich der gravierenden Umweltprobleme, sind ohne einen Rückblick in die Geschichte und ohne die Kenntnis geographischer Zusammenhänge nicht verständlich.

Zu den grundlegenden Faktoren, gehört die Lage in einem abflußlosen Hochbecken, 2250 m über dem Meer, das im Osten, Süden und Westen von über 3000 m hohen Bergketten umgeben ist. Sie werden ihrerseits von hohen Vulkanen überragt (*Popocatépetl 5542 m, Iztaccíhuatl 5286 m, Nevado de Toluca 4610 m*). Dazu kommen viele kleinere Vulkankegel im Becken selbst, das mit See-Ablagerungen, vulkanischen Aschen und versteinerten Lavaströmen bedeckt ist (Abb.1). Es bildet den zentralen Teil der sogenannten *Cordillera Neovolcánica*, die den Südrand des mexikanischen Hochlandes markiert und mit einem Steilabfall von über 1000 m zur *Balsas-Senke* abbricht. Wir befinden uns also in einem tektonisch ausgesprochen labilen Gebiet, was auch in den zahlreichen Erdbeben zum Ausdruck kommt.

Mit 19° nördl. Breite gehört México-Stadt zu den Randtropen, die gekennzeichnet sind durch einen klaren Gegensatz zwischen einer Regenzeit von Mai bis Oktober und einer Trockenzeit im Winterhalbjahr. Die Jahresniederschläge betragen nur etwa 700 mm, die normalerweise als Starkregen am Nachmittag fallen. Die geringe Menge ist eine Folge der Lage im Lee der großen Vulkane, denn die Feuchtigkeit wird überwiegend mit den Passatwinden vom Golf von Mexiko herantransportiert. Damit hängt auch der vorherrschende Nordostwind zusammen, der über die Hochflächen von Norden her in das Becken strömt.

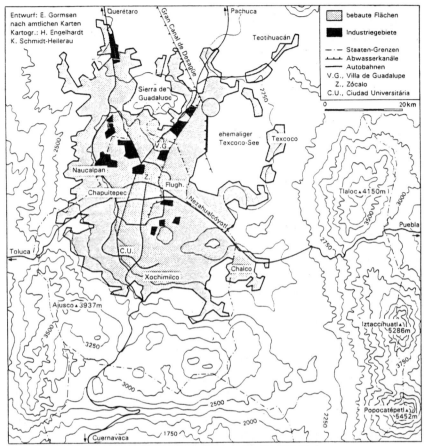

Abb. 1: Landschaftslage der Stadt México

Die Jahresmitteltemperatur beträgt 15,9°C, wobei der Mai mit 18,9°C am wärmsten ist, denn im Sommer bringen Wolken und Niederschläge eine gewisse Abkühlung. Insgesamt zählt das zentrale Hochland (*Mesa central*) aber zu den "kalten Tropen" (LAUER 1975), denn von Dezember bis Februar kommen Nachtfröste vor, während am Tage über 20°C erreicht werden und die Monatsmittel bei 12 bis 14°C liegen. Die stabile Hochdruckwetterlage im Winter führt in dem allseits geschlossenen Becken an etwa 200 Tagen zu einer dauerhaften

Inversionsschicht, die nur gelegentlich durch polare Luftmassen unterbrochen wird, die als kalte Nordwinde (*nortes*) über die nordamerikanischen Ebenen kommen. Sie bewirken Temperaturstürze im Golfküstentiefland sowie starke Niederschläge auch im Hochland, die bis in etwa 2700 m Höhe als Schnee fallen können.

Die Gründung der Stadt

Als die Azteken um 1300 aus den trockenen Ebenen des Nordens in die *Mesa central* vorstießen, fanden sie zwischen den Vulkanriesen mit ewigem Schnee und dichten Nadelwäldern, zwischen Lavafeldern und kleinen Vulkankegeln mehrere abflußlose Seen vor, um die sich eine blühende Kulturlandschaft ausbreitete. Sie war in der Hand verschiedener Stadtstaaten, die den Azteken nach kriegerischen Auseinandersetzungen nur die Ufersümpfe und die flachen Inseln im salzhaltigen Texcoco-See als Siedlungsraum überließen. Hier gründeten sie um 1345 Tenochtitlán, das sie zu einer glänzenden Hauptstadt ausbauten, deren Macht auf der Unterwerfung zahlreicher Völkerschaften beruhte (Abb. 2 u. 3).

Sie versetzte mit ihren Pyramiden, Tempeln, Palästen und Marktplätzen die Conquistadoren in höchstes Erstaunen (CORTÉS 1942; DÍAZ DEL CASTILLO 1965; vgl. KOHUT 1994, S.117). Von Hernán Cortés stammt auch der erste (1524 in Nürnberg publizierte) Plan, der die Grundzüge der Stadtstruktur erkennen läßt. Im Gegensatz zu den mittelalterlich-winkeligen Städten Spaniens war sie durch ein Achsenkreuz in vier regelmäßige Viertel geteilt. Sie soll mit dem benachbarten Tlatelolco mindestens 60.000 Einwohner gehabt haben, war also im Vergleich mit den meisten Städten Europas schon damals eine "Megastadt". Die häufig kolportierten 150.000 - 600.000 (!) Einwohner sind zweifellos übertrieben (LOMBARDO 1973, S.119ff).

Die Insel-Lage stellte ungewöhnliche Anforderungen an die Ingenieurkunst und den Städtebau, denn der nur wenige Meter tiefe See schwoll während der Regenzeit oft so stark an, daß große Teile der Stadt überflutet wurden. Daher wurde schon um 1440 unter *Nezahualcóyotl*, dem Herrscher von Texcoco, ein etwa 16 km langer Damm gebaut, der den westlichen Teil des Sees mit Tenochtitlán vom größeren und stärker salzhaltigen Ostteil trennte. Erst jetzt konnten zur Erweiterung der Inselfläche *chinampas* angelegt werden. Diese sogenannten "schwimmenden Gärten" sind nichts anderes als Beete aus Schlamm, die zwischen Bäumen und Flechtwerk aufgeschichtet werden. Sie haben sich bis heute

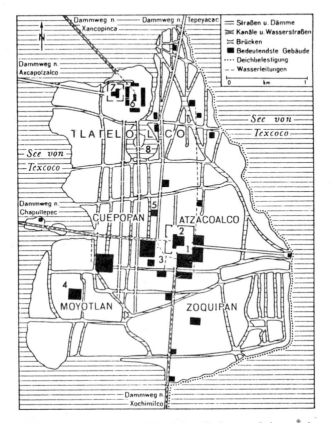

Abb. 2: Tenochtitlán - Tlatelolco (Rekonstruktion nach GIERLOFF-EMDEN 1970, S.150)

in Xochimilco erhalten. Weitere Dämme und Aquädukte zur Trinkwasser--versorgung verbanden die Metropole mit den älteren Städten am Ufer, die längst zu Stadtteilen von Groß-México geworden sind.

1521 verwüsteten die Eroberer die Stadt. Doch das sensible Ökosystem des Hochlandbeckens legte die Übernahme der aztekischen Grundstrukturen nahe, zumal sie den Vorstellungen einer geometrischen Idealstadt der Renaissance entgegenkamen. Die zentrale *plaza* (*Zócalo*) sowie die Hauptkanäle und -dämme dienten als Koordinatensystem für das Straßenraster mit Baublocks von etwa

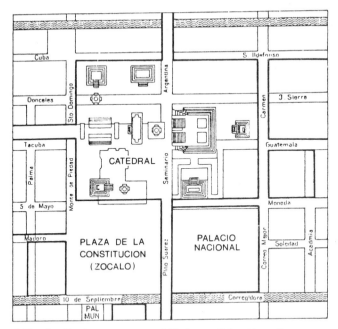

Abb. 3: Stadtzentrum von México auf der Grundlage von Tenochtitlán (nach GIERLOFF-EMDEN 1970, S.528)

80 x 160 m Seitenlänge. Cortés selbst ließ seine Residenz an der Stelle des heutigen Regierungssitzes auf den Ruinen des Palastes von Moctezuma II. erbauen.

Dieser hoheitliche Akt war von größter politischer Bedeutung. Die Spanier stellten sich in den Mittelpunkt des besiegten Reiches. Sie knüpften an dessen Symbolkraft an und begründeten damit ein neues Imperium. Ihre Symbole der Macht - Kathedrale und Regierungspalast - wurden auf die Fundamente der zuvor gründlich eingeebneten Kultbauten gesetzt, z.B. das Franziskanerkloster auf die Pyramide von Tlatelolco und die Kathedrale direkt neben die ehemalige Hauptpyramide des Tempelbezirks. Sie wollten die heidnische Götter- und Geisteswelt auslöschen, die in Verbindung mit kosmologischen Vorstellungen das Werden und Vergehen der alten Kultur geprägt hatte (vgl. GORMSEN/HAUFE 1992).

Die Entwässerung der Seen und ihre Folgen

Der Silberreichtum Mexikos bescherte der Hauptstadt unter den Spaniern eine glänzende Entwicklung. Das Erscheinungsbild folgte dem einheitlichen Konzept ihrer Kolonialstädte (GORMSEN 1994). Im Jahr 1790 erreichte sie bereits 105.000 Einwohner und bei der Unabhängigkeit (1821) wurden 180.000 geschätzt. Mit diesem Wachstum hängen aber auch entscheidende Umweltprobleme zusammen, die bis heute nicht gelöst sind.

Gegen die häufigen Überschwemmungen während der Regenzeit hatten schon die Azteken bemerkenswerte Wasserbaumaßnahmen vorgenommen. Doch wiederholte Flutkatastrophen führten während der Kolonialzeit zu mehreren erfolglosen Versuchen, das abflußlose Becken zum Río Pánuco im Norden zu entwässern. Erst um 1900 wurde der große Abwasserkanal (*Gran Canal de Desagüe*) mit zwei Tunnelstrecken gebaut, der als endgültige Lösung betrachtet wurde. Die Folgen für den Untergrund der Stadt und die Landschaft hatte man jedoch kaum bedacht (vgl. TICHY 1973; GORMSEN im Druck, Kap.4.9.1).

Tatsächlich hat die Entwässerung der mächtigen See-Sedimente und die verstärkte Nutzung des Grundwassers bei vielen Gebäuden zu Absenkungen (bis zu 8 m) und zu Mauerrissen geführt. Das läßt sich nicht nur an dem Marmorbau des Palacio de Bellas Artes beobachten, sondern auch an der Franziskanerkirche (Calle Madero), zu der man vom Straßenniveau etwa 3 m hinuntersteigen muß. Die Kapuzinerkirche aus dem 18.Jh. (neben der Basílica de Guadalupe), die sich bedrohlich nach Osten geneigt hatte, wurde kürzlich mit einem Betonfundament unterfangen und hydraulisch aufgerichtet. Doch derart aufwendige Techniken lassen sich nur in Ausnahmefällen anwenden.

Tab. 1 Gebäudeschäden durch das Erdbeben in México-Stadt September 1985 nach Gebäudehöhen

Geschoßzahl	1-4	5-8	9-12	13-16	17-20	21-24	Summe
Zerstörte Gebäude	3.820	746	320	105	29	5	5.025

Quelle: Atlas de la Ciudad de México 1987

Der unsichere Baugrund ist übrigens mitverantwortlich für die großen Schäden der Erdbeben-Katastrophe am 19. September 1985. Seismische Bewegungen sind zwar in Mexiko häufig; doch die Erdstöße der Stärke 8 auf der Richter-Skala regten die Sand- und Lehmschichten zu Schwingungen verschiedener Frequenzen an und führten so zur Zerstörung von 5.025 Gebäuden und zum Verlust von 4.500 Menschenleben. Dazu kam die mangelhafte Bausubstanz. Es zeigte sich nämlich, daß massive Paläste der Kolonialzeit ebenso standhielten wie technisch einwandfreie Stahlskelett-Bauten mit ausreichenden Fundamenten, z.B. der 177 m hohe Lateinamerika-Turm. Er war schon in den 50er Jahren auf einer Betonwanne errichtet worden, die auf fast 200 bis zu 35 m tief auf den festen Untergrund reichenden Stahlbetonpfählen ruht (Tab.1; Erdbeben Mexiko '85).

Durch die Bodensenkungen wurde aber auch das Gefälle des *Gran Canal* (19 cm auf 1000 m) fast völlig aufgehoben, so daß sein ursprünglicher Zweck weitgehend verlorenging und bei Wolkenbrüchen große Überschwemmungen auftreten. In den 50er/60er Jahren wurden deshalb die südlichen und westlichen Zuflüsse kanalisiert und von Stadtautobahnen überbaut sowie 29 Abwasser-Pumpstationen installiert, um die unterschiedlichen Niveaus der Kanäle auszugleichen. In den 70er Jahren wurde mit dem Bau eines unterirdischen Abwassersystems in 30-40 m Tiefe begonnen. Im Verbund mit Rückhaltespeichern sollen damit die großen Wassermengen kontrolliert werden (Abb.4). Außerdem wurde ein Sanierungsprojekt für den Texcoco-See in Angriff genommen: Der ganze See soll trockengelegt und mit salzresistenten Weidegräsern und Bäumen begrünt werden, um Nutzland zu gewinnen und die Bildung von Staubwolken (*tolvaneras*) aus den trockenen Seetonen zu vermindern. Kernstück ist aber die Regulierung der Schwankungen des Wasserstandes durch künstliche Seen. Im Zusammenhang damit steht der Bau einer mehrstufigen Kläranlage sowie einer Verdunstungsspirale zur Salzgewinnung. Seit 1956 wurden 10 Anlagen geschaffen, die das Schmutzwasser soweit klären, daß es zur Bewässerung von Grünflächen genutzt werden kann (vgl. MORENO MEJÍA 1987; SANDER 1983, 1990; TYRAKOWSKI 1991).

Klima-, Umwelt- und Wasserprobleme

Einen gewissen Einfluß hatte die Entwässerung auch auf das Lokalklima, vor allem in der Trockenzeit. Einerseits fehlen die Wasserflächen, die früher ausgleichend auf den Temperaturgang gewirkt hatten; andererseits tragen die *tolvaneras* in Verbindung mit dem Smog aus Auto- und Industrie-Abgasen zu der unerträglichen Luftverschmutzung bei, die sich während langer Schönwetterperioden in der Inversionsschicht zwischen den Gebirgszügen festsetzt. Sie wird nur durch Regenfälle bei gelegentlichen *nortes* ausgewaschen und gibt dann den

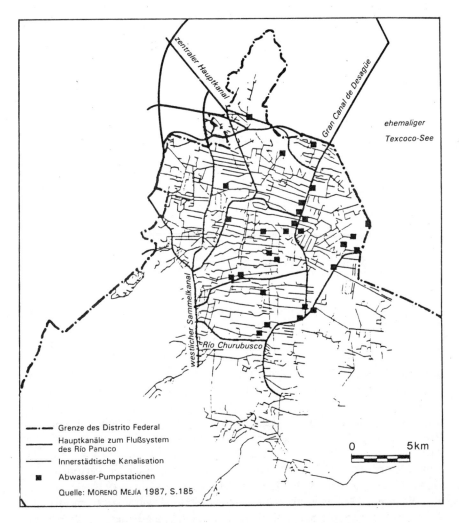

Abb. 4: Kanalisationssystem des Distrito Federal

Blick auf die Vulkane frei. Seit 1974 wird die Luftschadstoffbelastung gemessen. Die bisher veröffentlichten Daten weisen jedoch auf erhebliche Unsicherheiten hinsichtlich der Erhebungsmethoden sowie der Einschätzung nach Hauptverursachern hin (Kraftfahrzeuge und Industrie mit Energiegewinnung). Dabei ist zu berücksichtigen, daß bei 2250 m Meereshöhe die UV-Strahlung stärker, die für Verbrennungsvorgänge verfügbare Sauerstoffmenge aber um 15 % geringer ist als im Tiefland (Tab.2; vgl. JÁUREGUI 1973; SANDER 1990; TYRAKOWSKI 1991).

Tab. 2 Schadstoff-Emissionen über México-Stadt (in 1000 t/Jahr)

	1985 (RIVA PALACIO 1987)			1989 (QUADRI 1993)		
	Kfz.	Ind.	gesamt	Kfz.	Ind.	gesamt
Staubpartikel		385	693 *	10	17	451 **
Schwefeldioxid SO_2	10	393	403	45	161	206
Stickoxide NO_x	60	91	151	134	43	177
Kohlenmonoxid CO	4.600	114	4.714	2.854	97	2.951
Kohlenwasserstoffe HC	450	130	580	548	272	820
Summe	5.120	1.113	6.541 *	3.591	590	4.665 **

* einschl. 308.000 t aus Staubwolken des ehemaligen Texcoco-Sees
** einschl. 424.000 t aus Erosion, Hausbrand u.a.

Als Standard für die Luftqualität wurde - in Anlehnung an US-amerikanische Normen - der sog. IMECA-Index entwickelt (*Indice Metropolitano de la Calidad del Aire*), dessen Werte regelmäßig in der Presse publiziert werden. Danach gelten folgende Konzentrationen in bestimmten Meßperioden als unschädlich: Staub 275 $\mu g/m^3$/24h; SO_2 0,13 ppm/24h; NO_x 0,21 ppm/1h; CO 13 ppm/8h; HC 0,24 ppm/1h; O_3 0,11 ppm/1h. Sie werden = 100 gesetzt. Bei Überschreitungen muß mit steigenden Beeinträchtigungen gerechnet werden, und zwar in drei Stufen: I (101-200) = geringes Unwohlsein sensibler Personen; II (201-300) = zunehmendes Unwohlsein, insb. bei körperlichen Anstrengungen von Personen mit Atembeschwerden; III (301-500) = ernste Beschwerden bei körperlichen Anstrengungen auch von gesunden Personen. Von Januar bis August der Jahre 1989 bis 1992 wurde die Stufe I jeweils an mehr als 230 (von 243) Tagen überschritten. Die Stufe II wurde 1991 an 107 und 1992 an 88 Tagen, die Stufe III bisher nur in einzelnen Fällen (1992: 8 Tage) erreicht (QUADRI 1993, S.106ff).

Die räumliche Verteilung der Schadstoffbelastung im Zusammenhang mit dem Tagesgang des Stadtklimas läßt beträchtliche Unterschiede bei der Überschreitung der o.g. Standardwerte erkennen: SO_2-Konzentrationen finden sich

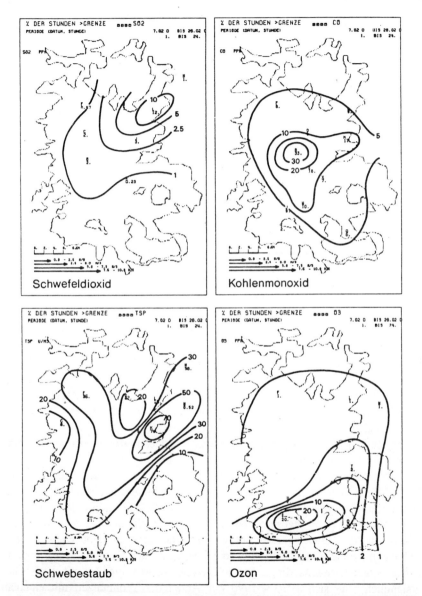

Abb. 5: Belastung der Luft über México-Stadt durch ausgewählte Schadstoffe

vor allem im Bereich der Großindustrie im NE, Schwebestaub am ehemaligen Texcoco-See ebenfalls im NE, CO aufgrund der Kfz-Dichte im Zentrum, Ozon aber im S (Abb.5). Dies hängt mit der O_3-Bildung als Reaktionsprodukt aus NO_x und HC unter Einwirkung der UV-Strahlung und erhöhter Temperatur zusammen, ein Vorgang, der 4 Stunden nach dem NO_x-Maximum (7-8 Uhr) eintritt, also gegen Mittag, nachdem bei der vorherrschenden Windrichtung und Windgeschwindigkeit das Stickoxid von seinem Quellgebiet im N an den Südrand des Beckens gelangt ist (KLAUS ET AL 1988; JÁUREGUI 1988, 1993; QUADRI 1993).

Auf der Grundlage dieser Untersuchungen wurde eine Reihe von Verordnungen erlassen. Der hohe Bleigehalt des Benzins wurde drastisch verringert, wobei freilich die statt dessen zugesetzten Stoffe zwar die Klopffestigkeit verbessern, aber die Ozonbildung erhöhen. Außerdem darf man seit 1989 seinen Wagen an einem bestimmten Wochentag nicht benutzen (*un día sin coche* = ein Tag ohne Auto). Gleichzeitig wurde eine halbjährige Abgaskontrolle eingeführt. Trotz mancher Umgehungsmöglichkeiten sollte das hinter diesen Vorschriften stehende politische Signal anerkannt werden. Und dies gilt auch für das Dekret, nach dem emissionsträchtige Fabriken Filter einbauen oder stillgelegt werden müssen, wobei die Regierung durch die Schließung der Raffinerie in Atzcapozalco mit gutem Beispiel voranging, freilich nach dem verheerenden Brand in einem Flüssiggaslager (vgl. ZEISSIG 1992). In diesem Rahmen werden die Produktionsstätten der BASF in den neuen Ölhafenkomplex von Altamira bei Tampico verlegt.

Die Jahres-Regenmenge reicht mit rund 700 mm für die Wasserversorgung der Stadt schon lange nicht mehr aus. Das liegt einerseits daran, daß die Grundwasserspende von der halbjährigen Trockenzeit beeinflußt wird, wobei die hohen Vulkane mit ihrer ganzjährigen Schneebedeckung eine positive Wirkung als Wasserspeicher haben. Andererseits steigt mit fortschreitender Ausdehnung der bebauten Gebiete über die trockengelegten Flächen die Verdunstung an, und die kräftigen Schauer im Sommer fließen noch schneller ab. Hinzu kommt der enorm steigende Wasserverbrauch (s.u.). Damit ist ein Grundproblem der Stadtentwicklung Méxicos angesprochen. Wenn selbst hoch entwickelte Industrieländer hie und da Schwierigkeiten mit der Ver- und Entsorgung haben, kann man sich kaum wundern, daß es in México bei dem enormen Bevölkerungsdruck und den sonstigen Rahmenbedingungen gelegentlich zu Ausfällen kommt. Es ist eher erstaunlich, daß sich 1970 - 1990 der Anteil der Wohnungen mit eigenem

Anschluß an Elektrizität, Wasserleitung und Kanalisation deutlich erhöht und im *Distrito Federal* (S. 91) fast 100 % erreicht hat (Tab.3).

Tab. 3 Anschluß der Haushalte an Elektrizität, Wasserleitung, Kanalisation in México und ausgewählten Vorstädten 1970 - 1990

	Haushalte (1000)		Elektrizität (%)		Wasser (%)		Abwasser (%)	
	1970	1990	1970	1990	1970	1990	1970	1990
Distrito Federal	1.219	1.789	95	99	84	96	79	94
Chalco	6	43	78	95	64	14	39	18
Chimalhuacan	3	43	84	89	37	79	9	43
Ecatepec	35	238	73	97	54	87	45	86
Ixtapaluca	6	23	83	90	78	66	40	59
Naucalpan	65	157	85	99	74	97	67	97
Nezahualcóyotl	90	240	60	99	60	96	60	98
Nicolas Romero	8	28	73	97	80	93	32	78
Mexiko insgesamt	8.286	16.035	59	88	61	79	42	64

Quelle: Censo de población 1970, 1990

Trotz dieser Erfolge weisen einige Vorstädte der *ZMCM* (S. 91) erhebliche Defizite auf, und in den jüngsten Erweiterungsgebieten von Chalco (S. 98) sind sogar prozentuale Rückschritte zu verzeichnen. Im übrigen sagen solche Globalwerte über die tatsächliche Verfügbarkeit von Wasser nicht viel aus. Allein wegen der Bevölkerungszunahme ist der Verbrauch in den letzten Jahrzehnten exponentiell gestiegen, ganz abgesehen von dem höheren Pro-Kopf-Verbrauch, der sich aus den veränderten Lebensgewohnheiten des zunehmenden Mittelstandes ergibt. Hinzu kommt der Wasserbedarf der Industrie. Die Schätzungen der Stadtverwaltung (DDF) und des Agrar- und Wasserwirtschaftsministeriums (SARH) über den Anteil der Verbrauchergruppen weichen allerdings stark voneinander ab, wobei die Verluste durch defekte Leitungen erschreckend hoch angesetzt werden (Abb.6). Offenbar sind die Behörden nicht in der Lage, die tatsächlichen Mengen einigermaßen korrekt festzustellen, was auch einen beträchtlichen Einnahmeverlust an Gebühren bedeutet (vgl. TYRAKOWSKI 1991).

Da das Seewasser salzhaltig war, hatten die Azteken bereits Aquädukte vom Festland her gebaut, die in der Kolonialzeit weiter benutzt und ergänzt wurden. Reste der Leitung von Chapultepec zum Zentrum sind noch erhalten. Die ersten mechanischen Pumpen zur Grundwasser-Gewinnung wurden Ende

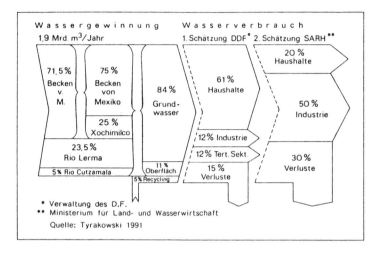

Abb. 6: Trinkwasserbilanz in México-Stadt (nach TYRAKOWSKI 1991)

des vorigen Jahrhunderts eingesetzt, und 1913 begann mit einer Rohrleitung aus Xochimilco die Erschließung entfernterer Vorräte. In den 30er Jahren wurden bereits 93 Tiefbrunnen gebohrt, und seit Ende der 40er Jahre wird Wasser aus dem über 60 km entfernten Oberlauf des Río Lerma bei Toluca bezogen. Es folgten Tiefbrunnen im N der Stadt und neuerdings bedeutende Mengen vom Río Cutzamala im Valle de Bravo, über 120 km entfernt. Noch immer kommen aber gut 70 % der rund 1,9 Mrd m³/Jahr aus dem Grundwasser des Beckenbereichs (Abb.7).

Doch abgesehen von der teuren Beschaffung gibt es erhebliche Mängel im Verteilungssystem. So wird angenommen, daß im vornehmen Stadtteil Lomas de Chapultepec (im W) 600 l pro Person und Tag verbraucht werden, während es in Nezahualcóyotl (im E) nur 60-70 l sind. Noch geringere Mengen erhalten aber die Bewohner von marginalen Siedlungen an den Berghängen, die nur gelegentlich durch Tankwagen versorgt werden. Ein Problem ist ferner die Wasserqualität, die nicht immer ausreichend kontrolliert wird.

Zu den gravierenden Umweltproblemen gehört schließlich die Abfallbeseitigung. Im Jahr 1980 wurden Menge und Zusammensetzung des Hausmülls im D.F. (S. 91) anhand einer Befragung und einer detaillierten Analyse des Inhalts von Müllsäcken untersucht, wobei eine weitgehende Repräsentativität nach

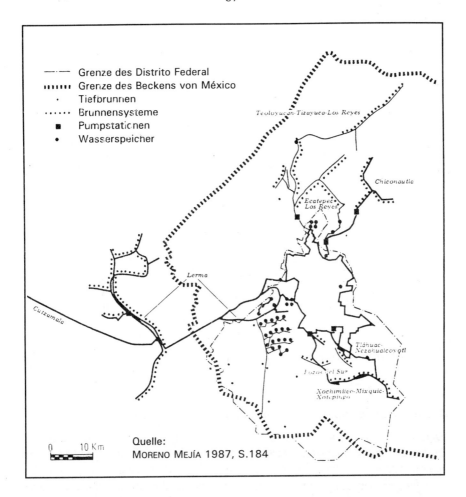

Abb. 7: Wasserversorgung der Stadt México

Einkommensgruppen und Wohngebieten angestrebt und wohl auch erreicht wurde (RESTREPO/PHILLIPS 1985; vgl. GORMSEN im Druck, Kap.4.9.2). Es zeigten sich erstaunlich geringe Unterschiede zwischen der Abfallmenge und -zusammensetzung pro Haushalt der 5 Gruppen (Tab.4). Die fast gleichen Mengen an organischen Stoffen weisen darauf hin, daß in allen Schichten zahlreiche Lebensmittel weggeworfen wurden: im ganzen D.F. waren es täglich rund 90 t *tortillas* und 75 t Brot. Andererseits zeigte sich, daß auch die Ernährung der untersten Schichten insgesamt besser war, als häufig angenommen wird. Eine Hochrechnung ergab eine tägliche Abfallmenge von rund 8.500 t für den D.F. und 14.000 t für die ZMCM. Sie wurden in 11 Müllhalden abgelagert und von zahlreichen an ihrem Rande lebenden Menschen auf Brauchbares durchwühlt. Von einer geordneten Deponie kann noch kaum die Rede sein. Boden und Grundwasser in der Umgebung sind entsprechend gefährdet. Im übrigen werden die Abfälle großer Marginalsiedlungen am Stadtrand überhaupt nicht erfaßt.

Tab. 4 Zusammensetzung des Hausmülls im D.F. nach 5 Einkommensgruppen 1980

Mindestlöhne	<1	1-3	4-7	8-11	>11
Abfälle in Gewichtsprozenten					
Organische	46,2	50,8	48,5	55,3	44,9
Metalle	1,9	2,4	2,3	2,9	4,4
Papier	17,0	16,0	16,2	16,1	19,2
Kunststoff	5,1	4,7	5,9	6,1	6,5
Glas	7,7	8,3	8,3	10,3	14,8
Textilien	6,0	6,5	8,1	4,0	4,8
Sonstige	16,1	11,3	10,7	5,3	5,4

Quelle: RESTREPO/PHILLIPS 1985

Die Stadtentwicklung der letzten hundert Jahre

Derartige Probleme waren vor hundert Jahren noch kaum vorstellbar, denn das innere Gefüge Méxicos entsprach weitgehend dem vorindustriellen Modell der Kolonialstadt mit einem zentral-peripheren Gefälle aller Lebensäußerungen, das von der *plaza* ausging. Ringsum konzentrierten sich die monumentalen Gebäude der weltlichen und der kirchlichen Macht sowie die großen Handelshäuser und die Palais der oberen Schichten. Gegen den Rand nahmen die Gebäudegrößen und die Qualität der Fassadengestaltung, aber auch die Bodenwerte, der soziale Status und die Dichte der Bevölkerung kontinuierlich ab (vgl. GORMSEN 1981).

Stärkere Weltmarktverknüpfung und Ansätze zur Industrialisierung haben während der langjährigen Präsidentschaft von *Porfirio Díaz* (1876-1880, 1884-1910) wirtschaftliche Entwicklungen angeregt und damit eine ständig wachsende

Flächenausdehnung sowie einen fortschreitenden Strukturwandel der Stadt eingeleitet. Diese Prozesse habe ich mehrfach beschrieben, so daß ich hier auf eine ausführliche Darstellung verzichten kann (GORMSEN 1994; drs. im Druck). Zu den entscheidenden Aspekten gehört die zunehmende Asymmetrie der Stadt-Struktur. Sie wurde durch Kaiser Maximilian (1864-67) gefördert, der den *Paseo de la Reforma* als breite Allee zu seinem Schloß (*Castillo de Chapultepec*) im Westen anlegte. Beiderseits der Prachtstraße entstanden Villen, die inzwischen den Bürotürmen und Großhotels der modernen City-Entwicklung weichen mußten. Dagegen hat die Altstadt, die seit dem 19.Jh. zahlreiche Neu- und Umbauten erlebte, einen Großteil ihrer wirtschaftlichen Bedeutung eingebüßt. Außer den Kirchen blieben nur wenige hervorragende Gebäude der Kolonialzeit erhalten und dienen heute als Museum oder Sitz einer Behörde (Abb.8); doch viele ehemalige Wohnpaläste sind zu *slums* verkommen, die in Mexiko als *vecindad* (Nachbarschaft) bezeichnet werden (GORMSEN 1990).

Seit 1900 wurden planmäßig Wohngebiete für die Mittel- und Oberschichten im Süden und Westen der Stadt angelegt, wobei der rund 400 ha große *Bosque de Chapultepec* als Grünanlage ausgespart blieb. Er ist ein echter Volkspark, in dem an Wochenenden Tausende mit ihren Kindern zusammenströmen, um sich ein paar bescheidene Vergnügungen zu gönnen oder einfach ein Picknick im Grünen zu halten. Auf den westlich ansteigenden *Lomas de Chapultepec* hat sich das vornehmste Landhaus-Viertel ausgebreitet. In die Ausdehnung längs der Av. Insurgentes nach Süden wurden die kleinen Kolonialstädte San Angel, Coyoacán und Tlalpan zunächst als Ausflugsorte und später als bevorzugte Wohnlagen einbezogen. Sehr wichtig waren in den 50er Jahren die weitläufigen Anlagen der Universität (*Ciudad Universitária*), des Olympiastadions und der hochmodernen Villensiedlung Pedregal auf einem ausgedehnten Lavafeld. Weitere Bildungsinstitute, darunter die Pädagogische Hochschule und das international renommierte *Colegio de México* mit seiner faszinierenden Architektur, kamen hinzu, außerdem Radiostationen, Behörden und *plazas comerciales* (s. S. 104).

Im Norden zeigt sich ein völlig anderes Bild. Unter Porfírio Díaz entstanden hier die ersten größeren Fabriken sowie einfache Wohnsiedlungen für die vom Lande zuströmende Arbeiterbevölkerung. Von den Industriezonen völlig eingeschlossen wurde die *Villa de Guadalupe*. Dieses eindrucksvolle Ensemble setzt sich aus mehreren Wallfahrtskirchen zusammen, die seit dem 17.Jh. zu Ehren der Nationalheiligen (*Nuestra Señora de Guadalupe*) errichtet

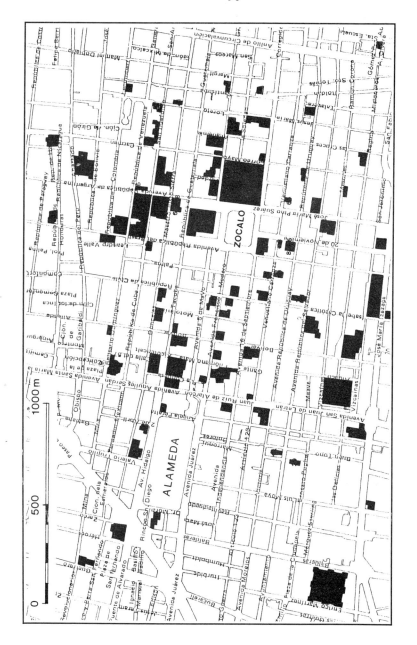

Abb. 8: Gebäude der spanischen Kolonialzeit in México (Quelle: Atlas de la Ciudad de México 1987, S.81)

wurden. Der moderne Rundbau der neuen *Basílica* soll über 10.000 Gläubige fassen und ist mit einem laufenden Band vor dem Gnadenbild der Heiligen Jungfrau ausgestattet, um Stockungen der Pilgerscharen zu vermeiden.

Mit der zunehmenden Austrocknung des Texcoco-Sees breitete sich die Stadt auch nach Osten aus. Aber noch in den 50er Jahren bildeten der *Gran Canal de Desagüe* und der Flughafen die Grenze städtischer Bebauung. Verständlicherweise war die Lage auf den völlig ebenen ehemaligen See- und Ackerflächen weniger attraktiv als an den im Westen aufsteigenden Hängen. Die auf den topographischen Vorgaben beruhenden sozial-räumlichen Disparitäten, die schon während der Kolonialzeit mit der Anlage der *Alameda* spürbar geworden waren und im 19.Jh. eine weitere Akzentuierung durch den *Paseo de la Reforma* erhalten hatten, haben damit eine weitere Verschärfung erfahren.

Die Bildung der Metropolitan-Zone

Erst 1824 wurde der *Distrito Federal (D.F.)* als Hauptstadtregion mit einer Fläche von 1.479 km² aus dem Staat Mexico herausgeschnitten und unter die Verwaltung der Zentralregierung gestellt. Er umfaßt außer México-Stadt im engeren Sinne (*Ciudad de México*) mehrere alte Städte und Dörfer, die eingemeindet wurden. Das gesamte Gebiet wurde inzwischen bis an die im Süden und Westen ansteigenden Gebirgshänge bebaut. Daher ist seit den 60er Jahren die städtische Expansion mit Industrie- und Wohngebieten weit über die nördliche und östliche Verwaltungsgrenze in den Staat Mexico mit den Municipios Naucalpan, Tlalnepantla, Atizapán, Ecatepec, Nezahualcóyotl usw. hinausgewachsen, ohne daß man sich der Grenze bewußt würde (Abb.9). Daraus ergaben sich gravierende Konsequenzen für die Stadtentwicklung und -planung, wie sie in ähnlicher Weise in den Bundesdistrikten anderer Länder zu beobachten sind (z.B. Washington D.C. und Caracas). 1970 wurde eine Planungskommission für die erweiterte Hauptstadtregion gebildet. Diese *Zona Metropolitana de la Ciudad de México (ZMCM)* umfaßte 1990 gut 15 Mio Einwohner, von denen schon 6,8 Mio in den 27 Municipios wohnten, die zum Staat Mexico gehören, darunter auch Texoco mit dem ehemaligen See (Abb. 1 und 10).

Dieser Urbanisierungsprozeß ist eine Folge der sog. "Bevölkerungsexplosion", die in Mexiko schon früh spürbar wurde, nachdem das Land noch 1910 bis 1921 als Folge der Revolution 5,4 % seiner Einwohner verloren hatte. Doch die Gesundheitsprogramme nach dem II. Weltkrieg bewirkten eine exponentielle Steigerung der Zuwachsrate auf 35 ‰ (1960), die erst kürzlich auf etwa 21 ‰

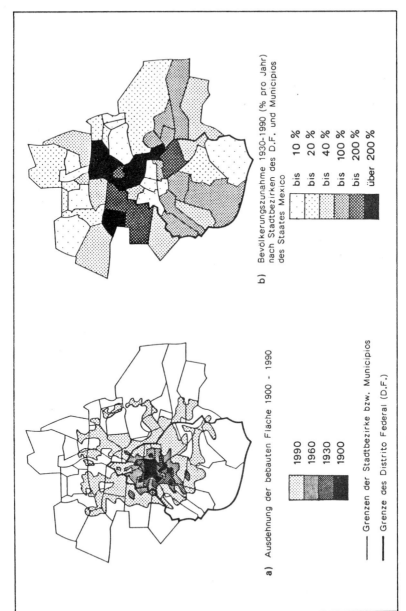

Abb. 9: Verdichtungsraum von México-Stadt

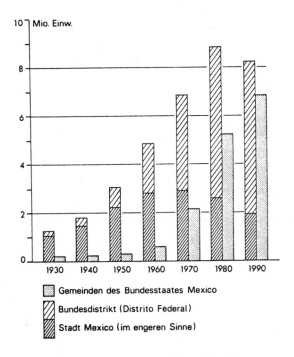

Abb. 10: Bevölkerungsentwicklung der Metropolitanzone von México

zurückging. So ergab die Volkszählung von 1990 81,3 Mio Bewohner, d.h. den vierfachen Betrag von 1940 (19,7 Mio). Die Zunahme der 80er Jahre war aber geringer als die vorausgeschätzten 86 Mio. Dies führte zu beträchtlichem Erstaunen, und manche Kommunalpolitiker vermuteten sogar Manipulationen der Zentralregierung, obwohl der umgekehrte Fall, nämlich die Fortschreibung überhöhter Daten, eher wahrscheinlich ist, da die staatlichen Zuwendungen von den Bevölkerungszahlen abhängen (vgl. MONNET 1993).

Als Konsequenz ergab sich eine zunehmende Landflucht, die überwiegend auf die Hauptstadt gerichtet war. Diese erreichte 1930 schon 1.048.970 Einw., d.h. fast dreimal so viele wie 1900 (344.721). In den folgenden Jahrzehnten wuchsen die Gemeinden im Süden des D.F. mit der Stadt México zu einer

Agglomeration zusammen, die 1950 bereits 3.050.442 Einw. zählte und sich danach auch über die Nordgrenze des D.F. ausdehnte (s.o.). Abb.10 macht deutlich, daß die Stadt im engeren Sinne 1970 den Höhepunkt ihrer Entwicklung mit 2.902.969 Bewohnern überschritten hat und seitdem allmählich abnimmt. Dasselbe gilt seit 1980 für den D.F. insgesamt. Dagegen nehmen die Randgemeinden im Staat Mexico weiterhin zu und werden in absehbarer Zeit den D.F. übertreffen. Einige Nachbarorte sind zu Großstädten mit bis zu 1,3 Mio Einw. herangewachsen (z.B. Naucalpan 786.551, Tlalnepantla 702.807, Ecatepec 1.218.135, Nezahualcóyotl 1.256.115), aber auch sie verzeichnen seit 1980 geringere Zuwachsraten oder sogar eine gewisse Abnahme.

Wir haben es also mit ganz ähnlichen Migrationsbewegungen zu tun wie in den Verdichtungsräumen der Industrieländer, denn der Anstieg in der Peripherie ist nicht nur der ländlichen Zuwanderung zu verdanken, sondern zu einem erheblichem Teil den Umzügen aus den inneren Stadtbereichen. 1960 war die Wanderungsbilanz des Staates Mexico gegenüber dem D.F. noch negativ. Unterdessen haben sich die Richtungen umgekehrt; immer mehr Hauptstadt-Bewohner zogen dorthin und in den Staat Morelos, während der Zustrom aus den übrigen Landesteilen noch anhielt. Seit zwei Jahrzehnten weist aber der Migrationssaldo des D.F. insgesamt eine deutlich abnehmende Tendenz auf, von +1,53 Mio (+22 %) 1970 über +372.000 (+4 %) 1980 auf einen negativen Wert von -1,16 Mio (-14 %) 1990 (Abb.11).

Die Abwanderung aus dem D.F. in die Nachbarstaaten konnte also selbst durch den beträchtlichen Gewinn von außen nicht mehr ausgeglichen werden. Von den 14 Mio Wanderungen im ganzen Land spielten sich 2,6 Mio (19 %) innerhalb der Zentralregion ab, 4,9 Mio (35 %) geschahen im Austausch mit allen anderen Staaten und immerhin 6,5 Mio (46 %) betrafen Umzüge zwischen eben diesen Staaten. Demnach ist die Hauptstadt-Region nicht mehr der einzige Magnet für Migranten. Und dieser Trend hat sich seit 1985 noch verstärkt, denn in diesem Zeitraum verzeichnete der D.F. auch mit dem übrigen Land einen negativen Saldo, und die Wanderungsintensität war sowohl innerhalb der Zentralregion als auch außerhalb größer als zwischen beiden Staatengruppen. Bemerkenswert ist hierbei, daß die höchsten Wanderungsgewinne in der äußersten Peripherie des Landes erzielt wurden, nämlich im Staat Quintana Roo auf der Halbinsel Yucatán (54 %) als Folge der Tourismus-Entwicklung im neuen Seebad Cancún und in Baja California (41 %) wegen der besonderen Grenzsituation zu den USA. Ich kann hierauf sowie auf die Regionalzentren Guadalajara und Monterrey nicht eingehen (vgl. GORMSEN im Druck, Kap.3.2).

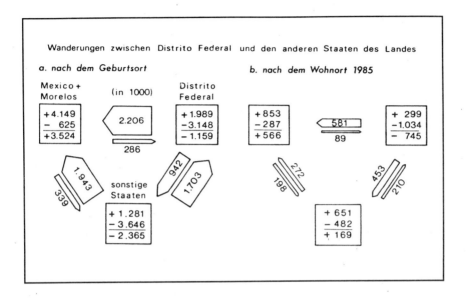

Abb. 11: Migrationssaldo des Distrito Federal 1990

Der etwas langsamere Bevölkerungszuwachs im Landeszentrum hatte bisher keine Auswirkungen auf die funktionale Vorherrschaft der Metropole und ihre Primatstellung innerhalb Mexikos (Tab.8). Und er bedeutet noch weniger eine Entwarnung hinsichtlich der unendlichen Probleme, die sich mit der Konzentration einer derart großen Menschenmenge auf so engem Raum ergeben.

Dabei ist es für die Stadt México überhaupt kein Trost, daß sie inzwischen von anderen Megastädten nicht nur nach der Einwohnerzahl, sondern vor allem nach der Bevölkerungsdichte deutlich übertroffen wird (Tab.5). Letztere hängt ja ganz wesentlich von den jeweils betrachteten Bezugsräumen (Kernstadt, Kerngebiet, verstädterte Zone) und ihrer administrativen Zuordnung ab, wodurch ein statistischer Vergleich häufig erschwert wird. So können ausgedehnte ländliche Randgebiete mit kaum besiedelten Wald- oder Ödlandflächen den Dichte-Wert vermindern, im Falle Méxicos z.B. der ehemalige Texcoco-See sowie die umliegenden Hochgebirgsregionen (Abb.1; vgl. BRONGER 1995).

Ein krasses Beispiel bietet etwa New York, und noch viel weniger dicht ist die von Jean Gottman so genannte *Megalopolis* von Boston bis Washington. Auch das Ruhrgebiet erscheint geradezu idyllisch, was ja in Werbebroschüren entsprechend hervorgehoben wird. Eindrucksvoll ist in diesem Zusammenhang der Vergleich der bebauten Flächen der Metropolitanzone Méxicos und des Rhein-Main-Gebiets, das nur etwa 2,4 Mio Einw. auf einem erheblich größeren Raum umfaßt. Man stelle sich vor, die 15 Mio Einwohner Méxicos (oder sämtliche Niederländer) würden zwischen Mainz und Aschaffenburg, Bad Homburg und Darmstadt leben! Der Begriff Verdichtungsraum erhält unter diesen Bedingungen eine ganz neue Dimension (Abb.12).

Tab. 5 Ausgewählte Megastädte im Vergleich um 1990

	Kernstadt			Kerngebiet			verstädterte Zone		
	Mio Ew	km²	Ew/km²	Mio Ew	km²	Ew/km²	Mio Ew	km²	Ew/km²
Tokio	8,2	618	13.217	16,2	2.029	7.988	32,5	9.984	3.258
São Paulo	1,5	116	12.990	11,6	1.521	7.621	17,2	4.266	4.032
Seoul	3,0	151	19.913	10,6	605	17.532	16,9	3.505	4.813
México	1,9	145	13.305	8,2	1.480	5.541	15,1	4.606	3.278
New York	6,9	648	10.711	10,2	3.194	3.202	15,0	10.714	1.402
Bombay	3,2	69	46.377**	9,9	603	16.433	12,6	1.178	10.693
Cairo	6,1	214	28.505	8,8	330	26.650	12,5	3.274	3.820
Paris	2,2	105	20.524	4,9	762	6.388	10,3	12.051	855*
London	0,5	58	8.172	2,5	321	7.788	6,4	1.580	4.050
Ruhrgebiet	(mehrkerniger Verdichtungsraum)						6,0	4.434	1.353

Quellen: BRONGER 1993, 1994, 1995; FREMY 1991   *Ile de France   **Wert von 1981

Bei solchen Größenordnungen sollte die Frage nach der Rangfolge von Megastädten (eine Million mehr oder weniger) eigentlich eine untergeordnete Rolle spielen. Doch Bürger und Bürgermeister sehen hierin einen Prestige-Wert, wie nicht nur in der Dritten Welt, sondern auch an deutschen Beispielen gezeigt werden kann. So hat Trier 1973 mit großer Freude die Geburt des 100.000. Einwohners begrüßt, der die Stadt zur Großstadt machte. Doch seitdem ist sie durch Abwanderung wieder unter diese magische Zahl geraten. Ähnliches geschah, auf höherem Niveau, in Köln, das 1974 durch Eingemeindungen bereits die Millionengrenze überschritten hatte, in der Volkszählung 1987 aber auf 928.000 zurückgefallen ist und nach der neuesten Fortschreibung wieder 1.002.000 Bewohner erreicht hat. In einer vorsichtigen Verallgemeinerung können wir zwei Aspekte daraus entnehmen:

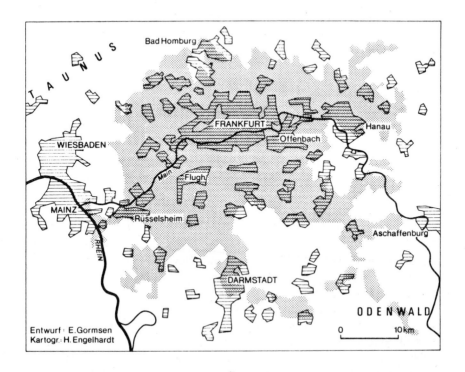

Abb. 12: Siedlungsflächen der Stadt México und des Rhein-Main-Gebiets

1. Statistiken dieser Art unterliegen selbst in hoch entwickelten Ländern erheblichen Unsicherheiten, wie wir sie z.B. aus den vielfach diskutierten Unterschieden zwischen Volkszählungen und Fortschreibungen kennen.
2. Es besteht eine weit verbreitete Tendenz, entsprechende Daten nach oben aufzurunden, und zwar bei Fortschreibungen, Schätzungen und Prognosen, aber auch bei Zählungen.

Beides kann langfristig zu beträchtlichen Abweichungen von der Realität führen, und zwar unabhängig davon, ob es ohne böse Absicht, etwa aus mangelnder Kenntnis der Zusammenhänge oder schlichter Schlamperei erfolgt oder aufgrund einer mehr oder weniger politisch motivierten Manipulation, um beispielsweise höhere Staatszuschüsse zu bekommen. Nicht selten hat es etwas mit dem Prestige oder dem Image zu tun, das man sich daraus erhofft, obwohl doch mit zunehmender Größe meist auch die Probleme wachsen, die bewältigt werden müssen oder eben nicht mehr bewältigt werden können.

Wohnraumversorgung und Stadtplanung

Zu den schwierigsten Problemen gehört fast überall auf der Welt die Wohnraumversorgung, sei es aus wirklicher Not oder aus dem verständlichen Wunsch, eine größere und schönere Wohnung in besserer Lage zu finden. Aufgrund von Berichten unserer Medien ist die Ansicht weit verbreitet, die "Elendsgürtel" (*cinturón de miséria*) lateinamerikanischer Städte beherbergten überwiegend verarmte ländliche Zuwanderer und ließen jegliche Versorgung durch die zuständigen Behörden vermissen. Wissenschaftlichen Untersuchungen der jüngeren Zeit zeigen ein differenzierteres Bild (vgl. GORMSEN im Druck, Kap. 4.5).

Als eindringliches Beispiel für defizitäre Wohngebiete in México wird immer wieder *Nezahualcóyotl* angeführt, der angeblich "größte slum der Welt mit 2-3 Mio Einw.", der auf den ehemaligen See-Flächen "im Sommer im Schlamm versinkt und im Winter im Staub erstickt". Tatsächlich entwickelte sich dieser Vorort seit 1958 von 12.000 auf mehr als 1,25 Mio Einw. Er ist damit die fünftgrößte Stadt des Landes (s.o.) und läßt eine bemerkenswerte bauliche und funktionale Strukturiertheit erkennen (vgl. BUCHHOFER 1982). Hier finden sich alle Stufen der *autoconstrucción* (s.u.), aber auch große Wohn- und Geschäftsgebäude sowie alle notwendigen öffentlichen Einrichtungen. Die Straßen sind großenteils asphaltiert, und neuerdings besteht eine eigene Metro-Linie. Unter dem monotonen Erscheinungsbild gibt es eine vielfältige soziale Gliederung in Nachbarschaften und Stadtviertel (*barrios*), nicht zu vergessen die schon 1984 bestehenden 107 Fußballvereine, darunter 10 für Frauen, die jeden Sonntag auf den unsäglich staubigen Plätzen trainieren (eigene Erhebung).

Während sich *Nezahualcóyotl* als geplante Anlage stabilisiert hat, entstehen immer neue Siedlungen durch Landbesetzungen (*invasiones*) an der weiteren Peripherie, in jüngster Zeit vor allem bei Chalco im Osten. Dies Municipio (1960: 29.700 Ew.; 1970: 41.500 Ew.) mit seinem kleinstädtischen Kern ist in den 80er Jahren auf nahezu 300.000 Einw. "explodiert". Hier fehlte am Anfang jegliche öffentliche Ausstattung. Den elektrischen Strom zweigten die *colonos* vom nächsten offiziellen Kabel mit langen Leitungen ab, die sie vielfach an hohen Pfosten über die Autobahn spannten. Viel kritischer war die Wasserversorgung. Allerdings sind Behörden in solchen Fällen oft trotz der Illegalität bereit, wenigstens den dringendsten Bedarf durch Tankwagen zu decken oder provisorische Leitungen mit einzelnen Zapfstellen anzulegen. Technisch am schwierigsten sind Abwasserkanäle. Aber mit diesem Problem haben auch amtlich genehmigte Stadtviertel zu kämpfen. Zur Befriedigung der Grundbedürfnisse an Waren und Dienstleistungen etabliert sich demgegenüber sehr schnell der mehr oder weniger informelle Kleinhandel. Auch private Kleinbuslinien stellen Verbindungen her, sobald eine gewisse Einwohnerzahl und damit Kundenfrequenz erreicht ist.

Übrigens wird auch auf besetzten Flächen das Bild nicht auf Dauer von primitiven Behausungen aus Abfallmaterial oder gewellter Teerpappe beherrscht. Vielmehr wird überall am Bau eines festeren Hauses gearbeitet. Die verschiedenen Stadien der *autoconstrucción*, die sich parallel zum Lebenszyklus einer Familie im Laufe von ein bis zwei Generationen vollziehen, sind modellhaft in Abb.13 a-d dargestellt. Sie sind das Ergebnis einer Untersuchung mexikanischer Architekten und Soziologen, die in mehreren Stadtrandsiedlungen durchgeführt wurde (BAZANT 1985). Mit zunehmender Konsolidierung finden sich diese Haustypen nebeneinander in unzähligen Varianten, aber immer zusammengesetzt aus den gleichen Elementen (GORMSEN 1994, S.38). Abb.14 parallelisiert in komprimierter Form die Etappen des Baugeschehens mit den Stadien der Familiengeschichte für den Zeitraum von 30 Jahren.

Entgegen landläufiger Meinung erfolgen die irregulären Besetzungen meist nicht durch *campesinos* vom Lande, sondern durch organisierte Gruppen marginalisierter Stadtbewohner, die einen Ausweg aus den engen Lebensbedingungen der *vecindades* oder der City-Randgebiete suchen. Daher lassen sich diese Fälle durch einfache Vertreibung selten bereinigen. Vielmehr bemüht sich die Regierung im allgemeinen um gütliche Lösungen. So wurden nach IRACHETA (1989, S.80ff) 1981-87 im Bereich der ZMCM 458.601 Parzellen mit insgesamt 165 km² zugunsten von 2,6 Mio Bewohnern legalisiert (Tab.6).

Tab. 6 Legalisierung von Grundstücken in der Metropolitanzone von México-Stadt 1981-1987

Gebiet	Grundstücke	Fläche (ha)	Bewohner
17 Municipios des Staates Mexico	284.675	9.465	1.720.347
Distrito Federal	173.926	7.017	878.326
Summe	458.601	16.482	2.598.673

Quelle: IRACHETA 1989, S. 80-83

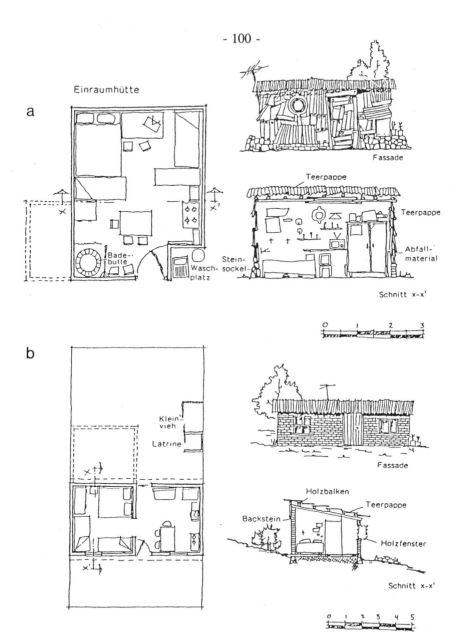

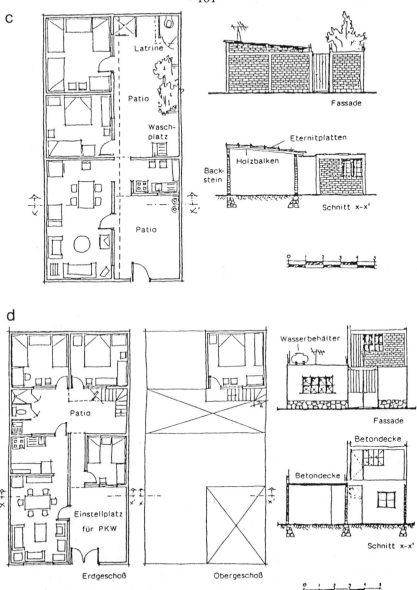

Abb. 13: Ausbaustadien eines Hauses nach dem Prinzip der *autoconstrucción*

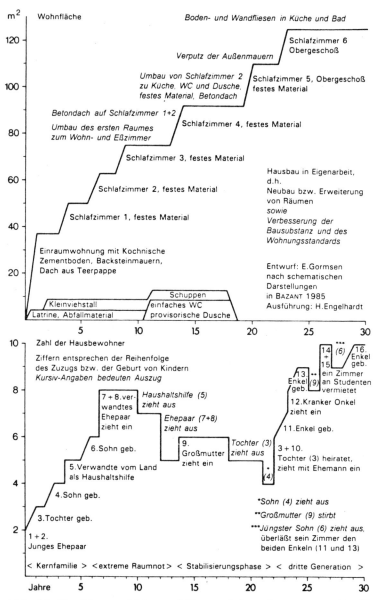

Abb. 14: Familiengeschichte und Baugeschehen der *autoconstrucción*

Überhaupt greift der mexikanische Staat mehr als normalerweise vermutet in das Wohnungswesen ein. Bereits in der Verfassung von 1917 wurde das Recht auf eine angemessene Wohnung verankert. Eine großzügige Wohnbaupolitik setzte jedoch erst 1972 mit der Gründung des Nationalen Wohnungsbaufonds für Beschäftigte in der Privatwirtschaft (*INFONAVIT*) und im öffentlichen Dienst (*FOVISSSTE*) ein. Er finanziert sich aus 5 % der Lohnsummen, die anteilmäßig von Arbeitnehmern und Arbeitgebern aufzubringen sind. Immerhin wurden im D.F. von 1947 bis 1963 jährlich 4.200 Wohnungen mit staatlicher Unterstützung gebaut und von 1964 bis 1970 waren es bereits 8.340. In den 70er Jahren entstanden in der ZMCM 18.800 Sozialwohnungen pro Jahr, und trotz der anschließenden Krise wurde die Förderung verstärkt fortgesetzt (SCHTEINGART 1989).

Am Westrand des Beckens steigt die Stadtexpansion immer höher an den Berghängen hinauf. Hier überwiegen privatwirtschaftliche *fraccionamientos*. Als solche werden in Mexiko Erschließungsmaßnahmen auf einem zusammenhängenden Stück Land bezeichnet, die zum Zweck der Parzellierung und anschließenden Veräußerung an private Käufer durchgeführt werden. Je nach dem sozialen Status des potentiellen Kundenkreises kann dies mit sehr unterschiedlichem Aufwand und mit entsprechend verschiedenen Ausstattungsmerkmalen geschehen. Zur Differenzierung dienen u.a. die Lage im Stadtbereich, die Breite und der Belag der Erschließungsstraßen, die Anschlüsse an die Ver- und Entsorgungsleitungen sowie die Größenordnung der Grundstücke (vgl. SCHTEINGART 1989, S.61ff).

Strukturwandel im städtischen Einzelhandel

Mit dem sozio-ökonomischen Wandlungsprozeß der Gesellschaft und dem Ausbau von Wohngebieten für die verschiedenen Schichten sind Strukturveränderungen des Einzelhandels einhergegangen. Noch immer spielen die traditionellen Märkte (*tianguis*) eine Rolle für die Versorgung mit frischen Lebensmitteln und einfachen Gebrauchsgütern. Sie wurden seit den 50er Jahren in modernen Hallen untergebracht (PYLE 1978) und in den 70er Jahren durch ein System periodischer Straßenmärkte (*mercados sobre ruedas*) ergänzt. Aber mittel- bis langfristige Güter werden schon seit dem vorigen Jahrhundert in Ladengeschäften angeboten. Deren Ausbreitung folgte der Stadterweiterung nach Westen und Süden. Seit den 50er und 60er Jahren bilden Filialbetriebe der großen Kaufhäuser die Kristallisationskerne für Subzentren. Aufgrund ihrer

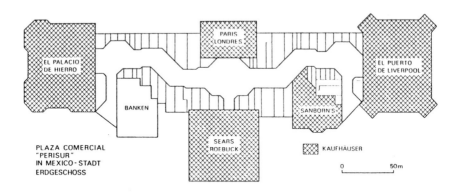

Abb. 15: Plaza comercial "Perisur" in México-Stadt

modernen Ausstattung und der Verbindung zu Parkhäusern waren sie für höhere Einkommensgruppen attraktiver als die älteren Kaufhäuser in der Innenstadt. Etwa gleichzeitig wurden die ersten großen Supermärktke mit Parkplätzen zwischen den neuen Wohngebieten an den westlichen Stadträndern angelegt. Dazu muß betont werden, daß diese Form des Einzelhandels in Mexiko, anders als in Industrieländern, vor allem den Mittel- und Oberschichten dient, was an der Angebotspalette und an den Preisen erkennbar ist (vgl. GORMSEN 1971, S.374).

Seit Ende der 60er Jahre entstanden nach dem Vorbild nordamerikanischer *shopping malls* die ersten *plazas comerciales*. Es handelt sich um baulich geschlossene ein- bis zweistöckige Einkaufskomplexe großen Stils mit mindestens einem Kaufhaus und zahlreichen vermieteten Läden in klimatisierten Passagen, denen im Außenbereich weitere Geschäfte sowie Freizeiteinrichtungen wie Kinocenter angelagert sind, dazu selbstverständlich ausgedehnte Parkplätze. In ihrer architektonischen Gestaltung und luxuriösen Ausstattung stellen sie die meisten europäischen Shopping Centers in den Schatten. Sie sind das Ergebnis planvoll lokalisierter privater Investitionen. Mit ihrer peripheren Lage an Stadtautobahnen und Ausfallstraßen suchen sie die Nähe zu den kaufkräftigen, voll motorisierten Bevölkerungsschichten (Abb.15; vgl. GORMSEN/KLEIN-LÜPKE 1992).

In México-Stadt lassen sich enge Zusammenhänge zwischen den verschiedenen Einzelhandelsformen und dem sozialräumlichen Gefüge feststellen: Die Verbrauchermärkte dienen der Stadtteilversorgung und verteilen sich vergleichsweise regelmäßig über das Stadtgebiet, wenn auch mit gewissen Häufungen in den westlichen Wohngebieten. Ihre Ausbreitung ist der raschen Stadt-Expansion gefolgt. Im Gegensatz dazu fehlen die Kaufhäuser in der Osthälfte völlig. Sie weisen statt dessen eine Konzentration im Westen der Innenstadt auf und nehmen nach außen hin ab. Hier besteht wie bei den Verbrauchermärkten eine Beziehung zwischen Geschäftsqualität und Käuferschicht. Die 19 *plazas comerciales* entsprechen in ihrer Lokalisierung noch klarer der Käuferklientel höherer Schichten. Da sie aber mit Kundschaft aus der gesamten Stadt und den benachbarten Städten (Puebla, Toluca, Pachuca, Cuernavaca u.a.) rechnen, liegen sie in einem Nord-Süd-Korridor im Westen der Stadt, der die äußere Stadtringautobahn (*Periférico*), die Av. Insurgentes und den Innenstadtring (*Circuito Interior*) umfaßt (Abb.16).

Die Standortverlagerungen des Einzelhandels sind nicht nur ein Indikator für die fortschreitende sozialräumliche Segregation, sondern auch für den Bedeutungsrückgang der Altstadt als kommerzieller und kultureller Mittelpunkt. Mit der Umorientierung der oberen Schichten hat sie ihre überkommene Rolle als Treffpunkt aller Bevölkerungsgruppen verloren. Dieser Prozeß setzte in den 50er Jahren ein und hat zur Degradierung der kolonialen Bausubstanz beigetragen. Die *plazas comerciales* sind im Konsum-Sektor zu den Punkten mit den größten Investitionen geworden; und diese Umstellung beschränkt sich nicht auf das Einkaufsverhalten, sondern sie bezieht auch Freizeitangebote wie Restaurants und Kinos ein. Der *Zócalo* und seine Umgebung verliert für diese Schichten seine Bedeutung, d.h. die *plaza comercial* wird zur Nachfolgerin der traditionellen *plaza* in der Innenstadt (Name!). Es besteht also eine enge Beziehung zwischen dem Auf- und Abstieg der Altstadt und den neuen "Konsumtempeln" an der Peripherie.

Die abnehmenden Attraktivität des Stadtzentrums hängt allerdings auch mit der Ausbreitung des ambulanten, mehr oder weniger informellen Handels zusammen. Er trägt auf Bürgersteigen, an Metro-Stationen und anderen Knoten-

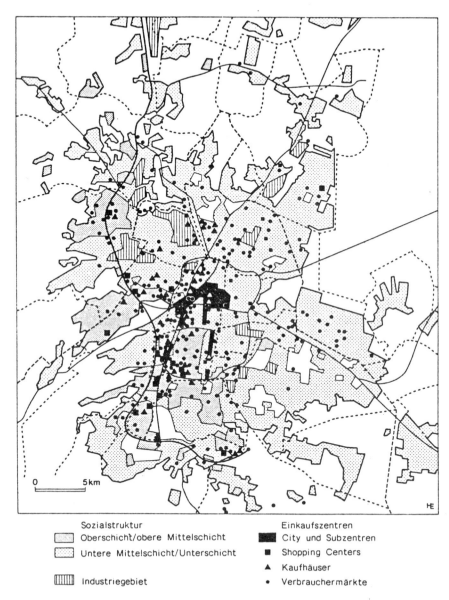

Abb. 16: Sozialräumliches Gefüge und Einzelhandel in México-Stadt

punkten sowie in überfüllten Metro-Zügen zum zusätzlichen Gedränge bei und umfaßt ein unermeßliches Angebot: von ein paar Früchten oder selbstgenähten Puppen, die Indio-Frauen am Boden ausbreiten, über Stände mit Zigaretten, Toilettenartikeln, Tonbandkassetten, Insektenpulvern, alten Zeitschriften, *tacos* (in Öl gebackene *tortillas*) mit scharfen Soßen sowie undefinierbaren bunten Getränken aber auch frisch gepreßten Obstsäften usw. bis zu geschmuggelten Elektronik-Geräten, nicht zu vergessen die Schuhputzer und die Musiker.

Dazu kommen die Straßenhändler im engeren Sinne, die den Autofahrern an roten Verkehrsampeln Lotterielose, Blumen, Zeitungen, Autozubehör usw. bis hin zu Haushaltswaren, Sonnenschirmen und Stehlampen (!) anbieten. Darunter sind viele Kinder, die nicht nur Kaugummi verkaufen, sondern auch in Windeseile Windschutzscheiben waschen, während Jugendliche als Clowns oder Feuerspeier auftreten. Das belebt zwar die Szenerie in sympathischer Weise, aber wer denkt schon an die sozialen Hintergründe, die zu dieser Kinderarbeit führen, und mehr noch an die Gesundheitsschäden, die durch den dauernden Aufenthalt in der von Abgasen geschwängerten Luft entstehen!

Inwiefern diese Aktivitäten "informell" sind, sei dahingestellt. Für bestimmte Standplätze werden sehr wohl Gebühren verlangt, und die meisten Verkäufer arbeiten nicht auf eigene Rechnung, sondern sind von Zwischenhändlern oder Syndikaten abhängig, die ihnen die Waren sowie die Verkaufsplätze zuteilen und ihnen nur einen minimalen Gewinn lassen. Hinter dem scheinbar so ungeordneten Gewühl stehen also z.T. straff organisierte Ausbeutungsmechanismen, und über die Warenbeschaffung bestehen meist direkte Verbindungen zum formalen Sektor (vgl. SCHAMP 1989; GORMSEN im Druck, Kap.4.8.3).

Infrastrukturprobleme

Mit der enormen Stadt-Expansion konnte die Infrastruktur kaum Schritt halten. Immerhin erlaubte der Wirtschaftsboom nach dem Krieg die Erweiterung des Gesundheits- und Bildungswesens in beachtlichem Umfang. Sie betraf nicht nur spektakuläre Baukomplexe wie die *Ciudad Universitária* oder das große *Centro Médico* der staatlichen Sozialversicherung, sondern eine flächenhafte Versorgung mit Schulen, Polikliniken und Krankenhäusern der verschiedenen staatlich gestützten und privaten Träger. Um die Studentenflut einigermaßen auffangen zu können, wurden in den 70er und 80er Jahren mehrere neue Universitäten in dezentraler Lage errichtet.

Zu den schwierigsten Punkten der Stadtentwicklung gehört auch in México der innerstädtische Verkehr, der als Folge der rapiden Motorisierung regelmäßig zusammenbricht. In dem Rechteckschema können auch konsequente Einbahnregelungen und strikte Parkverbote die Transportprobleme nicht mehr bewältigen. So hat man schon in den 50er und 60er Jahren durch Stadtautobahnen eine Lösung versucht, die z.T. auf eingerohrten Kanälen mitten durch die Stadt führen. Sie reichten jedoch für den rapide steigenden Autoverkehr bald nicht mehr aus. Deshalb wurden sie durch ein Gitternetz von vier- bis sechsspurigen Einbahnstraßen ergänzt, die als *ejes viales* (Verkehrsachsen) die ganze innere Stadt überziehen. Unterdessen sind auch sie zu Stoßzeiten regelmäßig verstopft.

Bei der Größe der Stadt war über viele Jahre das Fehlen eines Massentransportmittels besonders kritisch, denn für den öffentlichen Verkehr standen nur Busse, Kleinbusse, Sammeltaxis und Taxis zur Verfügung, z.T. in städtischen, z.T. in privaten Händen, aber selten in einem besonders vertrauenerweckenden Zustand. Dafür fahren sie auf den Hauptlinien in einem sehr engen Takt und recht preisgünstig. Dies bedeutet andererseits eine außerordentliche Fahrzeugdichte mit entsprechenden Folgen für die Umwelt.

Tab. 7 Verkehrsmittelbenutzung in Mexico-Stadt 1983

	Wege pro Tag (1000)	%	zugelassene Fahrzeuge
Metro	6.516	22,8	2.080
Stadt- u. Obus	6.102	21,4	6.929
Vorortbus	3.148	11,0	7.000
Kollektivtaxi	1.839	6,4	40.500
Taxi	155	0,5	84.500
Schulbus	192	0,7	k.A.
priv. Pkw	4.268	15,0	2.570.000
Fahrrad	91	0,3	
sonstige	104	0,4	
zu Fuß	6.105	21,4	
Summe	*28.518*	*100,0*	

Quelle: Atlas de la Ciudad de México 1987

Daher war die Eröffnung der ersten *Metro-Linie* nach dem modernen Pariser System 1969 von allergrößter Bedeutung. Bis 1991 wurden neun Strecken mit insgesamt 158 km in Betrieb genommen. Weitere 19 km sind im Bau. Im Vergleich dazu wurden von 1900 bis 1938 in Paris 154 km Metro-Linien gebaut und bis 1989 auf 200 km erweitert (FREMY 1991, S.1633). In México werden täglich rund fünf Millionen Passagiere zu einem sehr niedrigen Tarif befördert, obwohl der gesamte Straßenverkehr nach wie vor eine dominierende Position einnimmt (Tab.7) und die großen Verkehrsprobleme damit noch nicht gelöst sind. Immerhin hat sich gezeigt, daß es auch in dieser Riesenstadt möglich ist, einen zuverlässigen Dienst für die breite Masse der Bevölkerung zu organisieren, den nicht einmal das schwere Erdbeben 1985 stören konnte.

Hoffnung für die Zukunft?

Wie groß die Verluste durch diese Katastrophe auch waren, sie hat doch erstaunliche Kräfte der Erneuerung und der Solidarität freigesetzt, z.B. beim Wiederaufbau der bescheidenen Wohnviertel in der nördlichen Innenstadt, wo lokale Bürgerinitiativen wesentlich dazu beitrugen, daß die mit internationalen Mitteln unterstützten staatlichen Programme zum Bau von 48.000 Wohnungen den Bedürfnissen der Bewohner einigermaßen gerecht wurden.

Die Strukturanalyse hat deutlich gemacht, daß der weithin chaotisch erscheinende Zustand dieser Metropole großenteils auf Modernisierungsprozessen der letzten hundert Jahre beruht. Sie sind überwiegend das Ergebnis externer Einflüsse auf eine heterogene Sozialstruktur und den dadurch ausgelösten Bevölkerungsdruck, der von den Städten in ihrem überkommenen Gefüge nicht verkraftet werden konnte. Andererseits lassen sich im Rahmen der Urbanisierung mit besseren Gesundheits- und Bildungseinrichtungen auch zunehmende soziale Differenzierungen und beträchtliche Wandlungen der Wertesysteme und Verhaltensmuster erkennen. Sie folgen damit den Leitbildern der modernen Industrie- und Dienstleistungsgesellschaft. Trotz bescheidener finanzieller Möglichkeiten stellt die wachsende Mittelschicht entsprechend höhere Ansprüche an Wohnverhältnisse, Verbrauchsgüter, Kommunikationsmittel sowie öffentliche und private Dienste jeder Art, wozu u.a. der starke Zustrom zu den Universitäten gehört.

Ein Blick zurück in die Geschichte zeigt Stadtstrukturen, die von der spanischen Kolonialmacht nach zentralistischen Prinzipien zur Raumbeherrschung geschaffen wurden und unter der Dominanz von Staat und Kirche ein beeindruckendes Stadtbild hervorgebracht haben. Das 19.Jh. brachte zwar keine nennenswerten gesellschaftlichen Veränderungen aber europäische Einflüsse auf die Lebensformen und das städtische Gefüge. Im Rahmen der wirtschaftlich-politischen Vormachtstellung der USA kam es schließlich zu Überprägungen, die sich in dem unausgewogenen heutigen Stadtbild zeigen. Typische Elemente des modernen Städtebaus wurden mehr oder weniger wahllos aus dem Norden übertragen, von Hochhäusern und Stadtautobahnen über großzügige Universitätsstädte, Golfplätze und Shopping Centers bis zu herrschaftlichen Villen, manches davon in luxuriöser Ausstattung und in einer faszinierenden Architektur, die von Bauvorschriften wenig eingeengt ist. Eigenständig erscheinen daneben fast nur die Reste der verformten Altstadt und die wuchernden Stadtrandsiedlungen.

Bei jedem Besuch wundert man sich erneut, daß diese Riesenstadt noch nicht im Chaos versunken ist, sondern daß manches verbessert wurde und überall Neues entsteht, nicht nur Verkehrswege und Telefonleitungen, sondern auch neue Museen sowie eine große Zahl von Büro- und Hotelhochhäusern mit überdimensionalen Glasfassaden, wie sie nach dem Erdbeben von 1985 längs des Paseo de la Reforma und anderswo errichtet wurden.

Noch erstaunlicher ist die Überlebensfähigkeit der Bewohner in den Marginal-Siedlungen der Peripherie. Offenbar regelt sich hier vieles im Rahmen von mehr oder weniger informellen Aktivitäten. Sie betreffen nicht nur den Eigenbau von Häusern oder den Kleinhandel, sondern auch das Zusammenleben der Menschen. Das Funktionieren der Stadt geschieht also in schwer durchschaubaren Wechselwirkungen zwischen verschiedenen Gruppen der Gesellschaft, die einerseits über Arbeitsprozesse miteinander verknüpft sind, andererseits unter einer zunehmenden sozialräumlichen Segregation jeweils ihr Eigenleben führen. So bleibt ihre Partizipation trotz nominell demokratischer Strukturen meist auf ihren *barrio* begrenzt, trägt aber gleichwohl zur Stabilität des städtischen Gefüges bei.

Die Notwendigkeit übergreifender Entscheidungen für die gesamte Stadt und ihre expandierenden Randgebiete ist unbestritten, insbesondere im Hinblick auf Grundbedürfnisse wie die Wasserversorgung, die Abfall-Beseitigung, die Herstellung von Kommunikationsmitteln sowie die Verminderung der ökologischen Folgen der Hyper-Urbanisierung. Das Problem besteht nicht so sehr im Mangel an Fachleuten für Planung und technische Lösungen. Schwieriger ist die Frage nach der Finanzierung, d.h. auch nach dem bedarfsgerechten Einsatz der verfügbaren Mittel. Derartige Mißverhältnisse sind gewiß nicht auf Mexiko beschränkt, sie werden aber verschärft durch Kompetenzgerangel zwischen Behörden, durch fehlende Kontinuität und massive Korruption (vgl. AGUILAR 1988). Dies ist um so gravierender, als kaum eine Aussicht besteht, den Bevölkerungsanstieg einzudämmen. Ob das Problem durch Dezentralisierung bewältigt werden kann, erscheint nach bieherigen Erfahrungen fraglich. Als Folge des Erdbebens wurde immerhin das Nationale Amt für Statistik, Kartographie und Informatik (*INEGI*) mit etwa 1500 Beschäftigten in das 500 km entfernte Aguascalientes verlegt. Andere Bundesbehörden und Industrien haben ebenfalls neue Standorte gefunden. Dadurch wurden zwar einige Wanderungsströme umgeleitet; solange aber die Entscheidungsträger ihren wirtschaftlichen oder persönlichen Vorteil in der Metropole sehen, werden die Entlastungseffekte gering bleiben.

Insgesamt hat also die von außen induzierte Modernisierung zur Festigung der bestehenden Machtstrukturen beigetragen, d.h. die technischen Errungenschaften haben zwar Verbesserungen in verschiedenen Teilgebieten mit sich gebracht; doch statt einer allgemeinen Angleichung der Lebensbedingungen kam es eher zur Verschärfung räumlicher Disparitäten. So drückt sich in dem Mosaik aus Chaos und Ordnung das Fehlen übergreifender Leitbilder und die Unfähigkeit zur Durchsetzung ausgewogener Planungskonzepte aus. Das Stadtbild erscheint als Spiegelbild der Gesellschaft und ihrer Gruppierungen, die bislang trotz aller sozio-ökonomischen, kulturellen und politischen Gegensätze jeweils ihren Beitrag zur Stadtentwicklung geleistet haben.

México - ein Sonderfall?

Nach diesem Überblick über die Riesenstadt México, der trotz der Fülle an Informationen unvollkommen bleiben mußte, stellt sich die Frage, was abgesehen von der Landschaftslage und der spanischen Kolonialarchitektur das spezifisch Mexikanische an dieser Stadt ist, worin ihre Individualität, ihre Einmaligkeit liegt, durch die sie sich von anderen Megastädten unterscheidet, oder - umgekehrt gefragt - welche Probleme dieser Monstruopolis gelten allgemein für Agglomerationen ähnlicher Größenordnung, die wir unter dem Begriff Megastadt zusammenfassen? Wenn ich diese Frage stelle, dann unterscheide ich ganz bewußt nicht zwischen Megastädten der Ersten und der Dritten Welt.

Dabei möchte ich zur Definition lediglich anmerken, daß ich - z.T. abweichend von BRONGER (1994) - als wichtigstes Kriterium einer Megastadt die Einwohnerzahl betrachte (irgendwo in der Umgebung von 5 Millionen), weil sich allein zur Bewältigung des Massenphänomens die Notwendigkeit zur Entwicklung sehr ähnlicher räumlicher Organisationsformen ergibt. Ob eine Megastadt in jedem Fall eine Metropole im Sinne einer international übergreifenden Weltstadt mit entsprechenden Funktionen ist, kann man im Hinblick auf asiatische Beispiele (Dacca u.a.) bezweifeln. Das südchinesische Handelszentrum Guangzhou (Canton) ist mit ca 3 Mio Einwohnern jedenfalls bedeutender als Tianjin in Nordchina mit ca 6 Mio, während es umgekehrt eine ganze Reihe von kleineren Städten (sogar unter 1 Million) gibt, die ohne Zweifel den Charakter von Metropolen haben (z.B. Frankfurt).

México erfüllt jedenfalls beide Kriterien. Tab.8 zeigt seine überragende Stellung im Lande, freilich auch deren relativen Rückgang im Lauf der letzten Jahrzehnte aufgrund der zunehmenden Bedeutung regionaler Zentren. Ich habe schon betont, daß seine Größe wahrscheinlich seit Jahren überschätzt wird (wohl auch ein mexikanischer Aspekt), daß sie aber andererseits die tolerablen Grenzen des Wachstums schon längst überschritten hat, denn zu den spezifischen Problemen dieser Riesenstadt gehört gewiß ihre Lage, nicht nur in einem Becken, sondern vor allem in einer Höhe über 2.200 m, was für die Smog-Bildung besonders gefährlich ist. In diesem Punkt sind die Horrormeldungen unserer Medien leider kaum übertrieben. Reduzierung der Schadstoffe und allgemeine Dekonzentration wären absolut notwendig, aber wie soll man sie ausgerechnet in México erreichen, wenn sie auch anderswo nicht funktionieren? Andere Umweltprobleme (Wasser, Abwasser, Müll) gelten fast überall, und selbst Erdbeben stellen für mehrere Megastädte eine stets lauernde Gefahr dar.

Doch wie verhält es sich mit den gesellschaftlichen, den kulturellen Zuständen? Allein das enge Zusammenleben derartiger Menschenmassen birgt ja schon einen ungeheuren Sprengstoff, zumal wenn es sich um extreme soziale Unterschiede handelt. Darin steht México freilich nicht allein: Die Beschaffung von Wohnraum, die soziale Infrastruktur (Gesundheit, Erziehung), das Verkehrsnetz sind ubiquitäre Probleme, die in México möglicherweise besser gelöst sind, als in manchen Millionenstädten; und die Versorgung mit Handelsgütern jeder Art und auf allen Stufen ist offenbar gesichert. Vielleicht ist sogar die Kriminalität nicht größer als anderswo. Ich sage das übrigens, obwohl ich vor einigen Jahren auf offener Straße am hellichten Tag von fünf Jugendlichen überfallen wurde. Das klingt nun schon fast idyllisch, und Sie werden mir gleich eine Verharmlosung der tatsächlichen Situation vorwerfen.

Dies liegt mir allerdings fern. Ich frage mich aber - und ich frage Sie - ob Sie México für einen Sonderfall halten. Sollte dies nicht so sein, wieso ist dann

Tab. 8 Indikatoren der Metropolisierung von México-Stadt

Anteil an der Gesamtbevölkerung des Landes (1.000)						Anteile der ZMCM an Wirtschaftsentwicklung Mexikos				
Jahr	Bev. insg.	ZMCM*	%	D.F.	%	Brutto-Inlandsprodukt			Industrie	
						total	Industrie	Dienstleist.	Betriebe	Besch.
1900	13.607	345	3	542	4					
1910	15.160	421	3	730	5	%	%	%	%	%
1921	14.335	615	4	903	6					
1930	16.553	1.049	6	1.221	7				7	19
1940	19.654	1.645	8	1.758	9	34	36	46	9	25
1950	25.791	3.136	12	2.330	9	31	28	48	20	25
1960	34.923	5.381	15	5.178	15	33	38	38	30	46
1970	48.225	9.211	19	7.327	15	35	34	42	28	41
1980	66.847	14.419	22	9.165	14	38	33	47	30	47
1990	81.250	15.048	19	8.236	10	35	31**	44**	26**	37**

* ZMCM = Zona Metropolitana de la Ciudad de México (1900-1940 Stadt México)
** Wert von 1985

Anteile des Distrito Federal an verschiedenen sozio-ökonomischen Merkmalen Mexikos

Ausgewählte Wirtschaftsbereiche 1988

	Beschäftigte	Lohnsummen
Industrie insgesamt	20%	21%
Papier-, Druckindustrie	40%	40%
Chemie	26%	26%
Großhandel	28%	35%
Dienstleistungen insges.	28%	36%
Freie Berufe	41%	48%
Transport, Finanzen	29%	38%

Schüler in Höheren Schulen (1.000)
1970:   457 31%   1987: 1.000 17%

Schüler in Preparatoria (Oberstufe) (1.000)
1970:   55 34%   1987:   356 22%

Telefonanschlüsse (1.000)
1970:   737 49%   1986: 2.417 31%

Pkw-Bestand (1.000)
1970:   590 48%   1986: 1.287 26%

Pkw-Verkauf (1.000)
1974:   105 45%   1990:   132 38%

Lkw-Verkauf (1.000)
1974:   28 29%   1990:   52 27%

Ankünfte von Flugpassagieren (1.000)
in nationalen Flügen
1980: 4.046 35%   1991: 4.347 34%
in internationalen Flügen
1980: 1.426 42%   1991: 2.140 38%

Auflage der Tageszeitungen
1990:   2,2 Mio   18%

Quelle: GORMSEN (im Druck)

das Image so schlecht, das uns von den Medien vermittelt wird? Und ich möchte diese Frage auf andere Megastädte, nicht nur in der Dritten Welt, erweitern. Nehmen wir als Gegenbeispiel Paris. Abgesehen davon, daß jeder schon dort war und diese großartige Kulturmetropole kennt - was lesen wir darüber in den Zeitungen? *Le Grand Louvre, L'Arche de la Défense, L'Opéra de la Bastille, Le Centre Pompidou usw.* Gelegentlich erfahren wir auch etwas über die weniger positiven Seiten, z.B. über die *Clochards*, die einmal zum Touristen-Image dieser Stadt gehörten aber eigentlich nur Obdachlose sind, wie wir sie leider auch haben; oder über einen Verkehrsstreik, der das städtische Leben lahmlegt; viel seltener schon über die Ausländerghettos, in denen sich vor allem Algerier und Westafrikaner drängen. Und die Technik der Pariser Metro wurde zwar nach México transferiert, aber die Metro selbst erscheint in México vielfach in einem besseren, weniger mutwillig zerstörten Zustand als in Paris.

Glauben Sie bitte nicht, daß ich nun ausgerechnet Paris schlecht machen möchte. Ich meine aber, daß von einer bestimmten Größenordnung an die Probleme immer ähnlicher werden und damit auch die Problemlösungen immer schwieriger. Chicago, New York und Los Angeles sind ja schon durch zahlreiche Filme mit dem Vorurteil behaftet, Zentren des Verbrechens zu sein - ganz abgesehen von den kürzlichen Rassenkrawallen, wie wir sie inzwischen auch aus europäischen Metropolen kennen. Der Hintergrund hierfür besteht offenbar darin, daß das Wachstum der Megastädte zunächst auf Zuwanderung beruht, selbst wenn später eigene Geburtenüberschüsse überwiegen. In diesem Punkt besteht allerdings ein wesentlicher Unterschied zwischen der Ersten und der Dritten Welt, denn die Zuwanderung in Städte der Industrieländer erfolgt seit langem aus anderen Ländern oder Kontinenten.

Offenbar haben wir in unseren Metropolen nicht mehr nur die Probleme der Infrastruktur und der sozialen Gegensätze zu bewältigen, sondern als neuen und äußerst kritischen Aspekt, die mangelnde Integration dieser ausländischen Zuwanderer, die hier einen Kulturschock ausgelöst haben. México hat dagegen dieses Phänomen der Vermischung der Kulturen in seiner *mexicanidad* seit Jahrhunderten durchgemacht und hat uns mit dieser Erfahrung wohl etwas voraus.

Es bleibt als Frage und Hoffnung, ob es auch in Zukunft gelingen wird, in einem gesellschaftlichen Prozeß die divergierenden Kräfte zu bündeln und damit das Überleben in der unendlich wuchernden aber auch faszinierenden Megastadt zu sichern.

Literatur

AGUILAR, A.G. 1988: Planeación y proceso político en la ciudad de México, el caso Central de Abastos. In: *Revista Geográfica (México) 107*, S.29-48.

ARIDJIS, H./CÉSARMAN, F. 1989: *Artistas e intelectuales sobre el ecocidio urbano*. México (Consejo de la Crónica de la Ciudad de México).

Atlas de la Ciudad de México 1987. México D.F. (El Colegio de México)

BAZANT, J. 1985: *Autoconstrucción de vivienda popular*. México (Trillas).

BRONGER, D. 1993: Megastädte: "Erste" Welt - "Dritte" Welt. In: FELDBAUER, P. (Hg.): *Megastädte. Zur Rolle von Metropolen in der Weltgesellschaft*. Wien, Köln, S.63-106.

- 1994: Indiens Megastädte: Fluch oder Segen? In: GORMSEN, E./THIMM, A. (Hg.): *Megastädte in der Dritten Welt*. Mainz (= Johannes Gutenberg-Universität, Interdisziplinärer Arbeitskreis Dritte Welt, Veröffentlichungen 8), S.11-44.

- 1995: Welches ist die größte Stadt der Erde? In: *Geogr. Rundschau, 47(3)* [im Druck]-1995: Welches ist die größte Stadt der Erde? In: *Geogr. Rundschau, 47(3)* [im Druck]

BUCHHOFER, E. 1982: Stadtplanung am Rande der Agglomeration von Mexiko-Stadt; der Fall Nezahualcóyotl. In: *Geogr. Zeitschr. 70*, S.1-34.

CORTÉS, H. [5]1942: *Cartas de Relación de la Conquista de Méjico*. Madrid.

DÍAZ DEL CASTILLO, B. 1965: *Wahrhafte Geschichte der Entdeckung und Eroberung von Mexiko*. Stuttgart.

FREMY, D. U. M. 1991: *Quid*. Paris.

GIERLOFF-EMDEN, H.-G. 1970: *Mexiko. Eine Landeskunde*. Berlin.

GORMSEN, E. 1971: Zur Ausbildung zentralörtlicher Systeme beim Übergang von der semiautarken zur arbeitsteiligen Gesellschaft: ein Vergleich historischer Abfolgen in Mitteleuropa mit heutigen Verhältnissen in Entwicklungsländern, insb. am Beispiel Mexikos. In: *Erdkunde 25*, S.108-118.

- 1981: Die Städte im spanischen Amerika; ein zeit-räumliches Entwicklungsmodell der letzten hundert Jahre. In: *Erdkunde 35*, S.290-303.

- 1990: Strukturwandel und Erneuerung lateinamerikanischer Kolonialstädte. In: *Die alte Stadt 17(4)*, S.331-345.

- 1994: Die Stadt in Lateinamerika: Vom kolonialen Ordnungsschema zum Chaos der Megalopolis. In: JANIK, D. (Hg.): *Die langen Folgen der kurzen Conquista*. Frankfurt, S.9-47.

- im Druck: *Mexiko. Perthes Länderprofil*. Gotha.

GORMSEN, E./HAUFE, H. 1992: Die Stadt in der Kolonisation Amerikas. In: *Amerika 1492 - 1992, Neue Welten, Neue Wirklichkeiten, Essays*. Berlin (Ibero-Amerikanisches Institut) S.148-158.

GORMSEN, E./KLEIN-LÜPKE, R. 1992: Shopping malls in Latin America; a new indicator of metropolization. In: HEINRITZ, G. (Hg.): *The attraction of retail locations. International Geographical Union Symposium*. München (Geogr. Inst. Techn. Univ.), 2, S.146-159.

IRACHETA, A. 1989: El estado y el suelo para vivienda en la zona metropolitana de la Ciudad de México. In: *Revista Interamericana de Planificación 22*, S.76-96.

JÁUREGUI, E. 1973: Untersuchungen zum Stadtklima in Mexiko-Stadt. (Diss. Bonn).

- 1988: Efectos del clima urbano sobre los niveles de contaminantes en la ciudad de México. In: *Geografía y Desarrollo 1(2)*, S.37-44.

- 1993: Meteorological aspects of ozone characterization and trend for period 1986-1992 in Mexico City. In: *Heat and mass transfer in energy systems and environmental effects*. International Symposium, Cancún, México, S.162-164.

KLAUS, D./LAUER, W./JÁUREGUI, E. 1988: *Schadstoffbelastung und Stadtklima in Mexiko-Stadt*. Stuttgart (= Abh. Akad. d. Wissensch. u. d. Literatur Mainz, Mathem.-Naturwiss. Klasse, Jg.1988, Nr.5).

KOHUT, K. 1994: Darstellung und Kritik der lateinamerikanischen Metropolen in der Literatur. In: GORMSEN, E./THIMM, A. (Hg.): *Megastädte in der Dritten Welt*. Mainz (= Johannes Gutenberg-Universität, Interdisziplinärer Arbeitskreis Dritte Welt, Veröffentlichungen 8), S.117-134.

LAUER, W. 1975: Vom Wesen der Tropen. Klimaökologische Studien zum Inhalt und zur Abgrenzung eines irdischen Landschaftsgürtels. In. *Akademie d.Wissenschaften u.d. Literatur zu Mainz, 3*. Wiesbaden, S.5-52.

LOMBARDO DE RUIZ, S. 1973: *Desarrollo urbano de México-Tenochtitlán según las fuentes históricas*. México (INAH).

MONNET, J. 1993: *La ville et son double. Images et usages du centre: La parabole de Mexico*. Paris

MORENO MEJÍA, S. 1987: Sistema hidráulico del Distrito Federal. In: *Atlas de la Ciudad de México*. México, S. 183-186.

PYLE, J. 1978: Tianguis: periodic markets of Mexico City. In: SMITH, R.H.T. (Ed.): *Periodic markets, hawkers, and traders in Africa, Asia, and Latin America*. Vancouver (Univ.of British Columbia), S.132-142.

QUADRI, G. 1993: *La contaminación atmosférica en la Ciudad de México*. México.

RESTREPO, I./PHILLIPS, D. 1985: *La basura: Consumo y desperdicio en el Distrito Federal*. México (Cecodes).

RIVA PALACIO, E. 1987: Contaminación del ecosistema de la ciudad de México. In: *Atlas de la Ciudad de México*. México, S.229-230.

Sanchez de Carmona, L. 1986: Stadtentwicklung in Mexico-City. Ökologische Probleme und ihre sozialen Auswirkungen. Tendenzen, Perspektiven und Anregungen. In: *Eichstätter Beiträge 18*, S.371-394.

SANDER, H.-J. 1983: *Mexiko-Stadt*. Köln (= Problemräume der Welt 3).

- 1990: Umweltprobleme im Hochtal von Mexiko. In: *Geogr. Rundschau, 42*, S.328-333.

SCHAMP, E.W. (Hg.) 1989: *Der informelle Sektor; geographische Perspektiven eines umstrittenen Konzepts*. Aachen.

SCHTEINGART, M. 1989: *Los productores del espacio habitable*. México (COLMEX).

TICHY, F. 1973: Die Umweltgestaltung im Hochbecken von Mexiko in der Sicht Alexander von Humboldts und die Umweltprobleme der Gegenwart. In: *Geogr. Zeitschr. Beihefte, 33*, S.334-351.

TYRAKOWSKI, K. 1991: Zur ökologischen Situation der Stadt Mexiko. In: *Geoökodynamik 12(1/2)*, S.139-160.

ZEISSIG, H.R. 1992: Atemhilfe für Mexiko-Stadt. In: *GTZ info 3/92*, S.4-11.

Darstellung und Kritik der lateinamerikanischen Metropolen in der Literatur

Karl Kohut

Von der Gründerzeit bis zum Anfang des 20. Jahrhunderts

Als Cortés 1519 in die aztekische Hauptstadt Tenochtitlán eingezogen war - noch als Gast, nicht als Eroberer - nahm ihn der aztekische Herrscher Moctecuzoma eines Tages an der Hand, führte ihn auf die zentrale Tempelpyramide und zeigte ihm von oben, gleichsam aus der Vogelschau, die Stadt. Und die Spanier staunten über die Tempel und die sauber gebauten Häuser, die in den See gebaut waren, die Straßen und Brücken, die Kanäle mit den Booten. Am meisten beeindruckte sie jedoch der Hauptplatz mit dem Markt:

Und wir sahen in jenen Städten Tempelpyramiden und Anbetungshäuser wie Türme und Festungen, und alle weiß, daß es zum Staunen war, und die Häuser mit Dachterrassen, und an den Straßen andere Türmchen und Anbetungshäuser, die wie Festungen waren. Und nachdem wir alles gut angeschaut und darüber nachgedacht hatten, was wir gesehen hatten, wandten wir uns wieder dem großen Platz zu und den vielen Menschen, die auf ihm waren, von denen die einen kauften und die anderen verkauften, wovon aus einer Entfernung von mehr als einer Meile nur ein Rauschen und Summen der Stimmen und Wörter zu uns drang, und unter uns gab es Soldaten, die an vielen Orten der Welt gewesen waren, in Konstantinopel und in Rom und Italien, und sie sagten, daß sie einen solchen Platz, so groß, mit so viel Maß und Harmonie gebaut und mit so vielen Menschen noch nicht gesehen hatten[63].

Die Beschreibung des Chronisten BERNAL DÍAZ DEL CASTILLO, der als einfacher Soldat Cortés begleitete, ist die erste Beschreibung einer Metropole des neuentdeckten Kontinents. Bereits zuvor, als sich die kleine spanische Truppe der Stadt näherte, war ihnen ihr Bild wie ein Traum erschienen, der den Beschreibungen glich, die sie aus den Ritterromanen kannten (ibid. 260). Als er 30 oder 40 Jahre später dieses Bild aus der Erinnerung niederschrieb, fügte er melancholisch hinzu: "heute liegt alles am Boden, verloren, und nichts ist

---

63 DÍAZ DEL CASTILLO 1977, I 230f, Übersetzung des Verf. So auch in der Folge, außer wenn eine deutsche Ausgabe angegeben wird.

übrig" (ibid. 261). Die erste Begegnung der Spanier mit einer Stadt auf dem neuentdeckten Kontinent endete mit ihrer Zerstörung.

Diese Zerstörung war jedoch zugleich ein Neubeginn. Denn als BERNAL DÍAZ die zitierten Sätze niederschrieb, war aus den Ruinen von Tenochtitlán eine neue Stadt entstanden, Mexiko, Hauptstadt des Vizekönigreichs Neu-Spanien. Bereits aus diesen frühen Jahren liegen Beschreibungen der neuen Hauptstadt vor, die kaum weniger enthusiastisch klingen als die zu Beginn zitierten.

1554 verfaßte der Professor der Rhetorik FRANCISCO CERVANTES DE SALAZAR, der wenige Jahre zuvor aus Spanien gekommen war, Dialoge, in denen er die Hauptstadt beschrieb. Darin gibt es eine Szene, die der zuvor zitierten ähnlich ist. Diesmal sind die Gesprächspartner auf einen Berg gestiegen und schauen von oben auf die Stadt hinab:

Oh mein Gott! Was für ein Schauspiel entdecke ich von hier oben! So angenehm für die Augen und den Geist, daß ich mit vollem Recht zu sagen wage, daß sich hier beide Welten vereint finden, und daß man von Mexiko sagen kann, was die Griechen vom Menschen sagten, als sie ihn Mikrokosmos oder kleine Welt nannten. Die Stadt liegt auf einem ebenen und weiten Gelände, ohne daß etwas die Sicht in irgendeiner Richtung versperren würde. Die stolzen und hohen Gebäude der Spanier, die einen großen Teil des Terrains einnehmen und durch sehr hohe Türme und großartige Kirchen geadelt werden, sind von allen Seiten von den bescheidenen Häusern der Indianer umgeben. Diese bilden die Vorstädte, deren Grundriß keiner Ordnung folgt, aus denen jedoch Kirchen emporragen, deren Konstruktion ebenso erhaben ist wie die der Kirchen des Zentrums[64].

Ein halbes Jahrhundert später, Anfang des 17. Jahrhunderts, feierte BERNARDO DE BALBUENA in seinem epischen Gedicht *Grandeza mexicana* (*Die Größe Mexikos*) emphatisch die Größe und Pracht der Stadt:

Oh schöne Stadt, Sitz des Hofes,
[...]
Tempel der Schönheit, Seele des Geschmacks,
Indien der Welt, Himmel auf Erden.

(BALBUENA 1985, 283)

In diesen Werken wird der Stolz der Spanier auf ihre neue Hauptstadt sichtbar. Natürlich sind diese Beschreibungen nicht wörtlich zu nehmen. Die

---

[64] CERVANTES DE SALAZAR 1985, 61 (Spanische Übersetzung des lateinischen Originals).

hyperbolische Übertreibung gehört zum Dichtungsstil der Zeit; hinzu kommt ein latentes Minderwertigkeitsbewußtsein gegenüber der eigentlichen Metropole Madrid, das man mit diesem emphatischen Preis kompensiert. Trotz allem ist festzuhalten, daß aus der zerstörten Hauptstadt des Aztekenreichs innerhalb weniger Jahrzehnte die neue Hauptstadt des Vizekönigreichs Neu-Spanien geworden war, deren Glanz und Pracht ihre Bewohner mit Stolz erfüllte.

In dem anderen indianischen Großreich, Peru, lagen die Dinge etwas anders. Die Inka-Hauptstadt Cuzco schien den Spaniern aus geographischen Gründen nicht als Hauptstadt geeignet, und so gründeten sie das nahe dem Meer gelegene Lima, das die Hauptstadt des Vizekönigreichs Peru wurde[65]. Lima und Mexiko wurden sehr schnell auch kulturelle Zentren, wozu die fast gleichzeitigen Gründungen der Universitäten im Jahr 1551 wesentlich beitrug.

Mexiko stellt in der Geschichte der lateinamerikanischen Metropolen jedoch einen Sonderfall dar. Die Regel waren Neugründungen, deren Höhepunkt im Jahrzehnt zwischen 1534 und 1544 lag[66]. In diesen Jahren entstanden die späteren Hauptstädte Lima, Quito, Santafé de Bogotá, Santiago, Asunción und die erste Gründung von Buenos Aires. Ende des 16. Jahrhunderts gab es in Hispanoamerika etwa 200 Städte, von denen die Hälfte im Vizekönigreich Peru lag. Die Stadtgründungen folgten einem festen Plan, der auf antikes Vorbild zurückging. Nach einer ersten Phase vergleichsweise planloser Gründungen gaben die spanischen Herrscher ab 1513 den Konquistadoren weitgehende Vorschriften mit auf den Weg. In einem Erlaß von 1513 heißt es nach genauen Vorgaben für die natürliche Beschaffenheit des Ortes der Neugründung:

Wenn unter Berücksichtigung dieser Erfordernisse der beste Platz für die neue Stadt gefunden ist, müssen die Grundstücke, die einzelnen Bauplätze für die Häuser, gemäß dem Stande der an der Ansiedlung interessierten Personen aufgeteilt werden, und von Anfang an sollte man sich bemühen, endgültige Lösungen zu finden, denn die Art und Weise, in der die Grundstücke ausgelegt werden, bestimmt das Gesicht der zukünftigen Stadt. Das gilt ebenso für die Lage des Hauptplatzes nebst der Kirche wie für die Führung der Straßenzüge. Stadtneugründungen lassen sich ohne Schwierigkeiten an Hand eines festen Planes durchführen. Wenn einer neuen Stadt nicht von

---

65 Sehr viel später als Mexiko erhielt auch Lima ein Gründungsepos. Es handelt sich um *Lima fundada* von PEDRO DE PERALTA Y BARNUEVO von 1732.
66 Zum Folgenden s. WILHELMY/BORSDORF 1984, I 22-123.

Anfang an Form und Gestalt gegeben wird, wird sie sie nie erhalten (WILHELMY/BORSDORF 1984, I 69).

Der in dieser Passage genannte "Plan" folgte dem Werk des römischen Baumeisters VITRUV, das bei der Neugestaltung Roms unter Caesar und Augustus eine zentrale Rolle gespielt hatte. Das Werk war bereits im 15. Jahrhundert in Italien ediert und kommentiert worden und wurde in Spanien vom Beginn des 16. Jahrhunderts an zum "grundlegenden Lehrbuch der spanischen Architekten" (ibid. 74). In den *Ordenanzas de descubrimiento y Población* PHILIPPS II. von 1573 faßte der spanische König die Leitlinien zusammen, so daß dieser Erlaß als eine Summe der Grundprinzipien der spanischen Stadtgründungen angesehen werden kann. Die Übereinstimmungen mit dem Werk des VITRUV sind zum Teil wörtlich (ibid. 74-76). Die portugiesischen Gründungen in Brasilien, von denen aus dem 16. Jahrhundert Salvador, Rio de Janeiro und São Paulo zu erwähnen sind, folgten diesem Schema allerdings nicht.

Auf VITRUV also läßt sich die Gestalt der hispanoamerikanischen Metropolen zurückführen, die allen Reisenden bekannt ist. Im Mittelpunkt der Stadt liegt der Hauptplatz, die *plaza*, an dessen Seiten die Zentren der politischen und religiösen Macht verteilt sind: Regierungspalast, Kathedrale, Gericht, Rathaus. Von hier geht das Schachbrettmuster aus, das den Grundriß der Stadt bestimmt. Diese wird in *cuadras*, Blöcke, eingeteilt, die vom Zentrum zur Peripherie hin größer werden. Die Erweiterung der Städte im Zuge der Entwicklung verlängerte ganz einfach dieses Muster in die Peripherie[67].

Dieses Schema bestimmt die äußere Gestalt der Stadtgründungen des 16. Jahrhunderts bis heute. So schreibt der argentinische Schriftsteller JUAN JOSÉ SAER über die Hauptstadt seines Landes:

Die einzige urbanistische Harmonie von Buenos Aires besteht darin, daß sie wie die Mehrzahl der amerikanischen Städte im Schachbrettmuster angelegt ist, weshalb sich ihre geraden Straßen, die sich alle 100 Meter kreuzen, obwohl sie ihren Namen an den Schnittstellen mit einer großen Avenida ändern können, vom Standort des Betrachters aus ganz gerade ohne irgendeine Unterbrechung verlaufen, bis sie sich am Horizont verlieren (SAER 1991, 25f).

---

67 Zur spanischen und portugiesischen Kolonialstadt s., über das bereits zit. Werk von WILHELMY/BORSDORF hinaus, *La ville en Amérique espagnole coloniale* 1984 sowie CAMPRA 1989; zu Mexiko s. CHESTER 1981 und HÖLZ 1991.

Und so ist es zu erklären, daß eine dieser Straßen, die Avenida Rivadavia, von den Bonarensern mit Stolz als die längste Straße der Welt gerühmt wird (ibid. 25).

Die äußere Struktur der Städte war zugleich Ausdruck einer inneren Ordnung. Der Hauptplatz markierte das Zentrum der Macht, die von dort in die Peripherie ausstrahlte. Der Rang einer Familie ließ sich an der Lage ihrer *cuadra*, des von vier Straßen begrenzten Häuserblocks, zum Zentrum ablesen. In der Regel war sie um so angesehener, je näher sie zum Hauptplatz hin wohnte.

Die Struktur der Stadt war über das soziale Gefüge hinaus aber auch Ausdruck der inneren Ordnung eines idealen Gemeinwesens. Die hispanoamerikanischen Stadtgründungen enthielten somit von Anfang an ein utopisches Element, das besonders deutlich in den Siedlungen hervortritt, die für die bekehrten Indianer bestimmt waren. Zu nennen sind hierzu vor allem der Bischof VASCO DE QUIROGA in Michoacán im 16. Jahrhundert und die Jesuiten im Binnenraum Südamerikas im 17. und 18. Jahrhundert[68].

Für die Spanier wie auch für die Portugiesen waren die Städte Zentren der Kolonisation, Inseln der Zivilisation in einem Meer von Barbarei. Der Gegensatz von Stadt und Land war bis ins 19. Jahrhundert hinein zugleich ein Gegensatz von Zivilisation und Barbarei, wobei unüberhörbar ein ethnisches Vorurteil mitschwang, insofern als die europäisch geprägte Stadt dem von Indianern bewohnten Land entgegenstellt wurde, unabhängig davon, ob auf dem Land auch Siedler wohnten, die aus Europa gekommen waren. Der argentinische Schriftsteller und Staatsmann DOMINGO FAUSTINO SARMIENTO hat diesen Gegensatz in seinem Werk *Civilización y barbarie* (*Zivilisation und Barbarei*) analysiert, das zu den zentralen Werken der lateinamerikanischen Literatur des 19. Jahrhunderts zählt. Darin heißt es:

Die argentinischen Städte haben die rechtwinklige Gestalt fast aller amerikanischen Städte. [...] Die Stadt ist das Zentrum der argentinischen Zivilisation, die ihrem Wesen nach spanisch-europäisch ist. [...]

Der Mensch der Stadt trägt europäische Kleidung und lebt das zivilisierte Leben, so wie wir es von überall her kennen: dort sind die Gesetze, die Ideen des Fortschritts, die Stätten der Erziehung, die städtische und staatliche Verwaltung. Wenn wir aus der Stadt hinausgehen, wird alles anders:

---

68 s. dazu RAMÓN GUTIERREZ: "*Utopías religiosas y políticas en el urbanismo y la arquitectura americana*" in CAMPRA 1989, 27-44.

der Mensch vom Land trägt andere Kleidung [...], seine Lebensgewohnheiten sind andere, seine Bedürfnisse sind eigenartig und begrenzt; es scheint sich um zwei verschiedene Gesellschaften zu handeln, zwei Völker, die einander fremd sind. [...] Alles was die Stadt an Zivilisation hat, ist draußen verbannt und verpönt (40f).

Für SARMIENTO ist die Stadt Trägerin der Idee der Zivilisation.

Die gleiche Idee liegt den *Tradiciones peruanas* (*Peruanische Traditionen*) zugrunde, in denen RICARDO PALMA am Ende des 19. Jahrhunderts Miniaturen aus dem Leben der Hauptstadt Lima schuf.

Mit der Unabhängigkeit der lateinamerikanischen Staaten begann auch für die Städte eine neue Epoche, die zumindest für die Hauptstädte zunächst einen Einbruch bedeutete. Das galt besonders für Mexiko, Lima, Santafé de Bogotá und Buenos Aires, die von Hauptstädten der alten Vizekönigreiche Neu-Spanien, Peru, Neu-Granada und Río de la Plata zu Hauptstädten der sehr viel kleineren Republiken geworden waren, was besonders im Fall Limas, der "Perle des Pazifik", zu einer krassen Provinzialisierung führte, die allerdings von den Reisenden stärker wahrgenommen wurde als von den Bewohnern der Städte selbst. Die Wirren des 19. Jahrhunderts mit ihren zahllosen Kriegen und Bürgerkriegen verstärkten den Niedergang.

Erst zu Ende des Jahrhunderts begann eine neue Entwicklung, die über die Hauptstädte hinaus auf das Binnenland ausstrahlte. Vor allem Argentinien und Brasilien begannen den Binnenraum ihrer immensen Territorien zu erschließen und förderten dazu die europäische Einwanderung. In der Folge davon wurden zahlreiche neue Städte gegründet, so daß man von einer zweiten Gründerzeit sprechen kann. In Brasilien ist diese Phase bis heute nicht abgeschlossen, wenngleich jetzt an die Stelle der europäischen Immigration die Binnenmigration getreten ist, die durch den Bevölkerungsdruck in bestimmten Regionen ausgelöst wird. JORGE AMADO hat diese Gründungen in seinem Roman *Tocaia Grande: a face oscura* (*Der große Hinterhalt: die dunkle Seite*) von 1984 zu einem Mythos verdichtet, der zugleich Anti-Mythos ist. Es geht darin um die Gründung der imaginären Stadt *Irisópolis*, aber nicht des offiziellen, im Jubiläum gefeierten Akts, sondern um die verdrängte Vorgeschichte, die *dunkle Seite*, die ihm vorausgeht. Am Anfang der Stadt waren Gräber, in denen das siegreiche Privatheer eines Großgrundbesitzers die unterlegene Truppe eines Konkurrenten begrub. JORGE AMADO knüpft damit bewußt oder unbewußt an einen antiken Topos an, den BURTON PIKE mit den Worten umreißt:

The founding [of a city] as an act of interference in the divine order also involves a sense of guilt. This guilt might be connected with the curious myth that so many ancient cities were founded by murderers (5).

Der Mythos ist so merkwürdig nicht, wie PIKE meint. In der Antike wie in der Moderne waren Stadtgründungen häufig die Folge von Wanderungsbewegungen oder Eroberungszügen. Die Stadt wird auf erobertem, auf jedem Fall aber fremdem Land gebaut. Man kann dies auf die spanischen und portugiesischen Stadtgründungen des 16. Jahrhunderts übertragen. Besonders für Mexiko gilt, daß die neue Stadt auf den Ruinen und Gräbern der alten Stadt gebaut ist. Der Unterschied zu den antiken Mythen liegt nur darin, daß das Geschehen in Lateinamerika in historischer Zeit geschah, was die Verdrängung schwieriger macht, aber nicht ausschließt.

Die Stadt im 20. Jahrhundert

Die lateinamerikanische Literatur des 20. Jahrhunderts ist in weiten Teilen Stadtliteratur, in dem Sinn, daß Autoren, die in der Stadt leben, über Menschen in der Stadt schreiben. Die wichtigste Ausnahme ist der sogenannte indigenistische Roman, der das Leben der Indianer zum Gegenstand hat. Man kann aus dieser Stadtliteratur im weiteren Sinn eine Stadtliteratur im engeren Sinn ausgrenzen. VOLKER KLOTZ sieht vor allem eine "Affinität zwischen Roman und Stadt":

Roman und Stadt erscheinen als zwei ähnlich veranlagte Systeme. Als Systeme, die weitgehend als Ganzes, in ihren Teilen und deren Beziehungen miteinander korrespondieren. Das aber heißt, im Roman findet die Stadt das geeignetste Instrument, ohne radikalen Substanzschwund in einen literarischen Status einzugehen. Und umgekehrt findet der Roman in der Stadt den Gegenstand, der unerbittlich wie kein anderer seine volle Kapazität fordert und ausschöpft (438).

KLOTZ grenzt den Roman gegenüber dem Drama ab, vernachlässigt jedoch die Lyrik, die sich der Stadt ähnlich kongenial erweist wie der Roman.

Die Werke der Stadtliteratur im engeren Sinn zeichnen sich gegenüber den Werken, deren Handlung oder Gegenstand in der Stadt angesiedelt ist, dadurch aus, daß die Stadt als solche thematisiert und das Wechselspiel zwischen den Bewohnern und ihrer Umgebung in den Mittelpunkt gerückt wird. Aber wie soll man eine moderne Großstadt mit ihren Millionen von Einwohnern darstellen? Der Argentinier ERNESTO SABATO, der zu den wichtigsten Vertretern der Stadtliteratur gehört, läßt in dem Roman *Sobre héroes y tumbas* (*Über Helden und Gräber*, 1961) eine Figur, die man als Projektion des Autors in die Romanhandlung ansehen kann, über diese Frage reflektieren:

Er schaute wieder auf das Ungeheuer [Buenos Aires], Millionen von Männern, Frauen, Kindern, Arbeitern, Angestellten, Rentnern. Wie kann man über alle reden? Wie kann man diese unzählbare Realität in hundert Seiten fassen, in tausend, eine Million Seiten? Aber - so dachte er - das Kunstwerk ist ein, vielleicht unsinniger, Versuch, eine unbegrenzte Realität zwischen die Begrenzungen eines Buches oder eines Bilds zu fassen. Eine Auswahl. Aber diese Auswahl ist unendlich schwierig und in den meisten Fällen katastrophal. [...]
Aber vielleicht stimmt es auch, daß ein einziger Mensch genügt. Oder vielleicht zwei, drei oder vier. Indem man in ihr Inneres hinabsteigt (159).

SABATOs Antwort auf die selbstgestellte Frage ist die der Individualisierung und der Vertiefung des Einzelschicksals, das zum Paradigma für andere wird. Die entgegengesetzte Lösung bietet der Roman *Manhattan Transfer* (1925) von JOHN DOS PASSOS, der die Schicksale zahlreicher Menschen in Bruchstücken ineinander montiert. Die Antworten SABATOs und DOS PASSOS' bezeichnen die Extreme, zwischen denen sich der Stadtroman bewegt. Der Stadtroman allgemein wird durch zwei Variable wesentlich bestimmt: die eine ist die Realität der jeweiligen Stadt, die andere die literarische Richtung, der der Autor angehört. Aus dem Zusammenspiel der beiden Variablen ergibt sich eine Vielzahl von Gestaltungsmöglichkeiten, die es sehr schwer machen, diese Werke nach bestimmten Kriterien zu ordnen[69]. Trotz aller Vielfalt erhalten die lateinamerikanischen Städte in der Literatur jedoch ein ganz bestimmtes, individuelles Profil, das sie von anderen Städten unterscheidet, das sich aber auch selbst im Verlauf der Zeit ändert. Die Stadtlyrik ist gegenüber dem Roman bereits von der Gattung her prinzipiell subjektiv geprägt, so daß sich hier die Problematik anders stellt.

Nach diesem kurzen literartheoretischen Exkurs zurück zu den lateinamerikanischen Städten und ihrem Bild in der Literatur. In allen Hauptstädten entwickelte sich im 20. Jahrhundert eine Stadtliteratur im engeren Sinn[70]. Aber die

---

69 Die literaturkritischen Reflexionen über das Thema Stadt und Literatur beschränken sich weitgehend auf den Roman, für den verschiedene Typologien angeboten werden. S. dazu KLOTZ 1969, PIKE 1981, HARVEY 1985, SCHERPE 1988 und SMUDA 1992.
70 Zur Stadt in der lateinamerikanischen Literatur s. GROSSMANN 1947/48, PÉREZ 1983, *Les*

Realität, die Gegenwart und die Geschichte waren in jeder dieser Städte anders, so daß man von einer Literatur von Buenos Aires, Mexiko-Stadt usw. sprechen kann und muß, deren Befunde sich nur bedingt auf die anderen Städte übertragen lassen. Diese Unterschiede werden allerdings von Gemeinsamkeiten überlagert. In der Realität sind es die Industrialisierung und die Binnenwanderung, die die Städte zu unförmigen, kaum noch zu übersehenden Gebilden werden ließen. Die Folgen sind bekannt. Die mächtigen Familien, die einstmals die Zentren bewohnten, wanderten in neue Viertel, die sich immer weiter nach außen verlagern. In die freigewordenen Innenstädte rückten arme Bevölkerungsschichten nach, so daß die Zentren zu Slums wurden. An der Peripherie bilden sich neue Slums, die im Deutschen vor allem mit dem aus Brasilien stammenden Ausdruck *favelas* benannt werden, neben dem es in Lateinamerika jedoch eine Vielzahl anderer Ausdrücke gibt[71].

Merkwürdigerweise hat sich in Buenos Aires die reichste Stadtliteratur ausgebildet, und zwar im Roman wie in der Lyrik, merkwürdig deshalb, weil Buenos Aires die jüngste der Hauptstädte des kolonialen Hispanoamerika war, die erst 1778, kurz vor den Unabhängigkeitskriegen, den Rang einer Hauptstadt des Vizekönigreichs La Plata erhalten hatte. Im 19. Jahrhundert blieb sie so klein, daß ihre Bewohner sie "großes Dorf" nannten. Aufgrund der massiven Einwanderung um die Jahrhundertwende wuchs die Einwohnerzahl sprunghaft, und binnen weniger Jahre mauserte sich das große Dorf zur modernen Metropole.

Die Stadtliteratur von Buenos Aires ist durch einen inneren Zwiespalt geprägt. Einer geradezu zärtlich-intimen Beziehung steht ein schroffer Haß

---

villes dans le monde ibérique 1982, CAMPRA 1989, DAUS 1992 und SILVA 1992. Zu Buenos Aires s. vor allem CAMPRA 1989, weiterhin BREMER 1983 sowie die Beiträge von DAVID VIÑAS und DIETER REICHARDT in DAUS 1992; zu Mexiko-Stadt s. CHESTER 1981, LEDDA ARGUEDAS in CAMPRA 1989, HÖLZ 1991 sowie CARLOS MONSIVÁIS und KARL HÖLZ in DAUS 1992; zu Lima s. TALBERT 1977, Lavallé in *Les villes dans le monde ibérique* 1982, VIDAL 1986 und in CAMPRA 1989 sowie OSVALDO CARPIO und HORST NITSCHAK in DAUS 1992; zu Havanna s. PHAF 1986, ALESSANDRO RICCIO in CAMPRA 1989 sowie nochmals INEKE PHAF, GUSTAVO EGUREN und HANS-OTTO DILL in DAUS 1992; zu Chile s. FEDERICO SCHOPF und SOLEDAD BIANCHI in CAMPRA 1989; zu Brasilien s. LOWE 1982 sowie IVAN ANGELO, RONALD DAUS und HENRY THORAU in DAUS 1992.

71 Die Literatur zur Entwicklung der lateinamerikanischen Städte ist fast unüberschaubar geworden. Als Einführung in die Problematik können dienen WILHELMY/BORSDORF 1984, II, KOHUT 1986 und DIRMOSER 1990.

gegenüber, der manchmal auch zur Haßliebe werden kann. Oft findet man die beiden Gegensätze in ein- und demselben Werk nebeneinander.

In der frühen Stadtliteratur von Buenos Aires ragt die Gedichtsammlung *Fervor de Buenos Aires* von JORGE LUIS BORGES heraus, die 1923 erschien. Der Titel ist nicht einfach zu übersetzen und ist wohl am ehesten, wenn auch etwas umständlich, mit "bewundernder Liebe zu Buenos Aires" wiederzugeben. Die Gedichte rekonstituieren die Topographie der Stadt, sie evozieren Straßen, Plätze, oder ein Stadtviertel wie in dem Gedicht "Arrabal", in dem die Stadt zum Ausdruck des Bewußtseins des lyrischen Ich wird:

Arrabal
Der *arrabal* ist der Spiegel unserer Langeweile.
Meine Schritte endeten
als sie den Horizont zu betreten begannen
und ich blieb zwischen den Häusern
rechtwinklig sie in Blöcken
verschieden und gleich
als ob sie alle wären
monoton wiederholte Erinnerungen
eines einzigen Blocks.
Das schütter wachsende Gras,
verzweifelt hoffnungsvoll
bespritzte die Steine der Straße,
und ich sah in der Tiefe
die Karten der Farben des Sonnenuntergangs,
und ich fühlte *Buenos Aires*.
Diese Stadt von der ich glaubte
sie sei meine Vergangenheit
ist meine Zukunft, meine Gegenwart.
Die Jahre, die ich in Europa lebte, sind Chimäre,
ich blieb immer in Buenos Aires,
und werde immer bleiben.

(BORGES 1989, 32)

Die Gedichte der Sammlung *Fervor de Buenos Aires* sind Variationen zum Thema Identität, die der Dichter mit dieser Stadt verbindet.

In diesen Jahren sind aber auch schon Zeichen der Abwehr zu erkennen. Auch sie haben Tradition. Bereits in den ersten Jahren der Kolonie entstand die Untergattung der Stadtsatire, die man den pathetischen Beschreibungen der eingangs zitierten Autoren entgegenhalten muß, um zu einem realistischen Bild der Städte jener Zeit zu gelangen.

1914 publizierte der argentinische Anarchist PIERRE QUIROULE *La ciudad anarquista americana* (*Die anarchistische Stadt Amerikas*), in dem er sich gegen die Verbindung von Stadt und Zivilisation wendet, die besonders im 19. Jahrhundert das öffentliche Bewußtsein in Amerika prägte. QUIROULE erklärt die Ideen von Zivilisation und Fortschritt als Wahn (12), der seinen Ausdruck in den Metropolen findet, in denen der Mensch auf den Altären eines falschen Fortschritts und einer falschen Zivilisation geopfert wird. Dagegen entwirft er das Bild der neuen, anarchistischen Stadt:

In der anarchistischen Gemeinschaft wird der Mensch die Finsternis fliehen und sich von den ungesunden Orten entfernen, dem dummen Tod die Schulter kehren... Seine Vernunft wird ihn dazu führen, kleine, aber gesunde und fröhliche Städte zu bauen, die in intimem und unmittelbarem Kontakt zur Natur stehen werden. Diese Städte werden sich vermehren, bis die nötige Zahl erreicht ist, damit nicht allzu verdichtete Agglomerationen entstehen, die zum Bau unterirdischer Verkehrswege zwingen (14f).

In diesen Sätzen kommt eine radikale Kulturkritik zum Ausdruck, die vieles von dem vorwegnimmt, was in den letzten Jahrzehnten gedacht und geschrieben worden ist. In der Geschichte der lateinamerikanischen Städte stellte die anarchistische Utopie des PIERRE QUIROULE jedoch eine vereinzelte Stimme dar, deren Bedeutung erst heute gewürdigt wird.

In der Mitte des Jahrhunderts nahmen die Schriftsteller zunehmend die Veränderungen wahr, die infolge der Industrialisierung und der Binnenwanderung eingetreten waren. Das von ALEXANDER MITSCHERLICH geprägte Wort von der "Unwirtlichkeit der Städte" traf auch auf Lateinamerika zu. Eine Schlüsselrolle spielt hierbei LEOPOLDO MARECHAL, der 1948 mit *Adán Buenosayres* einen der wichtigsten Stadtromane überhaupt publizierte. In diesem Roman steigt der Protagonist in Begleitung eines Astrologen in *Cacodelphia* hinab, die "gequälte Stadt", um aus ihr zu *Calidelphia* aufzusteigen, der "glorreichen Stadt", der Stadt des Lichts. Die Wanderung durch *Cacodelphia* wird zu einem Weg durch die Gegenstadt, das negative Abbild der überirdischen Stadt.

Der gleiche Gegensatz ist in dem Roman *Sobre héroes y tumbas* (*Über Helden und Gräbern*, 1962) von ERNESTO SABATO zu erkennen. In diesem Roman finden sich Passagen, deren poetische Intensität den Vergleich mit den Gedichten BORGES' aushalten. Aber wie bei MARECHAL sieht auch SABATO unter der hellen Oberfläche die dunkle Unterstadt. Einer der Protagonisten des Romans steigt in die Abwässerkanäle der Stadt ab und reflektiert:

Schreckliche Kloaken von Buenos Aires! Schreckliche Unterwelt, Heimat des ekligen Schmutzes! Er stellte sich vor, wie oben, in strahlenden Salons, schöne und zarte Frauen, korrekt gekleidete und gesetzte Bankdirektoren und Lehrer darüber redeten, daß man keine obszönen Wörter auf die Wände schmieren dürfe; er dachte an weiße und gestärkte Unterröcke, an gestickte und durchsichtige Nachthemden, poetische Sätze an die Geliebte und bewegende Reden über die vaterländischen Tugenden. Währenddessen flossen hier unten in obszönem und pestilent stinkendem Fluß die Menstruationen der Geliebten, die Exkremente jener zarten, in Spitzen gehüllten jungen Frauen, die von den Bankdirektoren benützten Kondome, die zerstückelten Föten von Tausenden von Abtreibungen, die Speisereste von Millionen von Häusern und Restaurants, der immense, nicht meßbare Müll von Buenos Aires (371f).

Während in diesem Roman die Frage noch offen bleibt, welche Stadt die eigentlich reale sei, die helle Ober- oder die dunkle Unterstadt, wird die Frage in SABATOs folgendem Roman, *Abaddón el Exterminador* von 1974 eindeutig zugunsten der Unterstadt entschieden. Bereits zu Beginn taucht über Buenos Aires der siebenköpfige Drache auf, apokalyptisches Symbol der Hure Babylon, Gegenbild des himmlischen Jerusalem.

Ähnliche Entwicklungen sind auch in anderen lateinamerikanischen Literaturen zu bemerken. In Peru veröffentlichte SEBASTIÁN SALAZAR BONDY 1964 den Essay *Lima la horrible* (*Lima, schreckliche Stadt*), in dessen Titel bereits die Absage an das verklärende Bild früherer Zeiten erkennbar wird. ENRIQUE CONGRAINS MARTÍN verlegte die Handlung seiner Erzählungen (*Lima, hora zero; Lima zur Stunde Null*, 1954) und seines Romans *No una sino muchas muertes* (*Nicht einer sondern viele Tode*, 1957) in die Slums. In Mexiko sind es CARLOS FUENTES mit *La región más transparente* (*Landschaft in klarem Licht*, 1958) und AGUSTÍN YAÑEZ mit *Ojerosa y pintada* (*Triefäugig und geschminkt*, 1959), in Brasilien die Romane von IGNÁCIO DE LOYOLA BRANDÃO und vielen anderen mehr.

Die Stadt ist zur realen Apokalypse geworden. Diese Sicht hat einen sozialen und einen politischen Aspekt. Die Metropolen sind zu gigantischen, nicht mehr kontrollierbaren Monstren geworden, in denen der Mensch seine eigene Umwelt zerstört. Der Müll überdeckt die einstmals strahlende Oberfläche. Der im engeren Sinn politische Aspekt meint die diktatoriale Gewalt, die in den siebziger Jahren in den meisten lateinamerikanischen Staaten herrschte. Die dunkle Unterwelt bezeichnet jetzt nicht nur die Abwässer und den Müll, sondern auch die Folterkeller der Militärregime, die in SABATOs *Abaddón* alptraumhafte Gegenwart werden.

Die Stadt ist zur Apokalypse geworden. MARIO VARGAS LLOSA schreibt in dem 1984 erschienen Roman *Historia de Mayta* (*Geschichte Maytas*) über das Lima dieser Jahre:

Er hat sich mit den Geiern, Schaben, Ratten und dem Gestank dieser Müllhaufen abgefunden, die er entstehen und wachsen gesehen hat, während er seinen Morgengang machte, pünktlicher Anblick der streunenden Hunde, die die Misthaufen durchwühlt haben unter Wolken von Fliegen. Ebenso hat er sich in den letzten Jahren daran gewöhnt, neben den streunenden Hunden streunende Kinder, streunende Alte, streunende Frauen zu sehen, die alle voller Eifer den Müll durchwühlten, um etwas zu suchen, was sie essen, verkaufen oder anziehen konnten. Der Anblick des Elends, der früher auf die Außenbezirke beschränkt war, dann ins Zentrum eindrang, bestimmt die ganze Stadt. Wenn man in Lima lebt, muß man sich an Elend und Schmutz gewöhnen oder verrückt werden oder Selbstmord begehen (8).

Der Roman ist an sich kein Stadtroman im engeren Sinn, sondern ist der Untergattung des Revolutionsromans zuzurechnen. Die Degeneration der Stadt zu einem einzigen, unförmigen Slum bildet jedoch die unausgesprochene Voraussetzung für die Rebellion des Protagonisten.

CARLOS FUENTES weitete diese apokalyptische Sicht in seinem 1975 erschienenen monumentalen Roman *Terra nostra* in einer auf das Jahr 2000 projizierten Utopie auf die ganze Menschheit aus:

Aber warum wurde die Menschenwelt, anstatt Mindestmaßnahmen zu ihrer Sicherheit zu unternehmen, von dem Sieg der Mikrobenwelt so angezogen, man könnte fast sagen, hypnotisiert? Die populäre Rechtfertigung, die jeder nachplapperte, war, man solle jegliches Gesundheitsprogramm vermeiden und der Natur ihren Lauf lassen, damit sie das Problem der Überbevölkerung löse: die fünf Milliarden Bewohner eines ausgelaugten Planeten, die sich dennoch nicht von ihren Gewohnheiten lösen konnten: größerer Wohlstand für einige wenige, größerer Hunger für die große Mehrheit. Berge von Papier, Glas, Kautschuk, Kunststoff, verfaultem Fleisch, verwelkten Blumen, brennbarer Materie, die durch feuchte Materie neutralisiert wurde, Zigarettenstummel, ausgeschlachtete Autos, das Winzige und das Größte, Kondome und Monatsbinden, Pressen, Dosen und Badewannen: Los Angeles, Tokio, London, Hamburg, Teheran, New Zork, Zürich: Wegwerf-

museen. Epidemien zeitigten den erwünschten Erfolg. Die Pest des Mittelalters unterschied nicht zwischen Mann und Frau, jung und alt, reich und arm. Die moderne Pest war programmiert, in neuen, sterilen Städten, unter Kunststoffglocke, retteten sich einige Millionen, viele Bürokraten, eine Handvoll Techniker und Wissenschaftler, und die wenigen Frauen, die benötigt wurden, um die Auserwählten zu befriedigen.[72]

Die Utopie der lateinamerikanischen Stadt wird in diesen Werken zur Gegenutopie, zur Apokalypse. Man kann vermuten, daß die Kulturkritik so radikal ausfällt, weil die Idee der Stadt von Anfang an mit der Utopie einer idealen Gemeinschaft verbunden war, so wie sie LEOPOLDO MARECHAL in seinem Bild von *Philadelphia* noch einmal Gestalt werden ließ:

Philadelphia wird seine Kuppeln und Türme wie das Gesicht eines Kindes einem strahlenden Himmel entgegenstrecken. Wie die Rose unter den Blumen, wie der Distelfink unter den Vögeln, wie das Gold unter den Metallen, so wird Philadelphia, die Stadt der Brüder, unter den Städten dieser Welt herrschen. Eine friedliche und freundliche Menschenmenge wird ihre Straßen bevölkern: der Blinde wird seine Augen dem Licht öffnen, wer verneint hatte, wird das Verneinte bejahen, der Verbannte wird die Erde seiner Geburt wieder betreten und der Verdammte wird schließlich wieder frei sein. [...] Denn Philadelphia wird die Stadt der Brüder sein und wird die Wege des Himmels und der Erde kennen, so wie die rosakehligen Tauben, die eines Tages in ihren Türmen nisten werden, in ihren anmutigen Minaretten (366).

Die Stadt als Apokalypse ist eine Antwort auf die Stadt als unerreichbare Utopie. Aber trotz aller apokalyptischen Kulturkritik ist das positive Bild der Stadt nicht untergegangen, sondern lebt weiter, wie der 1990 erschienene Roman *La reina del Plata* (*Die Königin des Plata*) von ABEL POSSE oder der bereits erwähnte Essay *El río sin orillas* (1991) von JUAN JOSÉ SAER beweisen. Der Roman POSSEs endet mit den Worten, die Zeichen einer fast trotzigen Identifikation des Dichters mit seiner Stadt sind:

Die Stadt war dort. Mutter, Schwester, Feindin oder Komplizin. Sie war die Sphinx die triumphierende Legionen vorbeiziehen sieht, Karavanen von Sklaven oder bloßen Turisten. [...]

---

72 Die Übersetzung entstammt in diesem Fall der deutschen Ausgabe, 1109f.

Buenos Aires, die Königin des Plata. Mit ihrem Prestige, ihrer mitteleuropäischen Sehnsucht, ihrer Melancholie, ihren Novemberfreuden. Ihrem Winter.
Ich verstand, daß wir in irgendeiner Art und Weise die Materie ihrer Ewigkeit sein werden, daß die Stadt aus ihrem Zement gebaut ist, ihrem Granit und mit unserer vielfältigen Menschlichkeit. Schweigsamme Mutter, vom Anfang bis zum Ende (254).

Im Haß wie in der Liebe kommt in der lateinamerikanischen Stadtliteratur eine persönliche Beziehung zur Stadt zum Ausdruck. Die Stadt ist für die Autoren, um im Bild von Abel Posse zu bleiben, die Mutter, die ihre Kinder schützend umfängt oder verstößt, manchmal beides zur gleichen Zeit. Niemals jedoch wird sie ihnen gleichgültig.

Literatur
Zitierte literarische Werke

BALBUENA, BERNARDO. 1985 [1604]. *Grandeza Mexicana*. In: *Gran colección de la literatura mexicana*, 267-332.

BORGES, JORGE LUIS. 1989. *Fervor de Buenos Aires*. In: *Obras completas*. Buenos Aires: Emecé, I 11-52.

BRANDÃO, IGNÁCIO DE LOYOLA. 1973. *Zero*. Rio de Janeiro: global editora.

CABRERA INFANTE, GUILLERMO. 1979. *La Habana para un infante difunto*. Barcelona: Seix Barral.

CERVANTES DE SALAZAR, FRANCISCO. 1985 [1554]. México en 1554. In: *Gran colección de la literatura mexicana*, 1-66.

CONGRAINS MARTÍN, ENRIQUE. 1954. *Lima, hora zero*. Lima: Círculo de Novelistas Peruanos.

- . 1975 [1957]. *No una sino muchas muertes*. Barcelona: Planeta.

DÍAZ DEL CASTILLO, BERNAL. 1977 [16. Jh.]. *Historia verdadera de la Conquista de la Nueva España*. Ed. Joaquín Ramírez Cabañas. 7a ed. México: Porrúa.

FUENTES, CARLOS. 1958. *La región más transparente*. México.

- . 1975. *Terra nostra*. México: Joaquín Mortiz. Dt. *Terra nostra*. Stuttgart: Deutsche Verlags-Anstalt 1980.

Gran colección de la literatura mexicana. La literatura de la colonia. 1985. México: Promexa.

MARECHAL, LEOPOLDO. 1992 [1948]. *Adán Buenosayres*. 14a ed. Buenos Aires: Editorial Sudamericana.

POSSE, ABEL. 1990. *La reina del Plata*. Esplugues de Llobregat (Barcelona): Plaza & Janés.

QUIROULE, PIERRE. 1991 [1914]. *La Ciudad Anarquista Americana*. Ed. de LUIS GÓMEZ TOVAR, RAMÓN GUTIÉRREZ y SILVIA A. VÁZQUEZ. Madrid: Tuero (= Utopías Libertarias Americanas, 1).

SABATO, ERNESTO. 1968 [1961]. *Sobre héroes y tumbas*. Barcelona: Planeta.

SAER, JUAN JOSÉ. 1991. *El río sin orillas. Tratado imaginario*. Madrid - Buenos Aires: Alianza Editorial.

SALAZAR BONDY, SEBASTIÁN. 1964. *Lima la horrible*. Lima

SARMIENTO, DOMINGO FAUSTINO. 1970 [1845]. *Facundo. Civilización y barbarie*. Ed. de ROBERTO YAHNI. Madrid: Alianza.

VARGAS LLOSA, MARIO. 1984. *Historia de Mayta*. Barcelona: Seix Barral.

YÁÑEZ, AGUSTÍN. 1959. *Ojerosa y pintada. La vida en la ciudad de México*. México.

Literatur zu den Metropolen und ihrer Literatur

BREMER, THOMAS. 1983. Buenos Aires/Montevideo. Zur Entstehung der erzählten Stadt am Río de la Plata bis zur Entstehung des städtischen Sozialromans. In: *Lateinamerika Studien* 12: 283-305.

CAMPRA, ROSALBA (ed.). 1989. *La selva en el damero. Espacio literario y espacio urbano en América Latina*. Pisa: Giardini.

CHESTER, C. CHRISTIAN. 1981. Poetic and Prosaic Description of Colonial Mexico City. In: *Exploration* 9, 1-21.

DAUS, RONALD (Hg.). 1992. *Großstadtliteratur. Ein internationales Colloquium über lateinamerikanische, afrikanische und asiatische Metropolen in Berlin 14.-16. Juni 1990*. Frankfurt a.M.: Vervuert Verlag.

DIRMOSER, DIETMAR u.a. (Hg.). 1990. *Vom Elend der Metropolen*. Hamburg: Junius Verlag (= Lateinamerika. Analysen und Berichte, 14)

DOS PASSOS, JOHN. 1925. *Manhattan Transfer*. New York und London. dt.: Berlin.1927 u.ö.

GROSSMANN, RUDOLF. 1947/48. *Die Funktion der Stadt im lateinamerikanischen Geistesleben*. In: *Romanistisches Jahrbuch* 1, 154-167.

HARVEY, DAVID. 1985. *Consciousness and the Urban Experience*. Oxford: Basil Blackwell.

HÖLZ, KARL. 1991.*Literarische Städteansichten von Mexiko. Vom privilegierten Ort einer idealen Stätte zur Anarchie der "Ciudad perdida"*. In: *Revue Luxembourgeoise de Littérature Générale et Comparée*, 14-43.

KLOTZ, VOLKER. 1969. *Die erzählte Stadt. Ein Sujet als Herausforderung des Romans von Lesage bis Döblin*. München: Hanser.

KOHUT, KARL (Hg.). 1986. *Die Metropolen in Lateinamerika - Hoffnung und Bedrohung für den Menschen*. Regensburg: Pustet (= Eichstätter Beiträge, 18).

LOSADA, ALEJANDRO. 1977. La literatura urbana como praxis social en América Latina. In: *Ideologies and Literature* (Minneapolis) 4, 33-62.

LOWE, ELIZABETH. 1982. *The City in Brazilian Literature*. London - Toronto: Associated U.P.

MITSCHERLICH, ALEXANDER. 1965. *Die Unwirtlichkeit unserer Städte*. Frankfurt a.M.: Suhrkamp.

PALMA, RICARDO. 1968 [in 11 Bd. 1872-1918]. *Tradiciones Peruanas*. Madrid.

PÉREZ, JOSEPH (ed.). 1983. *Villes et nations en Amérique Latine. Essais sur la formation des consciences nationales en Amérique Latine*. Paris.

PHAF, INEKE. 1986. *Havanna als Fiktion. Standortgebundenheit und städtische Perspektive im kubanischen Roman 1959-1980*. München: Wilhelm Fink Verlag (= Beiträge zur Soziologie und Sozialkunde Lateinamerikas, 39).

PIKE, BURTON. 1981. *The Image of the City in Modern Literature*. Princeton: University Press.

SABATO, ERNESTO. 1961. *Sobre héroes y tumbas*. Buenos Aires. dt.: *Über Helden und Gräber*. Wiesbaden 1967.

SCHERPE, KLAUS R. (Hg.). 1988. *Die Unwirklichkeit der Städte. Großstadtdarstellungen zwischen Moderne und Postmoderne*. Reinbek bei Hamburg: Rowohlt (rowohlts enzyklopädie).

SILVA, ARMANDO. 1992. *Imaginarios urbanos*. Bogotá: Tercer Mundo Editores.

SMUDA, MANFRED (Hg.). 1992. *Großstadt als "Text"*. München: Fink.

TALBERT, JAMES WALTER. 1977. *Images of Lima in Recent Peruvian Fiction*. Diss. Indiana U.

VIDAL, LUIS FERNANDO. 1986. *La ciudad en la narrativa peruana*. Lima.

La ville en Amérique espagnole coloniale. 1984. Séminaire Interuniversitaire sur l'Amérique espagnole coloniale. Premier Colloque, 4 et 5 juin 1982. Paris: Université de la Sorbonne Nouvelle Paris III.

Les villes dans le monde ibérique. 1982. Paris: Eds. du C.N.R.S.

WILHELMY, HERBERT und AXEL BORSDORF. 1984/85. *Die Städte Südamerikas*. 2 Bde., Berlin und Stuttgart.

Johannesburg - Entwicklung der Stadt von der Spät- zur Post-Apartheid

Jürgen Bähr

Mit ca. 2 Mio. Einwohnern (Zensus 1991) zählt Johannesburg nicht zu den größten Städten der Erde. Aus zwei Gründen erscheint es jedoch gerechtfertigt, sich im Rahmen einer auf Megastädte bezogenen Vortragsreihe auch mit Johannesburg zu beschäftigen. Zum einen bildet die Stadt nur den Kern des größeren Verdichtungsraumes "Witwatersrand" (Abb. 1), der heute fast 5 Mio. Bewohner, unter Einschluß der Hauptstadt Pretoria im Norden und des industriellen Vaal-Dreiecks im Süden (PWV-Komplex), sogar über 7 Mio. Einwohner zählt. Zum anderen hat die Apartheid-Politik mit den gesetzlichen Regelungen der *influx control* (Zuwanderungsbeschränkung für Schwarze) das Wachstum des Ballungsraumes "künstlich" verringert bzw. zu einer großen Zahl illegaler Zuzüge geführt, die sich in den offiziellen Einwohnerzahlen nur unzureichend widerspiegeln. So werden für die Schwarzen-Siedlung Soweto im Südwesten von Johannesburg im Zensus von 1991 nur 600.000 Bewohner angegeben; Schätzungen gehen jedoch von bis zu 2 Mio. Einwohnern aus.

Tab. 1: Bevölkerungsentwicklung in der PWV-Area, 1960 - 2010

Gebiet	1960	1985	2010
Pretoria	0,55	1,12	2,4
West Rand	0,25	0,72	1,7
Central Rand (Johannesburg)	1,12	2,29	4,4
East Rand	0,52	1,78	3,2
Far East Rand	0,26	0,55	1,6
Vaaldreieck	0,28	0,66	1,9
Gesamt	2,98	7,12	15,2

Quelle: Urban Foundation (ca. 1990)

Nach Aufhebung aller Apartheid-Reglementierungen im Jahre 1991 kam es zu einem starken Bevölkerungszustrom in die Städte, namentlich in das Witwatersrand-Gebiet. Der dadurch hervorgerufene Anstieg der Einwohnerzahlen dürfte sich in Zukunft noch verstärken; die Urban Foundation rechnet im Jahre 2010 mit ca. 15 Mio. Einwohnern in der PWV-Region (Tab. 1). Damit wird

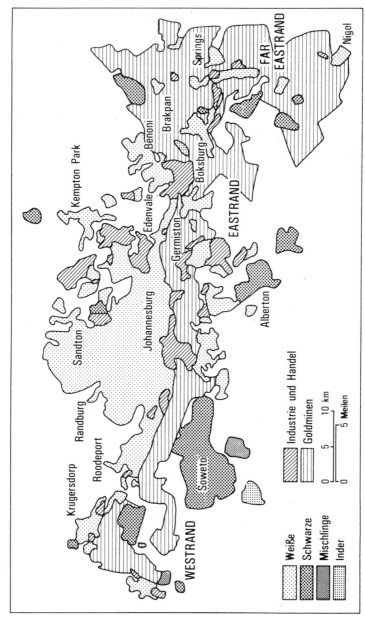

Abbildung 1: *Group areas* sowie Bergbau- und Industriegebiete am Witwatersrand
Quelle: BÄHR & SCHRÖDER-PATELAY 1982, verändert

eine weitgehende Überformung der während der Apartheid-Zeit geschaffenen Stadtstrukturen einhergehen, deren Anfänge sich schon heute abzeichnen.

Diese Veränderungen werden im Mittelpunkt des Beitrages stehen. Ein erster, historisch angelegter Abschnitt beschäftigt sich mit der Stadtentwicklung im südlichen Afrika, um die Sonderstellung Johannesburgs, als einer sehr jungen, auf die Entdeckung der reichen Goldvorkommen am Witwatersrand im Jahre 1886 zurückgehenden Stadt, herauszuarbeiten. Im Anschluß daran wird Johannesburg als Apartheid-Stadt charakterisiert und insbesondere den Folgen des *Group Areas Act* (Trennung der Wohngebiete nach Rassen) für die Stadtstruktur nachgegangen. Der jüngere politische Wandel hat schon vor einer endgültigen Aufhebung der Apartheid eine grundlegende Umgestaltung dieser Strukturen bewirkt. Diese soll im einzelnen dargestellt und ein Ausblick auf die künftige Stadtentwicklung gegeben werden.

Phasen der Stadtentwicklung im südlichen Afrika (vgl. Abb. 2)

Die Stadtentwicklung in Südafrika beginnt mit der Gründung von Kapstadt im Jahre 1652 durch Jan van Riebeeck als Stützpunkt der Holländisch-Ostindischen Gesellschaft. Vor dieser ersten Dauerniederlassung von Europäern gab es im südlichen Afrika keine Städte. Der Raum war insgesamt vergleichsweise dünn besiedelt: Im gesamten ariden Westen lebten lediglich nomadisierende Hottentotten sowie Buschmänner als Sammler und Jäger. Nur in Teilen des gut beregneten Ostens waren Ackerbau treibende Bantu-Gruppen, von Norden vorstoßend, seßhaft geworden. Diese dehnten ihre Siedlungsräume im Laufe der Zeit weiter aus, und so kam es erstmals gegen 1770 zu Zusammenstößen mit den vom Kapland vordringenden Siedlern.

Der Typ der kapholländischen Stadt ist auf den verhältnismäßig kleinen Raum des unmittelbaren Kaplandes beschränkt. Neben Kapstadt zählen Paarl (1657) und Stellenbosch (1679) dazu. Sie fungierten als Verwaltungs-, Handels- und Kirchorte und wurden in ihrer Physiognomie vom Leuchtend-weiß des reetgedeckten kapholländischen Hauses bestimmt. Wichtiger als das architektonische Erbe jener Frühzeit, das sich heute nur noch in einzelnen Gebäuden zeigt, sind die bevölkerungsmäßigen Veränderungen. Aufgrund einer restriktiven Einwanderungspolitik der Kompagnie sind nur verhältnismäßig wenig Weiße ins Kapland gekommen. Stattdessen führte man schon in der zweiten Hälfte des 17. Jh. Sklaven aus Angola und Westafrika, aus Madagaskar sowie aus den holländischen Besitzungen Ostasiens ein (STEINBERG 1982, S. 38). Aus

Europäern (vor allem Holländer, Hugenotten und Deutsche), Hottentotten, afrikanischen, madagassischen und asiatischen Sklaven entstand die Mischlingsbevölkerung der *Coloureds* (heute ca. 3,3 Mio. = 10,6 % der Bevölkerung), die sich auch in der Gegenwart noch eindeutig auf die Kapprovinz konzentriert und hier 45,6 % der Bevölkerung stellt (Zensus 1991; der Zensus umfaßte nicht die sog. TBCV-Staaten: Transkei, Bophuthatswana, Ciskei und Venda).

Die zweite Phase der Stadtentwicklung hängt mit der Eingliederung der Kapkolonie in das britische Weltreich zusammen (1806, formal 1814) und der nachfolgenden Ausdehnung der Siedlungstätigkeit entlang der Ostküste Natals (SCHNEIDER & WIESE 1983, S. 20). Hier wurden u. a. Port Elisabeth (1820), Durban (1824) und East London (1846) gegründet. Dabei handelte es sich um Handels-, Umschlags- und Verwaltungsorte der Briten, deren Architektur vom Kolonialstil der Viktorianischen Zeit bestimmt war.

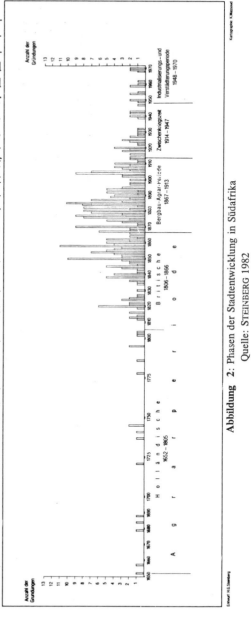

Abbildung 2: Phasen der Stadtentwicklung in Südafrika
Quelle: STEINBERG 1982

Für die Wirtschafts- und Bevölkerungsentwicklung nicht nur Natals, sondern ganz Südafrikas hatte die Einführung des Zuckerrohranbaus ab 1847 eine sehr weitreichende Bedeutung, vor allem deshalb, weil als Arbeitskräfte ab 1860 Inder ins Land geholt wurden, die auch nach Ablauf ihrer Kontrakte im allgemeinen nicht in ihre Heimat zurückkehrten. Hinzu kamen sog. *passenger Indians*, die als britische Staatsbürger auch ohne Verträge nach Südafrika einreisen konnten, um hier Arbeit zu suchen. Beide Gruppen legten den Grundstock für die zahlenmäßig bis heute (1991) auf ca. 987.000 (=3,2 %) angewachsenen indischen Bevölkerung, die noch immer überwiegend in Natal lebt (hier 31,6 % der Bevölkerung) und in Durban sogar die größte Bevölkerungsgruppen bildet (50,6 %; vgl. Tab. 2).

Tab. 2: Bevölkerungsentwicklung und -zusammensetzung in den Metropolitanregionen von Johannesburg, Kapstadt und Durban[1)]

	Weiße (%)	Mischlinge (%)	Asiaten (%)	Schwarze (%)	Gesamt (in 1.000)
Johannesburg (incl. Randburg, Sandton, Soweto)					
1946 51,8	3,6	2,6	42,1		618
1970 34,4	6,0	2,8	56,9		1.442
1991 28,1	6,8	3,4	61,6		1.916
Kapstadt					
1946 47,1	44,8	8,1			384
1970 34,5	54,7	1,0	9,8		1.108
1991 26,0	53,5	1,2	19,3		2.350
Durban					
1946 34,4	3,2	31,5	30,9		340
1970 30,2	5,3	37,7	26,8		851
1991 28,8	5,7	50,6	14,8		1.137

Quelle: SCHNEIDER & WIESE (1983); Republic of South Africa (1992), ergänzt

1) Die angeführten Zahlen können nur Tendenzen andeuten, da sich die Abgrenzung der Gebiete z. T. mehrfach geändert hat. Einen Sonderfall stellt die Entwicklung im Raum Durban dar: Der auffällige Rückgang der schwarzen Bevölkerung erklärt sich aus mehrfachen Grenzveränderungen zum *homeland* KwaZulu, wodurch einzelne *townships* aus der Stadt ausgegliedert wurden.

Lagen die bisher gegründeten Städte überwiegend an der Küste oder in küstennahen Bereichen, so änderte sich das mit dem berühmten "Großen Treck" der Buren. In den Jahren 1835 - 37 zogen über 5.000 Buren samt ihren Untergebenen mit ihren Ochsenwagen aus der östlichen Kapkolonie in das Landesinnere, um der britischen Oberhoheit zu entfliehen und ihre eigene Identität und Gesellschaftordnung zu bewahren (Entstehung der Burenrepubliken Oranje-

Freistaat und Transvaal). Die von den Voortrekkern angelegten Siedlungen sind in ihrer Mehrzahl bis heute kleine ländliche Verwaltungs-, Kirch- und Schulorte geblieben. Allein das 1855 gegründete Pretoria hat sich als spätere Hauptstadt der Union von Südafrika (1910) zu einer wirklichen Großstadt mit 468.000 Ew. (1991; Großraum ca. 1.1 Mio.) entwickelt. Bis heute stellen die Weißen in der Stadt die Bevölkerungsmehrheit (78,2 %) und sind auch im Großraum die zahlenmäßig stärkste Gruppe (49,0 %; RSA insgesamt nach Zensus 1991: 5,1 Mio. = 16,4 %).

Am Ende der Agrarperiode (vgl. Abb. 2) war Kapstadt mit ca. 40.000 Ew. die bei weitem größte Stadt in Südafrika, erst mit erheblichem Abstand folgten u. a. Grahmstown und Port Elisabeth (jeweils ca. 5.000 Ew.). Diese Situation änderte sich schlagartig mit der Entdeckung der reichen Diamant- (1867 bei Kimberley) und Goldvorkommen (1886 bei Johannesburg). Jetzt setzte nicht nur eine neue Gründungswelle von Bergbau- und später auch von Industriestädten ein, auch bevölkerungsmäßig wurden viele der älteren Städte sehr schnell überflügelt. Nur Kapstadt und Durban konnten ihre Stellung weitgehend bewahren und bilden heute nach dem Witwatersrand den zweit- und drittgrößten Ballungsraum der Republik Südafrika (Tab. 2).

Stadtentwicklung von Johannesburg

Blickt man von einem der Aussichtspunkte über Johannesburg, so läßt sich noch heute erkennen, daß die Stadt "auf Gold gebaut" ist. Abraumhalden und Fördertürme aus der Zeit der ersten Goldfunde ziehen sich als breites Band mitten durch die Stadt und bewirken ihre auffällige Zweiteilung in einen nördlichen und südlichen Sektor (Abb. 1).

Die Ursprünge von Johannesburg gehen auf drei schon 1886 eingerichtete Goldgräbercamps zurück, von denen sich zwei in unmittelbarer Nähe der heutigen City befanden. Auch die Grundzüge der sozialräumlichen Struktur sind schon in der Gründungszeit angelegt worden: Ober- und Mittelschicht wohnten nördlich des Zentrums, während die Arbeitersiedlungen der weißen Unterschicht wie auch die Wohnquartiere der schwarzen Arbeitskräfte im westlichen und südlichen Teil der Stadt in der Nähe der Minenfelder lagen. Im Gegensatz zu den burischen Städten, wie z. B. Pretoria, bestand eine strenge Trennung nach Rassen damals allerdings noch nicht (vgl. Abb. 2 in BÄHR & SCHRÖDER-PATELAY 1982, S. 492).

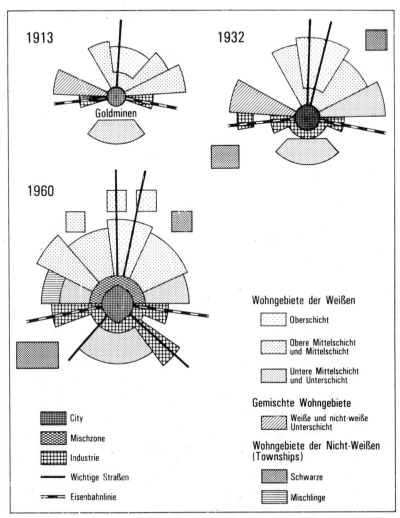

Abbildung 3: Schematische Darstellung der Stadtstruktur Johannesburgs 1913-1960
Quelle: BÄHR & SCHRÖDER-PATELAY 1982, verändert

Die Gründung der Union von Südafrika (1910) hatte für die Stadtentwicklung Johannesburgs weitreichende Konsequenzen, die sich im Vergleich der Strukturschemata der Jahre 1913 und 1932 widerspiegeln (Abb. 3):

1) Die wirtschaftliche Basis der Stadt begann sich zu wandeln: Aus einer monofunktionalen Bergbaustadt wurde eine multifunktionale Handels- und Industriestadt. Im Citybereich wurde die Wohnfunktion mehr und mehr verdrängt. Sichtbarstes Zeichen der gewachsenen Bedeutung bildeten hier neue, vielgeschossige Büro- und Geschäftshochhäuser.

2) Ihre sozio-ökonomische Struktur veränderte sich: Zur Einwanderung aus Übersee trat seit dem Burenkrieg (1899-1902) in zunehmendem Maße der Zustrom Afrikaans sprechender Landbewohner (*Poor Whites*), die in eine fremde städtische Umwelt integriert werden mußten. Das gelang vor allem dadurch, daß man sie vor unliebsamer schwarzer Konkurrenz auf dem Arbeitsmarkt schützte (z. B. Einführung von *job reservation*) und auch die Trennung der Wohngebiete nach Rassen vorantrieb (Anfänge von Soweto im Südwesten und Alexandra im Nordosten). Die zugezogenen Buren siedelten sich vorzugsweise im Süden der Stadt an. Hier entstanden neue Wohnviertel mit kleinen Grundstücken und winzigen Häusern.

Die Weltwirtschaftskrise bedingte nur eine vorübergehende Unterbrechung des ökonomischen Aufschwungs von Johannesburg. Vor allem während des Zweiten Weltkriegs gingen vom Bergbau vielfältige Wachstumsimpulse auf die verarbeitende Industrie aus, weil Südafrika damals von den überseeischen Lieferländern abgeschnitten war und sich um eine Substituierung bisher eingeführter Produkte bemühte. Die Gesamtbevölkerung Johannesburgs, die von 1886 - 1932 auf knapp 400.000 Menschen zugenommen hatte, verdoppelte sich während der nächsten 16 Jahre auf über 800.000 Bewohner. Die Zuwanderung wurde jetzt vorwiegend von der schwarzen Bevölkerungsgruppe getragen, da das weiße Arbeitskräftereservoir weitgehend ausgeschöpft war.

Die schnell wachsende Zahl von Nicht-Weißen insbesondere in Johannesburg hatte eine Verschärfung der legislativen Kontrollmaßnahmen zur Folge. Speziell seit 1948, als die burische Nationalpartei die Macht im Staate übernahm, vollzog sich die Verstädterung nicht länger als mehr oder weniger freies Kräftespiel, sondern wurde ganz entscheidend durch gesetzliche Bestimmungen geregelt. Für die weitere Stadtentwicklung erwies sich vor allem der *Group Areas Act* aus dem Jahre 1950 von entscheidender Bedeutung, der die für Schwarze schon 1923 eingeführte Trennung der städtischen Wohngebiete auf Mischlinge und Asiaten ausdehnte. Danach teilte man jede Stadt in einzelne Bereiche, die nur jeweils einer Rasse vorbehalten waren (für den Witwatersrand vgl. Abb. 1). Durch die Auflösung gemischtrassiger Gebiete und kleinerer, meist zentrumsnah gelegener "ethnischer Inseln" sollten die räumlichen Kontakte zwischen den Rassen auf ein Minimum beschränkt werden. Um dieses Ziel zu erreichen, waren umfangreiche Umsiedlungen notwendig, die sich häufig unter dem Vorzeichen der Slumsanierung vollzogen. Dadurch begann sich die *segregration city* (mit ungeplanter Segregation) allmählich zur *Apartheid-city* (mit geplanter Segregation) zu wandeln (DAVIES 1981). Von nun ab wurde die räumliche Stadtstruktur zum einen durch Prozesse der sozio-ökonomischen Viertelsbildung (auf der Seite der Weißen), zum anderen durch die zwangsweise Zuweisung von Wohnquartieren auf ethnischer Basis, die zum größten Teil weit außerhalb des eigentlichen Stadtgebietes lagen (auf der Seite der Nicht-Weißen), gesteuert.

Das Strukturschema des Jahres 1960 (Abb. 3) läßt die Überlagerung der beiden Bestimmungsfaktoren und die dadurch hervorgerufenen Veränderungen im Stadtgefüge klar erkennen:

1) Die City expandierte nicht mehr nur in vertikale, sondern auch in horizontale Richtung. Das Wachstum nach Norden wurde entscheidend durch die Tieferlegung und Überbrückung des Eisenbahngeländes im Jahre 1950 gefördert. Am Rande der City bildete sich eine Mischzone heraus, in der die Wohnfunktion teilweise durch Dienstleistungen, teilweise durch Gewerbe und Leichtindustrie verdrängt wurde.

2) Durch den Ausbau des Schnellstraßen- und Stadtautobahnsystems verbesserte sich insbesondere die Anbindung der nördlichen Stadtteile an die City. Damit beschleunigte sich der Suburbanisierungsprozeß der weißen Bevölkerung, und es begann die Umformung ehemals ländlicher Gebiete an der nördlichen Peripherie zu Wohnvororten der Mittel- und Oberschicht. Mit einer gewissen zeitlichen Verzögerung kam es auch zu einer Verlagerung von Handel und Dienstleistungen in die Vororte.

3) Von den Sanierungs- und Umsiedlungsmaßnahmen im Rahmen des *Group Areas Act* war in erster Linie der westliche Sektor betroffen. Sämtliche hier lebende Bantu wurden ab 1953 in das wesentlich erweiterte, von einer unübersehbaren Zahl sog. *matchbox houses* geprägte South Western Township (Soweto) umgesiedelt, die indische Bevölkerung z. T. nach Lenasia, die Mischlinge nach Eldorado Park. Nicht nur daß die Menschen dadurch aus ihrer angestammten Umgebung und ihren sozialen Bezügen herausgerissen wurden, auch weitere Wege zum Arbeitsplatz und zu den Versorgungseinrichtungen waren Folgen der *forced removals*.

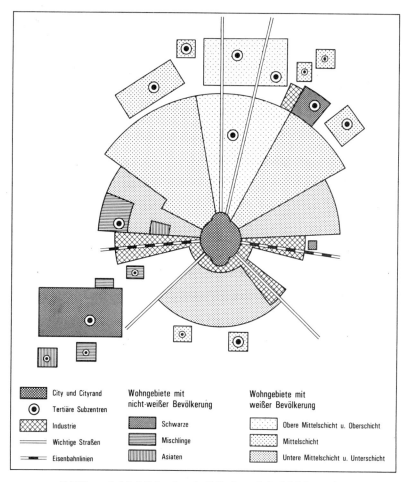

Abbildung 4: Modell der Apartheid-Stadt am Beispiel Johannesburgs
Quelle: BÄHR & JÜRGENS 1993

Die Anwendung des Modells der Apartheid-Stadt auf Johannesburg (Abb. 4) faßt die Grundzüge der inneren Gliederung für die Zeit um das Ende der

70er Jahre nochmals zusammen. Dabei sind sowohl ringförmige wie sektorenförmige und kernförmige Elemente zu erkennen:

Das Stadtzentrum von Johannesburg bildet die City mit ihrer charakteristischen Hochhausüberbauung (u. a. 52stöckiges Carlton Center). Die Silhouette der Stadt weist daher starke Ähnlichkeit mit nordamerikanischen Ballungsräumen auf. Der Expansionsdruck der City ist in nördliche Richtung besonders stark; mehr und mehr dehnt sie sich auf die angrenzenden Wohngebiete der Mittel- und Oberschicht aus.

Die sozialräumliche Untergliederung der weißen Wohngebiete erfolgt unter dem Einfluß des Reliefs, der Lage zu den ersten nicht-weißen Wohnquartieren sowie den Standorten von Bergbau und Industrie. Ihre sektorenförmige Anordnung wird durch zwei Orientierungsachsen bestimmt: zum einen durch die Bergbau- und Industriezone entlang der Eisenbahnlinie, zum anderen durch die Entwicklungsrichtung des Oberschichtviertels. Zu beiden Seiten des statushöchsten Sektors erstrecken sich die Mittelschichtsektoren, während die Sektoren der weißen Unterschicht und unteren Mittelschicht die Bergbau- und Industrieareale begleiten.

Die *townships* der nicht-weißen Bevölkerung liegen hauptsächlich an der südlichen Peripherie, durch eine auffällige *buffer zone* von den weißen Wohngebieten getrennt. Außerdem besteht noch ein größeres Wohngebiet für Schwarze (Alexandra) in der Nähe des Oberschichtsektors und mehrere für Mischlinge im westlichen Unterschichtsektor. Dieses Verteilungsmuster geht nur z. T. auf ältere Ansätze zurück, dahinter stehen vor allem die zwangsweise Suburbanisierung und geplante Segregation in Anwendung des *Group Areas Act*.

Reform-Apartheid und deren Auswirkungen

Angesichts zunehmender demographischer Auseinanderentwicklung von weißer und nicht-weißer Bevölkerung, wachsender politischer Emanzipation der schwarzen Bevölkerungsmehrheit und verstärktem internationalem Druck wurde es für die südafrikanische Regierung immer schwieriger, den Führungsanspruch der weißen Bevölkerungsgruppe aufrechtzuerhalten. Nach den Soweto-Unruhen von 1976 sind daher grundlegende politische Reformen eingeleitet worden (Phase der Reform-Apartheid). Diese hatten einerseits zum Ziele, international besonders anstößige Formen der Apartheid, vor allem die im *Seperate Amenities Act* von 1953 festgeschriebene *petty-Apartheid* (getrennte Nutzung öffentlicher Einrichtungen), abzuschaffen sowie die Gesetzespraxis an die wirtschaftlichen und gesellschaftlichen Veränderungen anzupassen, ohne jedoch den Kerngedanken des Apartheid-Konzeptes schon vollständig aufzugeben. Dies geschah erst nach der Wahl von F. W. de Klerk zum Staatspräsidenten im Jahre 1989. In der ersten Hälfte des Jahres 1991 sind mit dem *Population Registration Act*, der ursprünglich die rassenspezifische Registrierung der Bevölkerung vorsah, und dem *Group Areas Act* die wichtigsten Säulen der Apartheid-Gesetzgebung gefallen. Aber auch schon unter der Reform-Apartheid sind in den großen Städten, und namentlich in Johannesburg, neue Raumstrukturen entstanden, welche der Apartheid-Stadt nicht mehr entsprachen. Zunächst vollzog sich dies teilweise noch außerhalb der südafrikanischen Rechtsnormen, seit 1991 sind alle eingetretenen Veränderungen auch rechtlich abgesichert (vgl. im folgenden BÄHR & JÜRGENS 1993).

Entwicklung einer gemischtrassigen City

Von den Beschränkungen des *Group Areas Act* waren auch Handel, Gewerbe und Dienstleistungen betroffen, die ebenfalls nur innerhalb der für die jeweilige Bevölkerungsgruppe proklamierten Gebiete ausgeübt werden durften. So war nicht-weißen Gewerbebetrieben der Zugang zum CBD generell versperrt. Allerdings war es bereits seit Ende der 60er Jahre weit verbreitete Praxis, zum Erhalt von Lizenzen, insbesondere für indischen Händler, das *nominee*-System zu verwenden, d. h. den Vertrag mit Hilfe weißer "Strohmänner" abzuschließen. Schätzungsweise sind zu Beginn der 80er Jahre im Zentrum von Johannesburg 30 - 50 % aller Läden auf diese Weise und somit illegal geführt worden.

Einerseits war es dieser offenkundige Widerspruch zu bestehenden Gesetzen, der die Regierung bewog, über Anpassungsstrategien nachzudenken, andererseits sollten diese auch dazu dienen, die Investitionstätigkeit nicht-weißer Unternehmer anzuregen und Kapital in arbeitsplatzschaffende Wirtschaftszweige zu lenken. In allen größeren Städten sind daher seit 1984 sog. *free trading areas* eingerichtet worden. Das bedeutete, daß es in bestimmten Zonen, die üblicherweise den CBD einschlossen, nunmehr allen Bevölkerungsgruppen möglich war, Handel und Gewerbe nachzugehen oder Dienstleistungen anzubieten.

Die Erfolge dieser Maßnahmen werden hier am Beispiel des CBD von Durban dargestellt, weil für Johannesburg keine entsprechenden Untersuchungen vorliegen (Abb. 5; JÜRGENS & BÄHR 1992). Eigene Erhebungen und Befragungen in fünf Büro- und Ladenkomplexen haben ergeben, daß schon 1989 der Anteil nicht-weißer Mieter von Läden bzw. Büro- und Gewerbeflächen zwischen 13 und 33 % schwankte. Vorwiegend waren es allerdings Inder, die die neuen Chancen sehr schnell ergriffen haben, um entweder als Rechtsanwälte, Versicherungsagenten u. ä. Fühlungsvorteile zum Banken- und Versicherungsgewerbe zu suchen, das sein Zentrum im *hardcore* CBD hat, oder als Geschäftsleute mit exklusivem und hochspezialisiertem Angebot auch weiße Kunden anzusprechen. Schwarze Händler und Handwerker gab es nur in einem Gebäude, das nicht zu den Prestige-Immobilien zählt und wo die Mieten daher niedriger waren. Ihr Angebot richtete sich in erster Linie auf nicht-weiße Kunden aus; Nähgewerbe und Schuhproduktion waren überdurchschnittlich vertreten. Aber auch hinsichtlich Größe und Finanzkraft traten deutliche Unterschiede zwischen indischen und schwarzen Betrieben auf (Tab. 3).

Tab. 3: Größe und Ausrichtung nicht-weißer Betriebe in der *free trading area* von Durban, 1989

Größe

	Inder	Schwarze
qm Mietfläche	77	41,1
Anzahl Angestellte/ Mitarbeiter	3,5	2,1
R/qm Miete	15,5	10,6

Ausrichtung

	Inder	Schwarze
Nähgewerbe	2	6
Schuster, Schuhproduktion	-	2
Finanzgewerbe	3	1
Großhandel	2	1
Friseur	2	1
Herbalist	1	2
allgem. Ladengeschäft	3	-
Druckerei	1	-
Optiker	1	-
Tanzschule	-	1
Gewerkschaft	-	2
Gesamt	15	16

Quelle: JÜRGENS & BÄHR (1992)

Mit der endgültigen Aufhebung der Apartheid ist die Sonderstellung der *free trading areas* gewichen. Dadurch hat sich jedoch der Wettbewerb unter den einzelnen Bevölkerungsgruppen verschärft, auf den diese höchst unterschiedlich

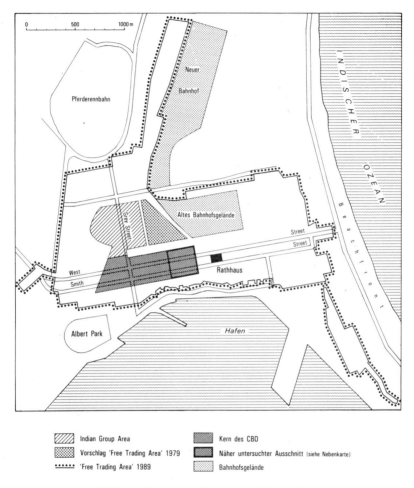

Abbildung 5a: *Free trading* area im CBD von Durban
Quelle: BÄHR & JÜRGENS 1990

vorbereitet sind. So haben Schwarze, die sich selbständig machen wollen, in der Regel nicht genügend Kapital und größere Schwierigkeiten, Kredite zu erhalten, eine mangelhafte Ausbildung im Management und unzureichende Kenntnisse der englischen Sprache. Mehr und mehr weichen sie daher auf den informellen

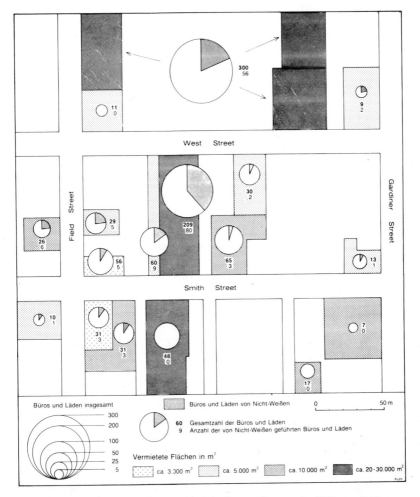

Abbildung 5b (Ausschnitt aus Abb. 5a): *Free trading* area im CBD von Durban
Quelle: BÄHR & JÜRGENS 1990

Sektor aus. Hier entfallen sowohl Mietzahlungen als auch steuerliche Belastungen. In allen größeren Städten ist die Zahl der Straßenhändler daher in jüngster Zeit enorm in die Höhe geschnellt.

Dagegen blicken nicht nur Weiße, sondern auch Inder auf eine längere Handelstradition im formellen Bereich zurück. In allen Städten mit nennenswertem indischen Bevölkerungsanteil gibt es seit langem neben dem "weißen" einen "indischen" Geschäftsbereich. Aber auch hinsichtlich Eigenkapitalanteil und Kontakte zu Finanzierungseinrichtungen sowie Sprachkenntnissen sind Inder den anderen nicht-weißen Gruppen überlegen.

In Zukunft dürften sich die daraus resultierenden Probleme noch verstärken, weil sich nicht nur ehemals "weiße" Gebiete für nicht-weiße Personen, sondern auch die *townships* für Geschäftsinteressen anderer Bevölkerungsgruppen (insbesondere von Weißen und Indern) geöffnet haben. Riesige Einkaufszentren und Kaufhausketten sollen z. B. Soweto ringförmig umgeben, um die wachsende Kaufkraft schwarzer Arbeitnehmer abzuschöpfen. Es besteht dabei die Gefahr, daß die vorhandenen Geschäfte schwarzer Inhaber diesem Konkurrenzdruck nichts entgegenzusetzen haben. Deshalb fordern schwarze Arbeitgeberverbände, einen *protective mechanism* einzuführen, um diesen Personenkreis wenigstens eine gewisse Zeit vor indischem und weißem Kapital zu schützen.

Herausbildung gemischtrassiger Wohngebiete

Auch im Wohnbereich ist der *Group Areas Act* schon vor seiner endgültigen Abschaffung "durchlöchert" worden. Seit Ende der 70er Jahre kam es vor allem in Johannesburg (in eingeschränktem Maße auch in Durban) zu einem informellen "Einsickern" nicht-weißer Bevölkerung in rechtlich als "weiß" proklamierte Wohngebiete (Abb. 6). In der südafrikanischen Öffentlichkeit hat sich dafür der Begriff *grey areas* eingebürgert. Damit soll sowohl die Veränderung in der rassischen Zusammensetzung der Bevölkerung als auch die illegale bzw. mit Hilfe eines weißen Strohmannes "scheinlegale" Rechtssituation angesprochen werden (vgl. JÜRGENS 1991).

Auslösender Faktor dafür war die Aufspaltung des Wohnungsmarktes in einen "weißen" und einen "nicht-weißen" (bzw. noch weiter nach ethnischen Gruppen aufgegliederten) Sektor. Auf diesen Teilmärkten haben sich Angebot und Nachfrage sehr unterschiedlich entwickelt. Der gewaltige, bis heute fortbestehende Mangel an Wohnraum, hauptsächlich für die schwarze Bevölkerung, resultiert aus der Tatsache, daß der formelle Wohnungsbau in den *townships* von staatlicher Seite stark vernachlässigt wurde und auch private

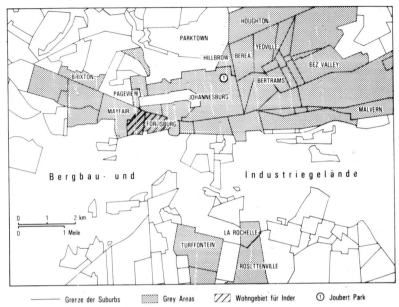

Abbildung 6: *Grey areas* im innerstädtischen Bereich von Johannesburg
Quelle: BÄHR & JÜRGENS 1993

Initiativen eher behindert worden sind. Nach Aufhebung der *influx control* und dem dadurch ausgelösten Wanderungsschub hat sich dieser Engpaß noch verstärkt.

In innerstädischen "weißen" *group areas* bestand hingegen ein Überangebot an Wohnungen. Das war vor allem darauf zurückzuführen, daß viele weiße Familien im Zuge des Suburbanisierungsprozesses die citynahen Wohngebiete verlassen und sich ein Eigenheim in den äußeren Vororten gekauft haben. Die dadurch freigewordenen Wohnungen wurden nicht mehr in dem Umfang von europäischen Immigranten nachgefragt, wie noch in den 50er und 60er Jahren. Hohe Anonymität und Unkontrollierbarkeit in großen Mietshäusern, wohlwollende Unterstützung seitens der englischsprachigen Presse, schwacher politischer Widerstand der ansässigen, z. T. überalterten, z. T. hochmobilen jungen Bevölkerung (vgl. Abb. 8) und nicht zuletzt die finanzielle Versuchung, Wohnungen zu überhöhten Preisen vermieten zu können, förderten das Einsickern nicht-weißer Haushalte.

Zwar hat es immer wieder Versuche von Zwangsräumungen gegeben, letztendlich ist jedoch die "Vergrauung" allein aufgrund der großen Zahl illegaler Mieter (vgl. dazu Tab. 6) mehr oder weniger geduldet worden. Eine gewisse Möglichkeit der Gegensteuerung sah die Politik in der Ausweisung sog. *free settlement areas* (seit 1990), die allen Bevölkerungsgruppen zugänglich waren (vgl. dazu ausführlicher JÜRGENS & BÄHR 1993). In ihrer Mehrzahl handelte es sich dabei um völlig neu ausgelegte Wohngebiete in den Randbereichen der großen Ballungsräume (allein 5 von insgesamt 13 im Witwatersrand-Gebiet), mit denen allerdings lediglich einkommensstärkere Bevölkerungsschichten angesprochen wurden.

Die Entstehung und Weiterentwicklung der *grey areas* läßt große Ähnlichkeiten mit dem Invasions- und Sukzessionsprozeß der schwarzen Bevölkerung erkennen, wie er für nordamerikanische Großstädte beschrieben worden ist. Abweichungen treten unter anderem dadurch auf, daß der Prozeß in Südafrika anfänglich illegal ablief. Einzelne Regelhaftigkeiten seien im folgenden kurz diskutiert, wobei die dahinterstehenden Hypothesen aus Untersuchungen zur Bildung von Schwarzen-Ghettos in Nordamerika abgeleitet wurden:

1) Pioniere: Die Infiltration Nicht-Weißer in "weiße" Wohngebiete beginnt mit dem Zuzug von Haushalten, die hinsichtlich ihrer sozio-ökonomischen Situation weitgehend an die Ursprungsbevölkerung angepaßt sind.

Als "Pioniere" treten meist gutsituierte Mischlinge und Inder auf, die sich eine Wohnung im "weißen" Gebiet leisten können. Zudem wird ihnen der Zugang durch eine geringere somatische und auch soziale Distanz gegenüber den Weißen erleichtert. Erst später folgen auch Schwarze und allgemein Nicht-Weiße niedrigeren sozialen Niveaus. Tab. 4 dokumentiert die weitgehende Angleichung nicht-weißer Zuziehender und weißer Nachbarn hinsichtlich ihres sozialen Status. Die vorhandenen Unterschiede relativieren sich noch weiter, wenn man die herausgehobene Position der "grauen" Haushalte im Vergleich zum Durchschnitt des nicht-weißen Bevölkerungsteils bedenkt.

2) Räumliche Ausbreitung: Die nachfolgende Invasion nicht-weißer Bevölkerungsgruppen vollzieht sich als räumlicher Diffusionsprozeß, ausgehend von einzelnen "grauen" Inseln.

Empirische Untersuchungen in einzelnen *grey areas* (vgl. das Beispiel in Abb. 7) zeigen, daß die "Vergrauung" zunächst auf einzelne Häuser beschränkt bleibt, während sich Vermieter anderer Gebäude bewußt gegen

Tab. 4: Beschäftigungssituation in Yeoville und in *grey areas* von Johannesburg (in %)

Beschäftigung	Yeoville (1989)		*grey areas* Johannesburg (1988)		Johannesburg (1985)
	Weiße	Nicht-Weiße	Weiße	Nicht-Weiße	Nicht-Weiße
Professional und semi-professional[1]	29,8	15,2	13[2]	9,8[2]	3,1
Büro-/Verkaufsberufe	14,5	15,9	25	31,0	7,8
Dienstberufe	4,1	7,1	10[3]	12,5[3]	11,9
Produktion	7,8	8,9	9	8,2	15,9
Unqualifiziert und nicht klassifizierbar	2,4	11,5	1	1,6	11,3
Nicht wirtschaftlich aktiv	41,4	41,6	43	37,0	50,0

1) Hoch- und höherqualifiziert; Technischer Bereich, Verwaltung, Management.
2) Nur bedingt vergleichbar mit Yeoville, da semi-professional nicht explizit ausgewiesen.
3) Nur bedingt vergleichbar mit Yeoville, da als Sammelbegriff "routine non manual" ausgewiesen.

Quelle: BÄHR & JÜRGENS (1993)

den Zuzug Nicht-Weißer zu schützen versuchen. Hinweise auf einen von einzelnen ethnischen Inseln ausgehenden Ausbreitungsprozeß ergeben sich auch aus dem Einfluß, den *free settlement areas* auf benachbarte Wohngebiete haben. Die Zahl der Grundstücksverkäufe an Nicht-Weiße ist hier sehr viel größer als in entfernteren Wohnvierteln (vgl. die Beispiele in Tab. 5).

3) *White Flight*: Gemäß der *tipping-Theorie* von Schelling verstärkt sich der Invasionsprozeß durch eine überproportionale Abwanderung weißer Haushalte.

Diese These läßt sich am südafrikanischen Beispiel nur bedingt bestätigen. Die zahlenmäßige Abnahme der weißen Bevölkerung in den *grey areas* resultiert nur z. T. aus der Unzufriedenheit, in einem gemischtrassigen Gebiet leben zu müssen, ist also nicht unbedingt "Flucht" im engeren Sinne, sondern ein passiver Ausdünnungsprozeß aufgrund der natürlichen

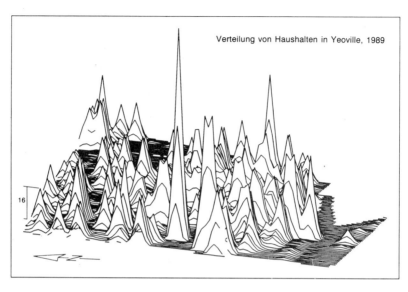

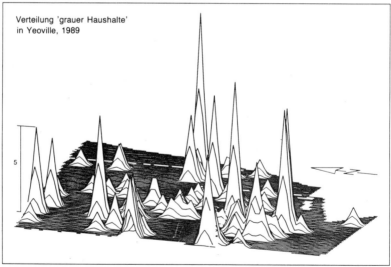

Abbildung 7: Räumliche Verteilung "grauer" Haushalte in Yeoville/Johannesburg
Quelle: JÜRGENS 1991

Tab. 5: Registrierung von Immobilienkäufern nach Rassenzugehörigkeit in angrenzenden und entfernteren *suburbs* der *free settlement areas* Windmill Park und Country View, 1991

	registrierte Käufer	davon Inder	davon Schwarze
	Dawn Park (Boksburg), angrenzend zu Windmill Park		
Juli	11	-	-
Aug.	16	-	12
Sept.	21	-	9
Okt.	22	1	8
Nov.	13	1	4
Dez.	22	-	10
	Boksburg Nord (Boksburg), Entfernung ca. 7 km von Windmill Park		
Juli	12	-	-
Aug.	9	-	-
Sept.	13	-	-
Okt.	18	-	-
Nov.	6	-	-
Dez.	9	1	-
	Noordwijk (Midrand area), angrenzend zu Country View		
Juli	10	2	3
Aug.	15	-	6
Sept.	18	-	7
Okt.	14	2	5
Nov.	11	-	4
Dez.	11	1	3
	Kempton Park (East Rand), Entfernung ca. 25 km von Country View		
Juli	19	-	-
Aug.	33	-	1
Sept.	27	-	1
Okt.	29	-	1
Nov.	23	-	1
Dez.	30	-	-

Quelle: JÜRGENS & BÄHR (1993)

Bevölkerungsentwicklung und des anhaltenden Trends zur Suburbanisierung. Zurück bleiben in erster Linie diejenigen Weißen, für die sich ein solcher Umzug aus finanziellen Gründen verbietet oder die durch schwer verkäuflichen Immobilienbesitz an das Viertel gebunden sind. Darunter sind besonders viele alte Menschen, wie die Alterspyramide für Hillbrow (Abb. 8; zur Lage vgl. Abb. 6) zeigt.

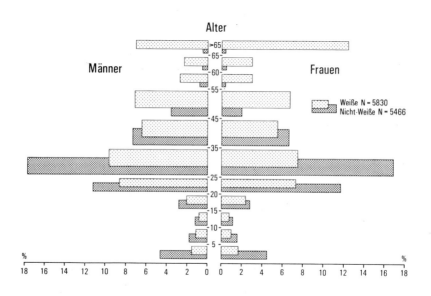

Abb. 8: Alterspryramide der weißen und nicht-weißen Bevölkerung von Hillbrow/Johannesburg
Quelle: Republic of South Africa (1992)

4) Verslumung: Mit der Invasion und Sukzession ist ein baulicher Abwertungsprozeß verbunden.

In vielen, vor allem mit Appartmenthochhäusern bebauten grey areas sind Anzeichen von *urban blight* zu beobachten. Diese bauliche Abwertung wird ganz wesentlich durch die gängige Vermietungspraxis hervorgerufen. Solange das Wohnen illegal war und gleichzeitig eine starke Nachfrage nach Wohnraum bestand, konnten ausbeuterische Mieten durchgesetzt werden. Aber selbst die Aufhebung aller Apartheid-Gesetze bedeutete nicht automatisch auch die Aufhebung jeglicher Diskriminierung auf dem Wohnungsmarkt, so daß sich an der Situation bis heute nur wenig geändert hat. Überhöhte Mieten provozieren geradezu eine Überbelegung von Wohnraum, was wiederum einen zunehmenden Gebäudeverfall sowie eine Überstrapazierung von Service-Leistungen wie Wasser- und Stromversorgung zur Folge hat. Zunächst sind es allerdings nur einzelne Gebäude oder Straßenabschnitte, die wirklichen Slumcharakter besitzen. Derartige Verhältnisse werden jedoch in den Medien besonders häufig herausgestellt, so daß sie die Perzeption vieler Weißer von *grey areas* entscheidend beeinflussen. Eine bauliche Abwertung setzt vor allem dann nicht ein, wenn ehemalige Mietshäuser in Eigentumswohnungen (*sectional titles*) umgewandelt werden und an kapitalkräftige Schwarze, die den Unsicherheiten der *townships* entfliehen wollen, verkauft werden. In *grey areas* mit Misch- oder Einfamilienhausbebauung ist stellenweise sogar eine bauliche und soziale Aufwertung festzustellen, die sich im Sinne von *gentrification* deuten läßt. Als Beispiel kann Mayfair im Westen der City von Johannesburg (zur Lage vgl. Abb. 6) dienen, wo heute finanzkräftige Inder in einem ehemals von ärmeren, Afrikaans sprechenden Weißen bewohnten Einfamilienhausgebiet die Bevölkerungsmehrheit stellen.

5) Ghetto als Endzustand: Der Invasions- und Sukzessionsprozeß ist irreversibel; gemischtrassige Wohnquartiere stellen lediglich eine Übergangserscheinung dar.

Diese Entwicklung trifft vor allem auf die citynahen *flatlands* zu, wo sich der Invasions- und Sukzessionsprozeß mit enormer Geschwindigkeit vollzogen hat und der Anteil nicht-weißer Bewohner heute schon ca. 80 % beträgt (Tab. 6). Damit ist hier der Weg zu Schwarzen-Ghettos vorgezeichnet. Die Erfahrungen mit *free settlements areas* sprechen ebenfalls eher gegen eine Gemischtrassigkeit auf Dauer. Zum einen sind hier Weiße nur ganz vereinzelt als Käufer aufgetreten, wobei der Grunderwerb meist aus Spekulationsgründen erfolgte und der Wohnsitz nur höchst selten auch tatsächlich in das Viertel verlegt wurde. Zum anderen besteht auch unter den nicht-weißen Bevölkerungsgruppen eine auffällige räumliche Clusterung, d. h. es wird bewußt die Nähe zu Nachbarn gleicher Hautfarbe, Erfahrungen und mit ähnlichem kulturellen Hintergrund gesucht. Vereinzelte Verkäufe von Indern an Schwarze aus jüngerer Zeit deuten auf eine rassenbezogene Sukzession hin (Abb. 9). Das hängt sicher auch damit zusammen, daß sich nach Wegfall des *Group Areas Act* für wohlhabende und in einer weißen Nachbarschaft eher akzeptierte Inder vielfältigere andere Möglichkeiten des Haus- oder Grundstückserwerbs eröffnen.

Tab. 6: Schätzungen zum Umfang von *grey areas* in Johannesburg, 1979-1992

Bezugsgebiet	Jahr	Bevölkerungsgruppe	Personenzahl bzw. % der Wohnbevölkerung
Johannesburg weißes Gebiet	1979	Nicht-Weiße	ca. 1000 Familien
Johannesburg weißes Gebiet	1983	Nicht-Weiße	12.000-15.000
Johannesburg weißes Gebiet	1988	Nicht-Weiße	bis zu 100.000
Hillbrow-Berea	1986	Nicht-Weiße	20.000 (ca. 27 %)
		Mischlinge	9.000
		Asiaten	6.500
		Schwarze	4.500
Hillbrow-Joubert Park	1988	Nicht-Weiße	ca. 40 %
Hillbrow	1988	Nicht-Weiße	ca. 50 %
Joubert Park	1988	Nicht-Weiße	ca. 70 %
Hillbrow-Joubert Park	1992	Mischlinge	21 %
		Asiaten	14 %
		Schwarze	46 %

Quelle: BÄHR & JÜRGENS (1993)

Veränderungen am Stadtrand und in den *townships*

Das Problem der *grey areas* hat zwar in der südafrikanischen Öffentlichkeit große Aufmerksamkeit erfahren und ist in den Medien viel diskutiert worden, quantitativ erreichte der Zuzug nicht-weißer Personen in ehemals "weiße" Wohngebiete nur ein vergleichsweise geringes Ausmaß. Daran hat sich auch nach Abschaffung aller Apartheid-Hindernisse kaum etwas geändert, weil sich nur wenige Menschen dort eine Wohnung - und sei sie auch noch so klein - finanziell leisten können. Sehr viel bedeutsamer für die zukünftige Stadtstruktur sind daher Veränderungen in den *townships* und darunter vor allem die Ausbreitung von *squatter settlements* und anderer informeller Wohnstrukturen.

Unter der Apartheid-Gesetzgebung konnten städtische Schwarze selbst in den *townships* keinen Grund und Boden pachten oder gar erwerben. Seit Mitte der 70er Jahre hat es jedoch auch in diesem Bereich gesetzliche Veränderungen gegeben. Mit der Gewährung von Pacht- und Eigentumsrechten (seit 1975 bzw.

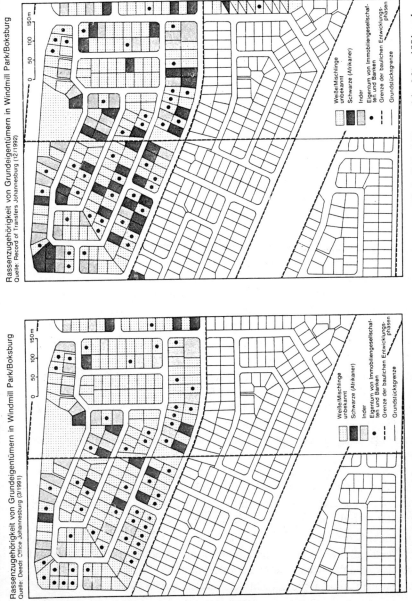

Abbildung 9: Grundeigentümer nach Rassengruppen in der *free settlement area* Windmill Park/Eastrand im März 1991 und Dezember 1992. - Quelle: JÜRGENS & BÄHR 1993

1986) wurde erstmals ein ständiges Aufenthaltsrecht der Schwarzen außerhalb der *homelands* in "weißen" Gebieten anerkannt. Weitere Maßnahmen bezogen sich auf eine Verbesserung der Kreditbedingungen, die Zulassung privater Erschließungsgesellschaften, die Neuausweisung von Wohngebieten und den Verkauf der zuvor von staatlichen Stellen gebauten *matchbox houses*. Hierdurch sollte einerseits den Ambitionen einer schwarzen mittelständischen Schicht Rechnung getragen werden, gestiegene Wohnansprüche innerhalb der ihnen zugewiesenen Gebiete verwirklichen zu können, andererseits sah der Staat in der Förderung des privaten Wohnungsbaus und -kaufs eine Möglichkeit, sowohl auf die angespannte Finanzlage als auch auf das Wohnungsdefizit entlastend einzuwirken. Damit begann sich mehr und mehr statt einer (zumindest angestrebten, wenn auch nicht überall streng umgesetzten) ethnischen Differenzierung der *townships* eine sozio-ökonomische Differenzierung abzuzeichnen.

Wesentlich bedeutsamer sind allerdings die Veränderungen am unteren Ende der sozialen Skala und deren bauliche und räumliche Konsequenzen. Viele ärmere Schwarze können auch die subventionierte Miete eines der Einheitshäuser nicht bezahlen, bzw. das Angebot reicht bei weitem nicht aus, um die gestiegene Nachfrage zu decken. Auf diese Situation reagieren die Betroffenen in sehr unterschiedlicher Weise, wobei die zur Anwendung kommenden Strategien in den meisten Ländern der Dritten Welt seit langem bekannt sind, in Südafrika aber eine weitgehende Abkehr von der bisherigen Entwicklung bedeuten:

1) Einzelpersonen und Familien, vor allem wenn sie von außerhalb zuwandern und deshalb auf der Warteliste für Wohnraum ganz unten stehen, bemühen sich um eine Unterkunft als Untermieter. So sind in vielen Fällen auf den Hinterhöfen formaler Miet- und Eigentumshäuser - meist ohne Genehmigung der Lokalbehörden - Hütten oder Anbauten für Untermieter errichtet worden, oder es werden einzelne Zimmer zumindest vorübergehend untervermietet, um zusätzliche Einnahmen zu erzielen. Von staatlicher Seite wird dies nicht nur geduldet, sondern sogar noch gefördert, weil dadurch der Wohnungsmarkt entlastet wird und Mietstreitigkeiten sich direkt und persönlich regeln.

2) Auf nicht bebauten Arealen innerhalb der *townships*, an deren Rand und auf anderen Freiflächen vorzugsweise am Stadtrand (vor allem auf *homeland*-Gebiet, wenn dieses unmittelbar an die "weiße" Stadt angrenzt, was zwar in Johannesburg nicht der Fall ist, aber z. B. im Raum Durban

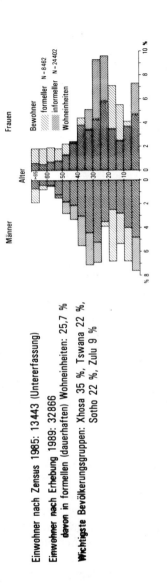
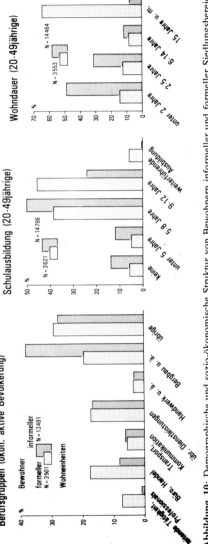

Abbildung 10: Demographische und sozio-ökonomische Struktur von Bewohnern informeller und formeller Siedlungsbereiche in Bekkersdal/Westrand. – Quelle: BÄHR & JÜRGENS 1993

eine große Rolle spielt), entstehen ausgedehnte *squatter camps*. So gibt es in Soweto mehrere *tin towns*, von denen einzelne über 30.000 *shacks* zählen. Wie Abb. 10 für das Beispiel Bekkersdal (Westrand) zeigt, handelt es sich bei den Bewohnern vorwiegend um junge Familien, die erst seit kurzem in das Gebiet gekommen sind und in der Regel eine geringere Schulausbildung haben als die Bewohner formeller Wohneinheiten. Angesichts einer sich weiter öffnenden Schere zwischen Wohnungsangebot und -nachfrage beginnen sich solche Unterschiede aber mehr und mehr zu verwischen, weil auch besser ausgebildete und in gehobenen Berufsgruppen arbeitende Personen auf informelle Wohnbauten ausweichen müssen (vgl. JÜRGENS & BÄHR 1994).

3) Durch die Anlage von *site-and-service schemes* (Wasser, Toilette, Müllbeseitigung) und die Unterstützung des *self-help housing* bei gleichzeitiger Verschärfung der *squatter*-Gesetze im Jahre 1988 hat der Staat versucht, die unkontrollierte Ausweitung informeller Wohnbauten aufzufangen und das *squatting* wenigstens offiziell zu lenken. Der Erfolg dieser Maßnahmen blieb jedoch gering. Nach Schätzungen leben schon heute im PWV-Gebiet ca. 43 % aller Schwarzen in informellen Wohnstrukturen (Abb. 11). Gekennzeichnet von Hunger, Arbeitslosigkeit, fehlenden Bildungschancen und einem Klima der alltäglichen politisch motivierten Gewalt, sind viele der in Hüttenvierteln, aber auch in *townships* lebenden Menschen Zielgruppe sog. *warlords* oder *shacklords*, die in einem Vakuum nicht durchsetzbarer staatlicher Macht eigene Interessen verfolgen.

Entwicklung zur Post-Apartheid-Stadt

Die zukünftige Entwicklung Johannesburgs zur Post-Apartheid-Stadt wird sowohl durch Faktoren der Persistenz als auch durch solche des Wandels bestimmt werden (Abb. 12). Einerseits wird das Erbe der Apartheid, das jahrzehntelang entscheidenden Einfluß auf die Stadtstruktur hatte, noch längere Zeit fortleben und insbesondere das Verhalten der weißen Bevölkerung beeinflußen, andererseits werden sich die schon vor der endgültigen Aufhebung der Apartheid-Gesetze eingetretenen stadtgeographischen Veränderungen fortsetzen und noch verstärken, allein schon aus Gründen des höchst unterschiedlichen natürlichen Bevölkerungswachstums bei Weißen und Nicht-Weißen und dem noch längst nicht ausgeschöpften Zuwanderungspotential namentlich der schwarzen Bevölkerungsgruppe, das sich insbesondere auf die Metropolen, allen

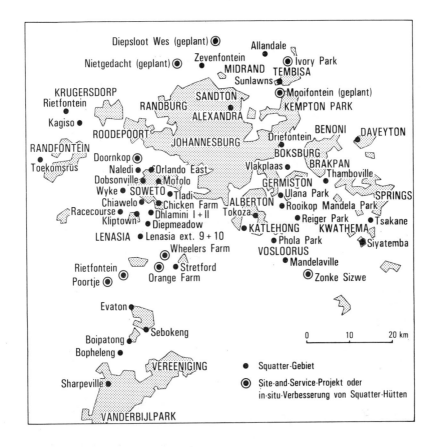

Abbildung 11: *Squatter settlements* und *site-and-service schemes* am Witwatersrand
Quelle: JÜRGENS & BÄHR 1994

voran den Witwatersrand, richten wird. Damit einhergehend, ist aller Voraussicht nach mit einer noch wachsenden Lücke bei der Arbeitsplatz- und Wohnungsversorgung zu rechnen.

Persistenzstrukturen werden in erster Linie die "weißen" Vorstädte der Mittel- und Oberschicht kennzeichnen. Hier kann man sich auch weiterhin

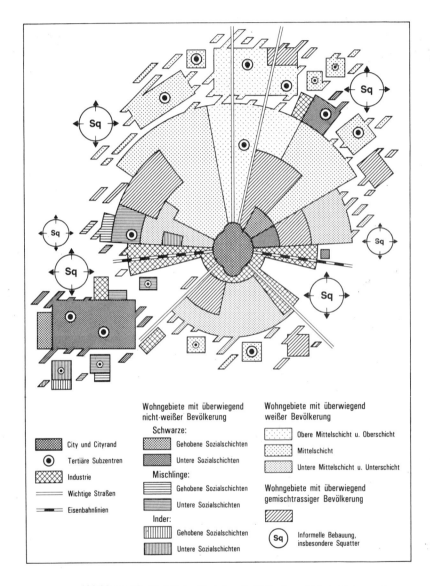

Abbildung 12: Modell der Post-Apartheid-Stadt am Beispiel Johannesburg
Quelle: BÄHR & JÜRGENS 1993

Apartheid "erkaufen", weil sich aus der Gruppe der Nicht-Weißen nur sehr wenige dort eine Wohnung leisten können; zudem dürfte die Integration einer kleinen Zahl gebildeter und wohlhabender Nicht-Weißer auf keine größeren Schwierigkeiten stoßen. Oft verzichten aber auch diejenigen, die sich einen solchen Umzug finanziell erlauben könnten, aus anderen Gründen darauf, sei es weil evtl. vorhandene Immobilien in den *townships* nur schwer zu verkaufen sind, die schlechte Anbindung der "weißen" Vorstädte an das öffentliche Transportwesen als Nachteil empfunden wird oder im Falle der Inder die Nähe zu religiösen Einrichtungen fehlt. Ein Boom auf dem ehemals "weißen" Immobilienmarkt durch vermehrte Käufe von Nicht-Weißen ist bislang jedenfalls nicht eingetreten.

Größere Veränderungen sind für die City und angrenzenden Gebiete zu erwarten. Im formellen Sektor des CBD werden "schwarze" Unternehmen noch auf längere Zeit Enklaven bleiben, während Indern und z. T. auch Mischlingen eher eine Einbindung in die multirassischen Wirtschaftskreisläufe gelingen wird. Viele Schwarze werden deshalb auf den informellen Sektor ausweichen, so daß der Straßenhandel in Zukunft noch mehr als heute das Bild der City bestimmen wird. Nicht zuletzt deshalb dürfte sie für die weiße Bevölkerung stark an Attraktivität verlieren; große Einkaufszentren in den Vorstädten werden deshalb noch an Bedeutung gewinnen. Selbst im Dienstleistungsbereich besteht eine ausgeprägte Verlagerungstendenz an den Stadtrand.

In den an die City anschließenden Zonen wird sich die Invasion vorwiegend schwarzer Bevölkerungsgruppen fortsetzen. Aufgrund weiter bestehender institutioneller und privater Diskriminierungen auf dem Wohnungsmarkt verläuft dieser Prozeß nur z. T. völlig offen, z. T. auch weiterhin hinter der Fassade weißer *nominees*. Für einige dieser Gebiete, vor allem im Bereich der *highrise flatlands*, ist die Entstehung von Schwarzen-Ghettos mit teilweisem Slumcharakter schon jetzt vorgezeichnet.

Die Mehrheit der schwarzen Bevölkerung wird sich aber weder eine Wohnung in der ehemals "weißen" Stadt leisten, noch ein Haus in den *townships* kaufen oder mieten können. Informelle Lebensformen (z. B. *people on the pavement*) und Hauskonstruktionen werden daher zunehmend an Bedeutung gewinnen. Daraus resultiert sowohl eine Verdichtung der *townships* durch *backyard shacks* und *outbuildings* als auch die Neuanlage von behördlich ausgewiesenen *site-and-service schemes*, vor allem aber die rasche Ausbreitung illegaler, allenfalls geduldeter *squatter camps* auf Freiflächen innerhalb oder am Rande der *townships* und in zunehmendem Maße auch im periurbanen Raum.

Das dürfte nicht ohne Auswirkung auf Wachstumsdynamik und Wachstumsrichtung anderer Wohngebiete bleiben. Zugleich besteht die Gefahr, daß gewaltsame Auseinandersetzungen von den *townships* und *squatter camps* auf andere Stadtbereiche übergreifen. Auf jeden Fall birgt der Übergang von der Apartheid zur Post-Apartheid-Stadt noch ein großes Konfliktpotential in sich, und man kann nur hoffen, daß sich dafür friedliche Lösungswege finden.

Literatur

Von wenigen Ausnahmen abgesehen, beschränkt sich die Literaturauswahl bewußt auf Publikationen des Verfassers und seines Mitarbeiters, Dr. ULRICH JÜRGENS. Diese lagen auch dem Vortrag zugrunde. In allen Arbeiten finden sich z. T. umfangreiche Verweise auf neuere Untersuchungen zum Thema.

BÄHR, J. & JÜRGENS, U. (1990): Auflösung der Apartheid-Stadt? *Erdkunde* 44, S. 297-312.

BÄHR, J. & JÜRGENS, U. (1993): Die Stadt in der Republik Südafrika. Von der Spät-Apartheid zur Post-Apartheid. *Geogr. Rundschau* 45, S. 410-419.

BÄHR, J. & SCHRÖDER-PATELAY, A. (1982): Die südafrikanische Großstadt. Ihre funktional- und sozialräumliche Struktur am Beispiel der "Metropolitan Area Johannesburg". *Geogr. Rundschau* 34, S. 489-497.

DAVIES, R. J. (1981): The spatial formation of the South African city. *GeoJournal Supplementary Issue* 2, S. 59-72.

JÜRGENS, U. (1991): *Gemischtrassige Wohngebiete in südafrikanischen Städten*. Kiel (Kieler Geogr. Schriften 82).

JÜRGENS, U. & BÄHR, J. (1992): Die Öffnung südafrikanischer Innenstädte für nicht-weiße Unternehmer. *Zeitschrift für Wirtschaftsgeogr.* 36, S. 175-184.

JÜRGENS, U. & BÄHR, J. (1993): Free Settlement Areas in der Republik Südafrika. *Die Erde* 124, S. 19-36.

JÜRGENS, U. & BÄHR, J. (1994): *Squatter und informelle Wohnbereiche in südafrikanischen Städten* (im Druck).

Republic of South Africa (1992): *Population census: selected statistical region* (verschiedene Bände). Pretoria.

SCHNEIDER, K.-G. & WIESE, B. (1983): *Die Städte des südlichen Afrika*. Berlin/Stuttgart (Urbanisierung der Erde 2).

STEINBERG, H. G. (1982): *Die sozio-ökonomische Entwicklung der Republik Südafrika. Teil 1: Die Entwicklung bis 1914*. Düsseldorf (Düsseldorfer Geogr. Schriften 21).

Urban Foundation (ca. 1990): *Population trends - Policies for a new urban future*. Johannesburg.

Kairo
Entwicklungsprobleme einer orientalischen Megastadt

Günter Meyer

"Metropole des Weltalls" - so wurde Kairo von dem berühmten Philosophen und Historiker Ibn Khaldun im 14. Jahrhundert gepriesen, als die Stadt bereits eine halbe Million Einwohner zählte. Als "Mutter der Welt", die in Sichtweite der Pyramiden auf eine mehr als 5.000 Jahre alte Geschichte zurückblicken kann, wird El-Qahira ("die Siegreiche") auch heute noch im ägyptischen Volksmund bezeichnet. Als wirtschaftliches und politisches Entscheidungszentrum im Nahen Osten, als kulturelle Hauptstadt der arabischen Welt und als eines der wichtigsten religiösen Zentren des Islam hat Kairo eine ebenso heraus-ragende Bedeutung wie als Ziel des internationalen Tourismus.

An einem optimalen Standort innerhalb Ägyptens gelegen, dort wo sich das schmale Band des fruchtbaren Niltals in den weiten Trichter des Deltas öffnet, hat sich die bevölkerungsreichste Stadt auf dem afrikanischen Kontinent und im gesamten Vorderen Orient entwickelt. Im Bereich des altweltlichen Trocken-gürtels zwischen Marokko im Westen und Afghanistan im Osten gibt es keine städtische Ballung, die auch nur annähernd die Größe der ägyptischen Metro-pole mit einer Einwohnerzahl von mehr als 10 Millionen Menschen (1994) auf-zuweisen hat. Mit größerer Schärfe als anderswo treten in dieser Megastadt jedoch auch die ungeheuren Probleme der Urbanisierung in der Dritten Welt zutage. Drei Kernprobleme sollen dabei näher beleuchtet werden:
- die Bewältigung des Mangels an Wohnraum insbesondere für die Masse der ärmeren städtischen Bevölkerung,
- die Schaffung von Arbeitsplätzen in der Industrie und im produzierenden Kleingewerbe sowie
- die sozio-ökonomische Entwicklung im Zusammenhang mit dem jüngsten Aufschwung des Fundamentalismus und die daraus resultierenden Konse-quenzen für die zukünftige Stadtentwicklung.

1. Bewältigung der Wohnungsprobleme

Für die Masse der wachsenden Bevölkerung Kairos stellt sich als dringlichstes Problem die Wohnraumbeschaffung. Eines der Hauptzuzugsgebiete für Woh-nungssuchende war noch bis in die sechziger Jahre hinein die Altstadt. In diesem Kernbereich der Metropole war die Bevölkerungsentwicklung bereits seit der Jahrhundertwende durch Abwanderung der oberen Sozialschichten sowie eine starke Zunahme der ärmeren Bevölkerung durch natürliches Wachstum und Zuwanderung einkommensschwacher Migranten aus den ländlichen Regionen gekennzeichnet. Dieser Trend hat sich nach dem Ende des Zweiten Weltkrieges noch verstärkt, so daß sich die Einwohnerzahl bis 1960 in einigen ohnehin schon extrem dicht besiedelten Altstadtquartieren um weitere 20 % erhöhte. Das bedeutete ein Zusammenrücken der Einwohner auf engstem Raum, da wegen niedriger Mieten notwendige Instandsetzungsarbeiten der Altbauten unterblieben und deshalb immer mehr Wohngebäude einstürzten. Notunterkünfte in den Ruinen, auf Hausdächern und in verfallenen religiösen Bauten mußten Tausende von Menschen beherbergen. Unter solchen Bedingungen lebten 1960 in den beiden Altstadtvierteln Bab el-Sha^{c}ria und El-Muski (**Abb.** 1) im Durchschnitt rund 112.000 Einwohner pro qkm (GOPP ET AL. 1983: A-5).

Die Aufnahmekapazität dieser Viertel war damit erschöpft, so daß schon bei der Volkszählung von 1966 eine leichte Abnahme der Einwohnerzahl um 3 % registriert wurde. In der folgenden Zensusdekade beschleunigte sich der *Exodus der Bevölkerung* und erreichte schließlich zwischen 1976 und 1986 seinen bisherigen Höhepunkt mit einem Rückgang der Einwohnerzahl um 27 %. Wie das durch die Metropole hindurchgelegte Profil der Bevölkerungsdichte zeigt (**Abb. 2**), haben gleichzeitig viele der äußeren Stadtteile ihre Einwohnerzahl mehr als verdoppelt.

Mit der zunehmenden Abwanderung der Wohnbevölkerung aus der Altstadt ist auch eine erhebliche *Verbesserung der Wohnverhältnisse* zu beobachten. Nicht nur die durchschnittliche Wohnungsbelegung sank während der letzten Zensusdekade von 2,5 auf 1,6 Personen pro Zimmer und war damit im Jahre 1986 kaum höher als der gesamtstädtische Durchschnitt; auch die infra-strukturelle Ausstattung hat sich wesentlich verbessert. So verfügen inzwischen fast alle Gebäude über Elektrizitäts- und Trinkwasseranschluß (EL-KADI 1987: 46 und MEYER 1989a: 155).

Eine weitere Verbesserung der Wohnverhältnisse ist das Ergebnis der *zuneh-menden Neubautätigkeit*. Nachdem in den sechziger Jahren der private Mietwoh-nungsbau in Ägypten durch ständig wechselnde gesetzliche Regelungen und die staatliche Festsetzung äußerst niedriger Mieten weitgehend zum Erliegen ge-kommen war (vgl. HANNA 1985: 193-195), setzte mit der "Öffnungspolitik"

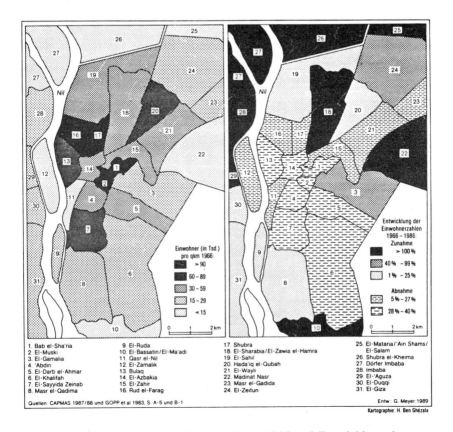

Abbildung 1: Bevölkerungsdichte 1966 und Entwicklung der Einwohnerzahlen bis 1986 in den Zählbezirken der metropolitanen Agglomeration Kairo (MEYER 1990a: 104)

im Jahre 1973 ein allgemeiner Bauboom ein, der zu hohen privaten Investitionen im Wohnungsbau führte. Zwar sind die staatlich festgesetzten Mieten nach wie vor sehr niedrig, doch durch die illegale Forderung eines "Schlüsselgeldes" können viele Bauherren bei der Erstvermietung ihrer Wohnungen meist schon eine Summe kassieren, die höher ist als die Baukosten. Dadurch wird verständlich, daß seit Ende der siebziger Jahre immer mehr und immer höhere

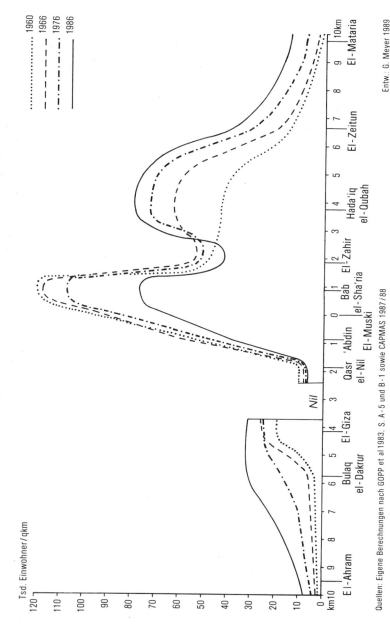

Abbildung 2: Entwicklung der Bevölkerungsdichte entlang eines Querprofils durch die metropolitane Agglomeration Kairo von 1960 bis 1986

Apartmentgebäude aus der Altstadt emporwachsen. Sie prägen heute schon in großen Teilen der Altstadt die Silhouette, die noch vor wenigen Jahren von Moscheekuppeln und Minaretten bestimmt war. Die Einträglichkeit solcher Bauaktivitäten zeigt sich daran, daß die Grundstückspreise in der Altstadt seit Ende der siebziger Jahre um mehr als das Zwanzigfache gestiegen sind.

Ehe man hier das große Geschäft machen kann, müssen jedoch als erstes die meist von einkommensschwachen Mietern bewohnten *Altbauten abgerissen* werden. Da Mietverträge unkündbar sind und eine Abrißgenehmigung nur bei Ein-sturzgefährdung zu bekommen ist, wird in dieser Hinsicht von Immobilienspekulanten oft kräftig nachgeholfen. In einem Fall ließ beispielsweise der Käufer eines alten Wohnhauses die Wände solange mit Wasser besprizten, bis sie Risse bekamen und das Gebäude für unbewohnbar erklärt wurde. In einem anderen Fall beschädigte ein Bauunternehmer beim Abriß eines Hauses die Nachbargebäude absichtlich so stark, daß diese ebenfalls geräumt werden mußten. Erst nachdem der fünfte Altbau zerstört war, konnte dem weiteren Vorgehen des Spekulanten durch gerichtliche Anordnung Einhalt geboten werden. Durch solche Aktivitäten von Spekulanten und ebenso durch die seit Jahrzehnten unterbliebenen Renovierungen kommt es immer wieder zum Zusammenbruch von Altbauten.

So konnte der Autor 1989 in zwei Altstadtvierteln 74 Familien mit insgesamt 361 Personen erfassen, die nach Einsturz ihrer Wohnhäuser auf der Straße hausten. Manche von ihnen lebten schon seit drei Jahren in winzigen, aus Holzlatten und Pappe errichteten Notunterkünften. Die Mehrzahl dieser Haushalte bestand aus mittellosen alten Menschen oder Familien mit kleinen Kindern, deren männlicher Hauptenährer verstorben war. Die seit Jahrzehnten eingefrorene Miete für ihre früheren Wohnungen von umgerechnet 2-3 DM konnten sie noch aufbringen, nicht jedoch die ungleich höheren Summen, die bei Anmietung einer neuen Wohnung in der Nachbarschaft verlangt werden.

Welche Alternativen gibt es für diese Menschen bei ihrer Wohnungssuche? Nur wenige von ihnen finden Unterkunft in den ausgedehnten *Gräbervierteln*, die im Osten und Süden an die Altstadt angrenzen. Auf mehr als eine viertel Million wird die Zahl derer beziffert, die dort in Grabhäusern wohnen. Ein solches Leben auf dem Friedhof bedeutet zumindest in den ersten Jahren ein Leben ohne Strom und Wasseranschluß, aber immerhin mit einem festen Dach über dem Kopf. Strom und Wasseranschluß sind jedoch das mindeste, was die Abwanderer aus der Altstadt erwarten. Und dazu eine möglichst niedrige Miete.

Geboten bekommen sie dies in den *"Volkswohnungen"*. Nach dem Vorbild des sozialen Wohnungsbaus in Westeuropa wird damit seit den fünfziger Jahren von staatlicher Seite versucht, die Wohnungsnot durch den Bau von Mietwohnungen für einkommensschwache Bevölkerungsgruppen zu lindern (RIEDEL 1981). Diese Unterkünfte werden in der Regel in Form von fünfstöckigen Wohnblöcken errichtet und zu einer äußerst niedrigen Miete von bedürftigen Familien bezogen. Darunter fallen insbesondere Familien von Beschäftigten im öffentlichen Dienst und Obdachlose, die ihre Wohnungen durch Einsturzgefährdung von Altbauten und Abriß bei der Realisierung staatlicher Sanierungs- oder Infrastrukturprojekte verloren haben.

Die meisten der älteren "Volkswohnungen" aus den sechziger Jahren sind inzwischen in einem desolaten Erhaltungszustand und völlig überbelegt. Häufig verstopfte Abwasserleitungen und die bei Bewohnern ländlicher Herkunft weit verbreitete Haltung von Kleinvieh in den Etagenwohnungen und auf den Balkonen tragen zur zusätzlichen Verschlechterung der Wohnverhältnisse bei. Deutlich besser ist bisher noch die Wohnsituation in den jüngeren "Volkswohnungen". Nachdem die staatlichen Wohnungsbaugesellschaften jedoch seit Ende der siebziger Jahre in zunehmenden Maße Eigentumswohnungen errichten, haben immer weniger Familien die Möglichkeit in eine neue "Volkswohnung" zu ziehen.

Stattdessen ist die überwältigende Mehrheit der unteren und mittleren Einkommensgruppen darauf angewiesen, in sogenannten *informellen Siedlungen* am Stadtrand eine Unterkunft zu finden. In welchem Ausmaß diese illegal, d.h. ohne Baugenehmigung errichteten Siedlungen im Norden, Westen und Süden der Metropole ehemaliges Bewässerungsland aufgezehrt haben, ist **Abb. 3** zu entnehmen.

Die Entwicklung einer informellen Siedlung beginnt in der Regel damit, daß ein Bauunternehmer einige Hektar Bewässerungsland am Stadtrand aufkauft. Er unterteilt die Fläche so, daß jeweils 80-100 m² große Baugrundstücke entstehen, die an einer Seite durch einen schmalen, in Extremfällen nur 2 m breiten Weg erschlossen werden. Die einzelnen Parzellen werden dann an Bauinteressenten weiterverkauft.

Die meist von kleinen Bauunternehmen oder in Eigenarbeit der Besitzerfamilie zusammen mit kurzfristig angestellten Fachkräften errichteten Wohngebäude sind im allgemeinen solide gebaut in einfacher Betonständerbauweise mit Ziegel- oder Zementblockausfachung (MEYER 1989a, dort Abb. 6 und 7). Je nach Kapitalverfügbarkeit des Besitzers wächst das anfangs meist nur zu eigenen

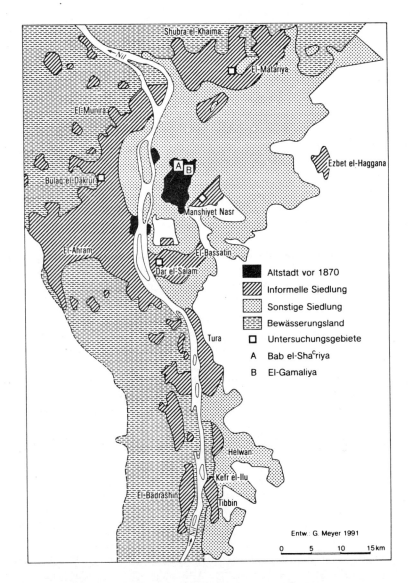

Abbildung 3: Informelle Siedlungen in der Region Kairo und Untersuchungsgebiete des produzierenden Kleingewerbes

Wohnzwecken genutzte Gebäude oft über viele Jahre stockwerkweise in die Höhe. Die neu hinzukommenden Etagen werden in der Regel als Wohnungen, die an der Straßenfront im Erdgeschoß gelegenen Räume als Werkstätten (MEYER 1989b: 42) oder Läden vermietet.

Das Erstaunlichste an dem Entwicklungsprozeß der informellen Siedlungen ist zweifellos das *enorme Höhenwachstum*. Die vertikale Expansion ist wesentlich stärker als die horizontale. So wurde festgestellt, daß zwischen 1976 und 1981 die Zahl der Wohngebäude in Kairo um 11 % wuchs, während gleichzeitig die Zahl der Stockwerke um 30 % in die Höhe schnellte (ABT ASSOCIATES et al. 1982: 17). Hier zwingen die hohen Bodenpreise zu einer Entwicklung, die in relativ kurzer Zeit zu extremen Bevölkerungskonzentrationen und Dichtewerten führt, wie sie vermutlich in randstädtischen Marginalvierteln keiner anderen Megastadt in der Dritten Welt zu finden sind: Bis zu 300.000 Menschen leben in den informellen Siedlungen Kairos auf einem qkm.

Welche Alternative gibt es für die informellen Siedlungen, durch deren Aus-weitung in der Region Groß-Kairo jährlich mehr als 500 ha fruchtbaren Acker-landes verloren gehen? Um weitere Verluste des Bewässerungslandes durch unkontrolliertes Ausufern der städtischen Bebauung zu verhindern, hatte der ägyptische Präsident Sadat bereits 1973 die *Errichtung neuer Städte in der Wüste* gefordert. Dadurch sollte eine Dezentralisierung eingeleitet und das überproportionale Wachstum der Metropole gebremst werden (ZIMMERMANN 1984). In kürzester Zeit wurde ein Planungskonzept entwickelt, das den Bau von sechs selbständigen Wüstenstädten in 30 bis 90 km Entfernung von Kairo vorsah (**Abb. 4**). 1977 wurde mit der Errichtung der ersten dieser neuen Städte begonnen, die im Endausbau jeweils bis zu 500.000 Einwohner und 80.000 industrielle Arbeitsplätze aufweisen sollen.

Aus Kostengründen ist der mehrgeschossige Wohnungsbau in großen Gebäu-dekomplexen vorherrschend. Durch farbige Fassaden und gepflegte Grünanlagen bieten die neuen Wohnviertel ein attraktives äußeres Erscheinungsbild, das kei-nen Vergleich mit entsprechenden Neubaugebieten in westlichen Industrieländern zu scheuen braucht. Auch an Schulen, Moscheen, Geschäftszentren und anderen Versorgungseinrichtungen besteht kein Mangel. Doch wo sind die Menschen, für welche diese Siedlungen gebaut worden sind? 1992 hatten zwar die meisten der etwa 150.000 Wohnungen einen Käufer gefunden, mehr als zwei Drittel der Wohnungen waren jedoch noch nicht bezogen.

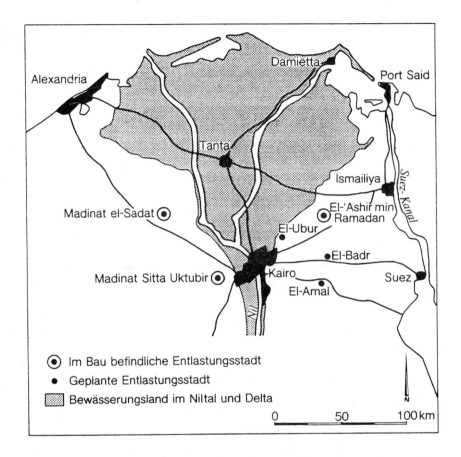

Abbildung 4: Lage der neuen Entlastungsstädte

Wohnraummangel in der nahegelegenen Metropole und Zehntausende von *leerstehenden Wohnungen* in den neuen Städten - wie paßt das zusammen? Hier offenbart sich das Dilemma der staatlichen Wohnungspolitik: Um den weiteren Ausbau der neuen Städte zu finanzieren, werden vorwiegend preisgünstige Eigentumswohnungen errichtet. Damit bietet sich für den Käufer die Möglichkeit einer äußerst lukrativen Kapitalanlage. Nachdem beim Erwerb der Wohnung nur 15 Prozent des Kaufpreises anzuzahlen sind, garantieren die rasch steigenden Immobilienpreise beim späteren Verkauf einen hohen Gewinn. Deshalb bleiben viele der Wohnungen vorerst ungenutzt und dienen nur als Spekulationsobjekte für die Reichen. Die Masse der einkommensschwachen Bevölkerung kann dagegen von den Eigentumswohnungen in den neuen Städten nur träumen.

Jener Traum ist jedoch inzwischen für 17.000 Familien wahr geworden - dank des *Erdbebens* vom 12. Oktober 1992. Zu diesem Zeitpunkt führte der Autor gerade Untersuchungen in einer der informellen Siedlungen im Süden Kairos durch und konnte sich dabei gleich von der Bauqualität der informell errichteten Häuser überzeugen, denn nicht eines davon war zerstört worden - ganz im Gegensatz zu dem einzigen formellen Bau im selben Stadtteil, nämlich der von staatlichen Baugesellschaften errichteten Schule, die schwere Schäden erlitt.

Das gleiche galt für insgesamt 4.500 Schulen im Großraum Kairo, die zerstört wurden oder erst nach umfangreichen Reparaturen wieder genutzt werden konnten. Hier wurde offenbar, in welchem Umfang sich die Leiter der staatlichen Baufirmen dadurch bereichert hatten, daß sie die ihnen zugeteilten hochwertigen Baustoffe auf dem Schwarzmarkt verkauften und stattdessen minderwertiges Material in den Schulen verbauten. Die Leidtragenden waren die Schüler, von denen mehrere tausend bei der ausbrechenden Panik verletzt und viele von ihnen getötet wurden.

Schwere Schäden gab es auch an einigen älteren Citygebäuden und modernen Hochhäusern, darunter ein für acht Stockwerke konzipiertes Apartmenthaus, das die Eigentümerin illegal noch um sechs weitere Etagen aufstocken ließ. Beim Erdbeben stürzte der ganze Bau wie ein Kartenhaus zusammen; 72 Menschen konnten nur noch tot aus den Überresten des Hauses geborgen werden.

Auch in der Altstadt wiesen Hunderte von alten Wohnbauten so tiefe Risse auf, daß deren Bewohner aus Furcht vor einem Einsturz der Häuser ihr gesamtes Mobiliar erst einmal auf der Straße stapelten. Hier waren es die Fundamentalisten, die den Erdbebenopfern als erste zur Hilfe kamen, sie mit Zeltplanen und Nahrung versorgten und am dritten Tag einen aufsehenerregenden Demonstrationsmarsch organisierten, um gegen die unzureichenden staatlichen Hilfsmaßnahmen zu protestieren. Daraufhin versprach die Regierung, alle Erdbebenopfer zunächst in Zeltlagern unterzubringen und sofort damit zu beginnen, an alle Familien, deren Unterkünfte zerstört worden waren, neue Wohnungen in den Wüstenstädten zu Mietkonditionen zu verteilen, die auch für einkommensschwache Bevölkerungsgruppen finanzierbar sind. Dadurch hat sich die Zahl der leerstehenden Wohnungen in den neuen Städten deutlich reduziert.

2. Schaffung von Arbeitsplätzen im produzierenden Gewerbe

Ein weiteres Kernproblem eines jeden Dritt-Welt-Landes ist die Frage, in welchem Umfang es gelingt, neue Arbeitsplätze im produzierenden Gewerbe für die rasch wachsende Bevölkerung bereitzustellen. Der regionale Schwerpunkt der industriellen Produktion liegt dabei in Ägypten, wie in den meisten Entwicklungsländern, in der nationalen Wirtschaftsmetropole. Mehr als 40 % aller industriellen Arbeitsplätze des Landes sind hier konzentriert und zwar vorwiegend in *staatlichen Großbetrieben*.

Die Dominanz des staatlichen Sektors ist einerseits auf die Sozialisierungsgesetze zurückzuführen, durch die zu Beginn der sechziger Jahre alle größeren Industriebetriebe verstaatlicht wurden, und andererseits bedingt durch massive öffentliche Investitionen zum Aufbau neuer Staatsbetriebe vor allem im Bereich der metropolitanen Agglomeration.

Die *größte Industriekonzentration* befindet sich im Süden Kairos im Gebiet von Helwan (MEYER 1989c: 36). In den fünfziger Jahren wurde hier zur Verarbeitung einheimischer Eisenerze mit dem Bau eines Stahlwerks begonnen, in welchem 1979 rund 25.000 Menschen beschäftigt waren (MOUSTAFA/ISSAWI 1979: 189). Damit war der Grundstein für eine Entwicklung gelegt, durch die in diesem Raum mit der Eröffnung weiterer meist staatlicher Betriebe der Metall-, Baustoff-, Rüstungs- und Elektroindustrie sowie des Maschinen- und Fahrzeugbaus mehr als 150.000 industrielle Arbeitsplätze geschaffen wurden.

Zunehmende Klagen über nicht erreichte Planziele, geringe Rentabilität und niedrige Arbeitsproduktivität der Staatsindustrie führten dann im Rahmen der "Öffnungspolitik" in der ersten Hälfte der siebziger Jahre zu einem Kurswechsel bei den Industrialisierungsbemühungen. Im Rahmen der neuen wirtschaftlichen Liberalisierungspolitik wurde eine *Expansion des privaten Industriesektors* angestrebt. Die geplante Ansiedlung der Privatbetriebe sollte jedoch nicht mehr im Ballungsraum Kairo, sondern in den *neuen Wüstenstädten* erfolgen.

Dabei stießen anfangs die hohen Planungszahlen von 80.000 industriellen Arbeitsplätzen, die in jeder der neuen Städte geschaffen werden sollte, auf erhebliche Skepsis. Sollte in Ägypten gelingen, was in vielen anderen Entwicklungsländern gescheitert ist, nämlich die Unternehmer zu motivieren, ihre neuen

Produktionsstätten nicht in der Metropole, sondern an peripheren Standorten zu errichten?

Tatsächlich waren bis 1989 schon mehr als 2.000 Industrieprojekte in den neuen Städten genehmigt worden. Rund 500 Fabriken mit annähernd 40.000 Beschäftigten hatten bereits die Produktion aufgenommen. **Abb. 5** zeigt dazu ein Beispiel aus einem der Industriegebiete in der ältesten Satellitenstadt Al-ᶜAshir min Ramadan.

Dieser eindrucksvolle Erfolg ist vor allem darauf zurückzuführen, daß dort voll erschlossene Gewerbeflächen im Vergleich zu Kairo sehr preiswert sind. Außerdem ist den Betrieben in den neuen Städten eine zehnjährige Steuerbefreiung und der zollfreie Import von Maschinen garantiert.

Die Besitzer der Betriebe sind mit dem Standort ihrer Unternehmen in den neuen Städten im allgemeinen sehr zufrieden. Geklagt wurde bei Befragungen durch den Autor jedoch über die *weiten Anfahrtswege der Arbeitskräfte*. Die überwältigende Mehrheit der Industriearbeiter wohnt in Kairo oder in den Siedlungen im Delta und muß täglich meist mit Werksbussen zu ihren Arbeitsplätzen in die Wüstenstädte gebracht werden (MEYER 1988a: 290). Solange hier von staatlicher Seite nicht mehr "Volkswohnungen" errichtet werden, die sich auch Bezieher niedriger Einkommen leisten können, und solange die Industrieunternehmen die hohen Aufwendungen für den Kauf oder den Bau von Familienunterkünften für ihre Betriebsangehörigen scheuen, wird sich an dieser Situation wenig ändern.

Angesichts des großen Erfolgs der Industrieansiedlungen in den neuen Städten darf man allerdings nicht vergessen, daß die hier in mehr als einem Jahrzehnt geschaffenen Arbeitsplätze nicht einmal ausreichen, um jenen 400.000 jugendlichen Arbeitsuchenden, die in jedem Jahr neu auf den Arbeitsmarkt drängen, eine berufliche Perspektive zu bieten.

Daneben gibt es jedoch auch noch andere Erwerbsmöglichkeiten im sekundären Sektor. So sind vor allem in den achtziger Jahren zahllose kleine Werkstätten in Kairo geradezu wie Pilze aus dem Boden geschossen. Nachdem in der entwicklungspolitischen Diskussion das *produzierende Kleingewerbe* zu einem der wichtigsten Hoffnungsträger avanciert ist in der Diskussion über die Verbesserung der wirtschaftlichen Verhältnisse in den Städten der Dritten Welt (SETHURAMAN 1981), hat der Autor im Rahmen einer Langzeitstudie seit 1986 in Abständen von jeweils drei Jahren die Entwicklung von rund 1.500 produzierenden Kleinbetrieben in sechs ausgewählten Stadtteilen der ägyptischen

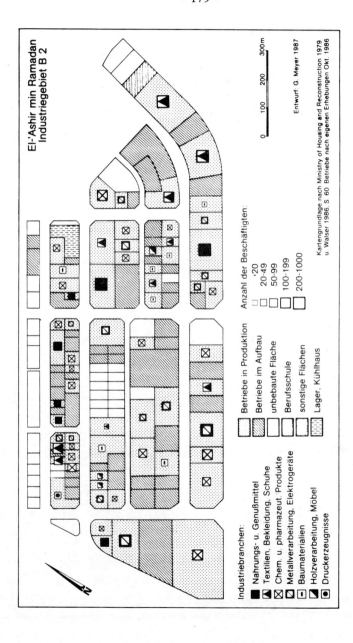

Abbildung 5: Industriegebiet B 2 in Al-ᶜAshir min Ramadan (MEYER 1988a: 288)

- 180 -

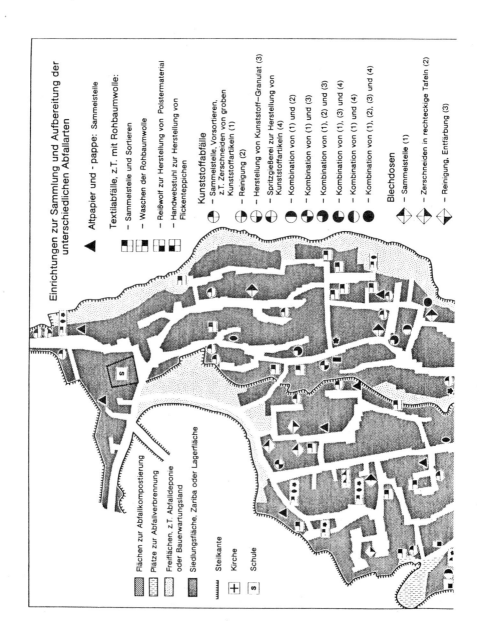

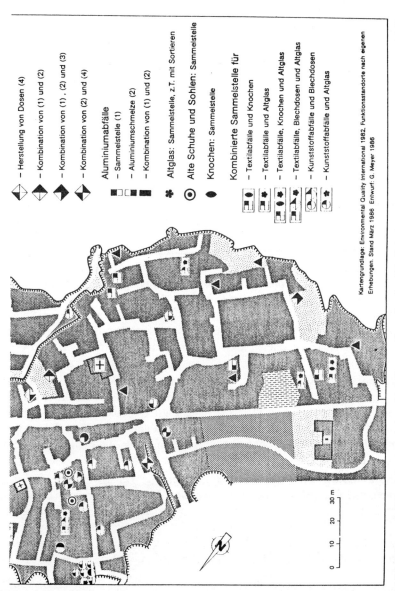

Abbildung 6: Einrichtungen des Abfallrecyclings in der Müllsiedlung von Manshiet Nasr (MEYER 1987)

Metropole untersucht (Meyer 1988b, 1989b, 1990a,b, 1992; Untersuchungsgebiete vgl. **Abb. 3**).

Die Produktion der meist sehr kleinen Familienbetriebe ist im allgemeinen durch hohe Arbeitsintensität und einen geringen Mechanisierungsgrad charakterisiert: Meist sind die einfachen Maschinen lokaler Herkunft. In mehr als der Hälfte aller Betriebe liegt der Wert der gesamten Ausstattung an Maschinen und Werkzeugen unter umgerechnet 2.000 DM. Oft werden die zu verarbeitenden Rohstoffe durch *Abfallrecycling* gewonnen. Allein in diesem beispielhaft organisierten Wirtschaftsbereich sind in Kairo mehr als 100.000 Menschen tätig.

An erster Stelle sind dabei die mehr als 20.000 Angehörigen von Müllsammlerfamilien zu nennen, die täglich mit ihren Eselskarren, neuerdings auch mit japanischen Pick-ups, die Abfälle aus den Haushalten der Kairener Mittel- und Oberschicht abholen. Die Abfälle werden dann in sechs große *Müllsiedlungen* am Stadtrand von Kairo gebracht, wo die Müllsammler mit ihren Familien leben. Nahezu die gesamten Haushaltsabfälle werden dort einer neuen Nutzung zugeführt.

Als Einkommensquelle sind dabei die organischen Abfälle für die überwiegend koptischen Müllsammlerfamilien besonders wichtig, weil sie damit jährlich rund 50.000 Schweine aufziehen und an Schweinemetzgereien verkaufen können. Außerdem werden Altpapier und -pappe, Textil-, Kunststoff- und Aluminiumabfälle sowie Altglas, Batterien, Blechdosen, Knochen u.a. aussortiert und an Zwischenhändler oder gleich an weiterverarbeitende Betriebe verkauft (vgl. **Abb. 6**).

Darunter sind Werkstätten, die aus Altpappe neue Kartons fertigen oder Pla-stikteile zunächst zu Granulat verarbeiten und daraus mit Hilfe einfacher Kunststoffspritzmaschinen eine Vielzahl neuer Plastikprodukte herstellen. Andere Kleinbetriebe haben sich darauf spezialisiert, alte, kaum abgelaufene Sohlen aufzukaufen. Darauf wird dann ein neues Oberleder montiert, und schon ist ein nur bedingt neues, aber doch recht ansehnliches Paar Schuhe fertig.

Aufgrund des letzten Beispiels sollte allerdings keineswegs der Eindruck entstehen, daß man in Kairo aus der Produktion des Kleingewerbes nur Abfallschuhe kaufen kann. Was dort in den kleinen Werkstätten der Altstadt hergestellt wird, entspricht oft durchaus dem Angebot in westeuropäischen Schuhgeschäften. Die Schuhmodelle werden dabei nach eigenen Ideen der Schuhmacher oder nach Abbildungen der jüngsten italienischen und französischen Modezeitschriften entworfen. Auch deutsche Versandhauskataloge erfreuen sich als Ideenlieferanten großer Beliebtheit.

Ein weiterer Schwerpunkt des produzierenden Kleingewerbes in der Altstadt von Kairo liegt in der Herstellung von Aluminiumgeschirr. Gerade in dieser Branche spielt die Kinderarbeit eine besonders große Rolle. Ein Drittel aller Beschäftigten ist dort jünger als 15 Jahre, und die Quote der Kinder im Alter von 5 bis 9 Jahren erreicht mit 12 % eine Rekordhöhe.

Es ist keineswegs ungewöhnlich, daß solche Kinder bis zu 10 Stunden in den *Aluminiumwerkstätten* arbeiten. Zwar verrichten sie nur recht einfache Tätigkeiten - doch unter welchen Bedingungen! Stundenlang in schlecht beleuchteten Räumen zu verbringen, in denen das Atmen in der mit grauem Aluminiumstaub gefüllten Luft zur Qual wird, wo der Lärmpegel die Schmerzgrenze überschreitet und ständig die Gefahr besteht, sich an den ungeschützten rotierenden Teilen der Drehbänke zu verletzen - das sind Arbeitsbedingungen, die für Erwachsene schon kaum erträglich, für Kinder jedoch gänzlich untolerierbar sind.

Nachdem sich die Zahl der Aluminiumwerkstätten in der ersten Hälfte der achtziger Jahre nahezu vervierfacht hatte, mußte zwischen 1986 und 1989 jedes dritte Unternehmen dieser Branche in einem der untersuchten Altstadtviertel seine Produktion einstellen, weil der starke Anstieg der Weltmarktpreise für Aluminium zu einer Verknappung von Rohaluminium auf dem ägyptischen Markt geführt hatte (MEYER 1990a: 100). Wie anpassungsfähig das produzierende Kleingewerbe ist, zeigte sich jedoch daran, daß etliche Hersteller von Aluminiumgeschirr auf die Rohstoffverknappung sehr rasch mit einer Umstellung ihrer Produktion auf die steigende Nachfrage im tourismusorientierten Kunstgewerbe reagierten. So fertigten sie 1989 mit den gleichen Drehbänken, mit denen drei Jahre zuvor noch Aluminiumtöpfe geformt wurden, Kupfer- und Messingvasen an. Andere Betriebe nutzten ihre Spezialmaschinen nicht mehr zum Polieren von Teekesseln aus Aluminium, sondern von Messingteilen für Wasserpfeifen.

Neben der Umstellung von Aluminiumwerkstätten auf kunsthandwerkliche Erzeugnisse sind als Reaktion auf die enorme Zunahme der Touristenzahlen in den achtziger Jahren in der *tourismusorientierten Produktion* mehr neue Kleinbetriebe eröffnet worden als in jeder anderen untersuchten Branche. Dabei wurden besonders viele neue Arbeitsplätze für junge Mädchen und Frauen geschaffen, die vor allem beim Bemalen kunsthandwerklicher Erzeugnisse eingesetzt werden. Während in der ersten Hälfte der achtziger Jahre weibliche Arbeitskräfte fast nur als Näherinnen beschäftigt wurden, hat sich deren Anteil an der Gesamtzahl der Beschäftigten im produzierenden Kleingewerbe der Altstadt durch den Boom im Kunsthandwerk zwischen 1986 und 1989 vervierfacht und ist von 3 % auf 12 % gestiegen.

Diese Arbeitsplätze und ebenso die wirtschaftliche Existenz von mehreren hunderttausend Menschen, die in Kairo im Tourismus beschäftigt sind oder indirekt davon abhängen, sind akut gefährdet durch militante Fundamentalisten. Zahlreiche Anschläge auf ausländische Touristen im Jahre 1993 und im Frühjahr 1994 haben zu einem dramatischen Einbruch der Fremdenverkehrsentwicklung in Ägypten insgesamt und besonders in Kairo geführt. Um zu verstehen, warum es zu diesem Aufschwung fundamentalistischer Gruppen gekommen ist (zum religiösen und politischen Hintergrund vgl. TIBI 1993), und um die Folgen für die weitere Entwicklung der ägyptischen Metropole abschätzen zu können, ist es erforderlich, die jüngeren Veränderungen der sozio-ökonomischen Rahmenbedingungen aufzuzeigen.

3. Sozio-ökonomische Wandlungen, Aufschwung des Fundamentalismus und Folgen für die Entwicklung der Megastadt

Von Mitte der siebziger bis zur zweiten Hälfte der achtziger Jahre war die sozio-ökonomische Entwicklung Ägyptens durch einen eindrucksvollen wirtschaftlichen Aufschwung gekennzeichnet, der auch für die Masse der einkommensschwächeren Bevölkerung eine wesentliche *Verbesserung ihres Lebensstandards* mit sich brachte. Ermöglicht wurde diese positive Entwicklung durch die wirtschaftliche Liberalisierung im Zuge der "Öffnungspolitik" des Präsidenten Sadat und die massive Zunahme der *Arbeitsemigration* in die erdölreichen arabischen Staaten. Fast zwei Millionen Ägypter waren während der achtziger Jahre als Gastarbeiter im Ausland beschäftigt, davon rund eine Million allein im Irak. Bis zu 4 Mrd. $ überwiesen sie jährlich in ihre Heimat. Von jedem Arbeitsemigranten wurden im Durchschnitt vier Familienangehörige finanziell unterstützt, so daß etwa ein Drittel der gesamten ägyptischen Bevölkerung unmittelbar von der internationalen Arbeitskräftewanderung profitierte.

Gleichzeitig führte die Arbeitsemigration in Ägypten zu einem gravierenden Mangel an Arbeitskräften, die in allen Bereichen der expandierenden Wirtschaft benötigt wurden. Die Situation auf dem Arbeitsmarkt verschärfte sich zusätzlich durch eine enorme Aufstockung der Arbeitsplätze im öffentlichen Dienst. Der Mangel an Arbeitskräften führte zu kräftigen

Lohnsteigerungen und einer beträchtlichen *Erhöhung des Realeinkommens* für breite Schichten der Bevölke-rung. Daraus und aus den hohen Gastarbeiterüberweisungen resultierten steigen-de Wohnansprüche und eine wachsende Nachfrage nach Konsumgütern, so daß sich für einheimische Produzenten ausgezeichnete Absatzchancen und beachtli-che Verdienstmöglichkeiten boten. Vor diesem Hintergrund sind auch der Boom im produzierenden Kleingewerbe, der Erfolg der Industrieansiedlungen in den neuen Städten und die beschriebenen Veränderungen auf dem Wohnungsmarkt der Metropole zu sehen.

Diese positive Entwicklung ist seit der zweiten Hälfte der achtziger Jahre ins Gegenteil umgeschlagen. Sinkende Erdölpreise und eine dadurch bedingte wirt-schaftliche Rezession in den Golfstaaten ließ die Nachfrage nach ägyptischen Gastarbeitern schrumpfen. Dann brach 1990 der zweite Golfkrieg aus. Rund eine halbe Million ägyptischer Gastarbeiter mußten aus Irak und Kuwait flüchten (MEYER 1991). Nur mit dem, was sie tragen konnten, und oft von irakischen Soldaten ausgeplündert, kehrten sie in ihre Heimat zurück, wo ein gravierender Anstieg der Arbeitslosigkeit die Folge war. Dazu trug auch ein rückläufiges Ar-beitsplatzangebot im öffentlichen Dienst bei; dort sank die Zahl der Neuein-stellungen von 110.000 im Jahre 1985 auf 30.000 im Jahre 1991 (SHEHATA 1993).

Die wachsende Arbeitslosigkeit, die von Experten inzwischen auf etwa 20 % geschätzt wird, führt zu einer weitgehenden Stagnation der Löhne, deren Kauf-kraft durch *hohe Inflationsraten* zunehmend aufgezehrt wird. Die Inflation ist zu einem großen Teil das Ergebnis des Abbaus staatlicher Subventionen zur Deckung der Grundbedürfnisse der Bevölkerung. Davon sind vor allem die Ärmeren betroffen, die besonders starke Verluste ihres realen Einkommens hinnehmen müssen.

Vor diesem Hintergrund wird verständlich, daß immer mehr Menschen den *Fundamentalisten* Glauben schenken, die mit ihrer Parole "Nur der Islam ist die Lösung" zum Sturz der Regierung aufrufen. Stark ist der Zulauf zu solchen Gruppen vor allem von Seiten der Studenten an den Universitäten, die ange-sichts der hohen Arbeitslosigkeit keine berufliche Perspektive sehen, und unter den Bewohnern der *informellen Siedlungen*. Wo sinkender Lebensstandard und steigende Arbeitslosigkeit gepaart sind mit extremer Bevölkerungsdichte und dem weitgehenden Fehlen von öffentlichen Infrastruktureinrichtungen, fällt es radikalen islamischen Gruppen nicht schwer, durch ein breites Angebot an kari-tativen Hilfsmaßnahmen - von Geld- und Sachspenden bis zur medizinischen

Versorgung und schulischen Ausbildung - ihre Anhängerschaft zu vergrößern. Massenverhaftungen in informellen Siedlungen, mit denen die Staatsmacht Ende 1993 auf einige von wenigen Militanten verübte Attentate reagierte, treiben nur noch mehr Menschen in die Arme religiöser Fanatiker.

Allerdings hat das harte Vorgehen von Militär, Polizei und Geheimdienst in den informellen Siedlungen auch dazu geführt, daß die dortigen katastrophalen infrastrukturellen Verhältnisse in den Mittelpunkt der politischen Diskussion ge-rückt sind. Als neue Strategie zur Eindämmung des Fundamentalismus stellte die ägyptische Regierung daraufhin erhebliche finanzielle Mittel zur Verbesserung der Infrastruktur und der Wohnverhältnisse in den informellen Siedlungen bereit. Außerdem sollen mehr preiswerte Mietwohnungen für einkommensschwache Bevölkerungsgruppen gebaut werden. Insofern kann man den Fundamentalisten durchaus eine positive Einflußnahme auf die Stadtentwicklung der Metropole zugestehen.

Ein solcher Nutzen steht jedoch in keinem Verhältnis zu dem *wirtschaftlichen Schaden*, der durch die Terroranschläge hervorgerufen wurde. Das Ausbleiben der Touristen hat allein in Kairo Zehntausende von Beschäftigten arbeitslos gemacht oder sie zumindest um einen großen Teil ihrer Einkünfte gebracht. Viele der im Kunsthandwerk tätigen Kleinbetriebe mußten ihre Werkstätten schließen. Die Drohungen der Fundamentalisten gegenüber ausländischen Investoren bedeuten auch für den Ausbau anderer Wirtschaftszweige einen erheblichen Rückschlag und werden insbesondere die Industrieentwicklung in den neuen Städten erschweren.

All dies wird zu einem weiteren Anstieg der Arbeitslosigkeit führen und an-gesichts einer rasch zunehmenden Verarmung, die in den ländlichen Regionen noch stärker ausgeprägt ist als in den Städten, eine Wiederaufnahme bereits überwunden geglaubter *traditioneller Migrationsmuster* zur Folge haben. Wie **Tabelle 1** zeigt, war früher die Bevölkerungsentwicklung in Ägypten wie in vielen anderen Teilen der Dritten Welt durch eine starke Landflucht gekennzeichnet. So schrumpfte der Anteil der in ländlichen Siedlungen lebenden Bevölkerung innerhalb von vier Jahrzehnten von 71,8 % auf 56,2 % im Jahre 1976, während gleichzeitig die Agglomeration Kairo ihren Bevölkerungsanteil von 9,2 % auf 18,6 % mehr als verdoppeln konnte.

Diese Entwicklung kam während der letzten Volkszählungsdekade weitgehend zum Stillstand. Die relative Abnahme der ländlichen zugunsten der städtischen Bevölkerung um nur noch 0,1 % zwischen 1976 und 1986 weist auf eine *grundlegende Wende im Migrationsverhalten* der ägyptischen Bevölkerung hin, die ihre Ursache in der Umlenkung der Migrationsströme ins Ausland hatte. Man brauchte in dieser Zeit nicht länger in die Städte abzuwandern, weil man durch temporäre Arbeitsemigration in den Golfstaaten wesentlich mehr Geld verdienen konnte. Auch führte der zunehmende Arbeitskräftemangel nicht nur zu einem generellen Anstieg der Löhne, sondern auch zu einer tendenziellen Angleichung des Lohnniveaus für ungelernte Arbeitskräfte in den ländlichen und städtischen Regionen. Damit entfiel für einen großen Teil potentieller Migranten der Anreiz zur Abwanderung in die Metropole.

Tabelle 1: Entwicklung der Einwohnerzahlen und der prozentualen Verteilung der Bevölkerung in der metropolitanen Agglomeration Kairo, in den übrigen Städten und den ländlichen Siedlungen Ägyptens von 1937 bis 1986

Zensusjahr	Agglomeration Kairo		Übrige Städte		Ländliche Siedlungen	
	Einw. (Mio)	%	Einw. (Mio)	%	Einw. (Mio)	%
1937	1,5	9,2	3,0	19,0	11,4	71,8
1947	2,3	12,2	4,0	21,1	12,6	66,7
1960	4,0	15,4	5,9	22,6	16,1	62,0
1966	5,2	17,5	6,8	23,0	17,7	59,5
1976	6,8	18,6	9,2	25,2	20,6	56,2
1986	8,8	18,1	12,4	25,8	27,0	56,1

Quellen: GOPP et al. 1982, Tab. A-2; CAPMAS 1987: 14, 21.

Dies hat sich seit Mitte der achtziger Jahre erneut geändert. Bei weitgehend stagnierenden Nominallöhnen und rasant steigenden Lebenshaltungskosten fielen die Reallöhne der Landarbeiter zwischen 1985 und 1991 um etwa 60 % (vgl. RICHARDS 1991 und MEYER 1994). Nach der Rückkehr der Gastarbeiter ist die Arbeitslosenquote in den ländlichen Regionen noch stärker angestiegen als in den Städten und wird ab Mitte der neunziger Jahre weiter kräftig zunehmen, weil die neuen Pachtgesetze eine Vervielfachung der Pachtpreise für Agrarland erlauben und dadurch die wirtschaftliche Existenz von 2,5 Millionen Pächterfamilien bedrohen (EL-DIN 1994). Als Folge der zunehmenden Verarmung und Verelendung eines immer größer werdenden Teils der Landbevölkerung ist davon auszugehen, daß die *Landflucht wieder drastisch zunehmen wird.* Ein Indikator für diese Entwicklung sind die seit Anfang der neunziger Jahre wieder kräftig wachsenden "Arbeitsmärkte" an den Ausfallstraßen Kairos, wo täglich Tausende von meist ländlichen Migranten auf eine Beschäftigungsmöglichkeit warten. Die erneute Zuwanderungswelle wird die sozio-ökonomische Situation in der ägyptischen Metropole weiter verschärfen und die Entwicklungsplanung der Megastadt angesichts der sich verschlechternden wirtschaftlichen Rahmenbedingungen vor kaum lösbare Probleme stellen.

Literatur

ABT ASSOCIATES et al. 1982: *Informal Housing in Egypt.* Kairo.

CAPMAS (Central Agency for Public Mobilisation and Statistics) 1987: *Population, housing and establishment census 1986. Preliminary results.* Kairo.

EL-DIN, G. E. 1994: *Trapped into destitution.* In: *Al-Ahram Weekly* 158, S. 6.

EL-KADI, G. 1987: *L'urbanisation spontanée au Caire.* URBANA 18.

GOPP (General Organization for Physical Planning) et al. 1983: *Greater Cairo Region. Long range urban development scheme, master scheme.* Kairo.

HANNA, M. M. 1985: *Real estate rights in urban Egypt: The changing sociopolitical winds.* In: A. E. MEYER (Ed.): *Property, social structure and law in the modern Middle East.* New York, S. 189-211.

MEYER, G. 1987: *Abfall-Recycling als wirtschaftliche Existenzmöglichkeit im informellen Sektor - das Beispiel der Müllsammler in Kairo.* In: *Die Erde* 118, S. 65-78.

MEYER, G. 1988a: *Wirtschaftsgeographische Probleme der Industrieansiedlung in den neuen Entlastungsstädten der ägyptischen Metropole.* In: *Erdkunde* 42, S. 284-294.

MEYER, G. 1988b: *Sozioökonomische Strukturen und Verflechtungen der Kleinindustrie in Kairo.* In: *Würzburger Geographische Arbeiten* 70, S. 211-224.

MEYER, G. 1989a: *Bevölkerungsentwicklung und Wohnraumversorgung in der metropolitanen Agglomeration Kairo*. In: *Mitteilungen der Österreichischen Geographischen Gesellschaft* 131, S. 145-170.

MEYER, G. 1989b: *Produzierendes Kleingewerbe in Kairo*. In: *Geographie heute* 72, S. 38-45.

MEYER, G. 1989c: *Kairo - Entwicklungsprobleme einer Metropole der Dritten Welt* (= Problemräume der Welt 11). Köln.

MEYER, G. 1990a: *Wirtschaftlicher und sozialer Strukturwandel in der Altstadt von Kairo*. In: *Erdkunde* 44, S. 93-110.

MEYER, G. 1990b: *Der informelle Wirtschaftssektor als Möglichkeit zur Überwindung der Armut in der Dritten Welt - das Beispiel des produzierenden Kleingewerbes in Kairo*. In: Johannes Gutenberg-Universität Mainz, Interdisziplinärer Arbeitskreis Dritte Welt, Veröffentlichungen Band 4, S. 101-123.

MEYER, G. 1991: *Arbeitsemigration in die Golfregion und die Folgen des irakischen Überfalls auf Kuwait*. In: *Die Erde* 122, S. 145-170.

MEYER, G. 1992: *Aktuelle Entwicklungsprozesse und sozioökonomische Strukturen des produzierenden Kleingewerbes in Kairo*. In: *Jahrbuch für Vergleichende Sozialforschung* 1990, S. 101-130.

MEYER, G. 1994: *Liberalisierung und Privatisierung der ägyptischen Landwirtschaft*. In: *Erdkunde* 48, Heft 4 (im Druck).

MOUSTAFA, G. A. und ISSAWI, B. 1979: *Helwan: a major industrial site in Egypt*. In: *Mining Magazine*, London 141, S. 185-189.

RICHARDS, A. 1991: *Agricultural employment, wages and government policy during and after the oil boom*. In: H. HANDOUSSA and G. POTTER (Eds.): *Employment and structural adjustment - Egypt in the 1990s*. Kairo, S. 57-93.

RIEDEL, S. 1981: *"Wohnungsbau" für die untersten Einkommensschichten in Ägypten*. In: *Bauwelt* 24, S. 988-991.

SETHURAMAN, S. V. 1981: *The urban informal sector in developing countries*. International Labour Office, Genf.

SHEHATA, I. 1993: *Prospects and problems in economic reforms*. In: *Al-Ahram Weekly* 142, S. 9.

TIBI, B. 1993: *Islamischer Fundamentalismus - ein politisch-geographisches Phänomen*. In: *Geographische Rundschau* 45, S. 10-17.

ZIMMERMANN, J. 1984: *Neue Städte in Ägypten*. In: *Geographische Rundschau* 36, S. 230-235.

Anschriften der Autoren und der Herausgeber

Prof. Dr. Jürgen Bähr, Universität Kiel, Geographisches Institut, Ludewig-Meyn-Str. 14, 24118 Kiel

Prof. Dr. Dirk Bronger, Ruhr-Universität Bochum, Geographisches Institut, Postfach 10 21 48, 44780 Bochum

Prof. Dr. Erdmann Gormsen, Johannes Gutenberg-Universität Mainz, Geographisches Institut, 55099 Mainz

Prof. Dr. Karl Kohut, Katholische Universität Eichstätt, Zentralinstitut für Lateinamerika-Studien, Ostenstr. 26-28, 85071 Eichstätt

Prof. Dr. Günter Meyer, Johannes Gutenberg-Universität Mainz, Geographisches Institut, 55099 Mainz

Prof. Dr. Wolfgang Taubmann, Universität Bremen, Geographisches Institut, Postfach 33 04 40, 28334 Bremen

Andreas Thimm M.A., Johannes Gutenberg-Universität Mainz, Studium generale, 55099 Mainz

JOHANNES GUTENBERG-UNIVERSITÄT
INTERDISZIPLINÄRER ARBEITSKREIS DRITTE WELT

Veröffentlichungen

Bd. 1: *Menschenrechte und Menschenbild in der Dritten Welt*
1982   vergriffen

Bd. 2: *Ökologische Probleme in der Dritten Welt*
Herausgegeben von Erdmann Gormsen und Andreas Thimm
Vorträge von Volkmar Hartje, Wolfgang Hein, Wendelin Klaer, Gerd Kohlhepp, Horst G. Mensching und Udo Ernst Simonis.
1989, IV, 158 S. ISBN 3-927581-00-3   DM 12,--

Bd. 3: *Frauen in der Entwicklung Afrikas und Lateinamerikas*
Herausgegeben von Elisabeth Grohs
Vorträge von Veronika Bennholdt-Thomsen, Eva-Maria Bruchhaus, Regula Frey-Nakonz, Elisabeth Grohs und Renate Rott.
1989, XII, 112 S. ISBN 3-927581-01-1   DM 12,--

Bd. 4: *Armut und Amutsbekämpfung in der Dritten Welt*
Herausgegeben von Erdmann Gormsen und Andreas Thimm
Vorträge von Klaus Bodemer, Ulrich Duchrow, Werner Lachmann, Günter Meyer, Andreas Thimm und Dieter Uthoff.
1990, 192 S. ISBN 3-927581-02-X   DM 16,--

Bd. 5: *Entwicklungskonzeptionen im Vergleich*
Herausgegeben von Erdmann Gormsen und Andreas Thimm
Vorträge von Werner Lachmann, Karl Wolfgang Menck, Eberhard Sandschneider und Nikolaus Werz, Redaktion der Schlußdiskussion von Andreas Thimm.
1991, 144 S. ISBN 3-927581-03-8   DM 16,--

Bd. 6: *Zivilgesellschaft und Staat in der Dritten Welt*
Herausgegeben von Erdmann Gormsen und Andreas Thimm
Vorträge von Reinhart Kößler, Gudrun Krämer, Dieter Neubert, Dietmar Rothermund und Peter Thiery, Redaktion der Schlußdiskussion von Andreas Thimm.
1992, 166 S. ISBN 3-927581-04-6 DM 16,--

Bd. 7: *Migration in der Dritten Welt*
Herausgegeben von Erdmann Gormsen und Andreas Thimm
Vorträge von Erdmann Gormsen, Peter Imbusch, Martina Schöttes, Thomas Schwarz, Georg Stauth und Bernd Wiese, Redaktion der Schlußdiskussion von Andreas Thimm.
1993, 188 S. ISBN 3-927581-05-4 DM 16,--

Bd. 8: *Megastädte in der Dritten Welt*
Herausgegeben von Erdmann Gormsen und Andreas Thimm
Vorträge von Jürgen Bähr, Dirk Bronger, Erdmann Gormsen, Karl Kohut, Günter Meyer und Wolfgang Taubmann.
1994. ISBN 3-927581-06-2 DM 16.--

Die Bände sind über den Buchhandel oder direkt vom Arbeitskreis (55099 Mainz) zu beziehen.